영적
분별의
이해

이냐시오 로욜라와 조나단 에드워즈를 중심으로

영적
분별의
이해

조한상 지음

영적 여정을 걷는 모든 그리스도인을 위하여
두 거장을 통해 알아보는 하나님의 뜻과 일상의 영성

추천사 (1)

·

심종혁 총장님(서강대학교)

조한상 박사님께서 이번에 『영적 분별의 이해』라는 책을 출판하심을 진심으로 축하드립니다. 이 책은 조 박사님께서 서강대학교 신학대학원에서 영성 신학 박사 학위 취득을 위해 작성하여 제출한 학위논문을 수정하고 보완하여 출간한 것으로 알고 있습니다.

영적 분별이라는 신학적 주제는 아주 중요한 영역임에도 불구하고 그동안 학문적이고 실제적인 논의가 충분히 이루어지지 않았습니다. 이러한 상황에서 이 책은 가톨릭의 영적 거장인 이냐시오 로욜라와 개신교의 영적 거장 조나단 에드워즈의 신학적 특성에서 영적 분별이라는 주제를 중심으로 비교 서술하여 차이점과 공통점을 들어내고 있어 가톨릭과 개신교 신자들 모두에게 큰 도움을 주리라 생각됩니다.

이를 위하여 저자는 성공회 신학자인 마크 매킨토시의 방법론, 즉, 믿음, 내적 충동, 선별력, 하나님의 뜻, 조명이라는 영적 분별의 5가지 역동적 요소를 분석하는 방법을 사용하여 두 영적 거장의 분별 신학을 분석하고 비교하였습니다. 이는 교회일치운동 차원에서 한국 교회와 성도들에게 분별의 기준을 소개하는 훌륭한 책이라고 봅니다. 아울러 이 책은 삶의 매 순간 주요한 선택과 결정의 갈림길에 서 있는 성도들과 영적 분별에 관하여 학문적으로 접근하려는 사람들에게 여러 면에서 큰 도움이 되리라 믿습니다.

아무쪼록 이 책이 마중물이 되어 영적 분별에 관한 학문적 논의가 풍성하게 이루어지며, 실천적인 담론이 축적되어 한국 교회와 성도들의 영적 성숙에 도움이 되기를 간절히 바랍니다.

추천사 (2)

•

최승기 교수님(호남신학대학교)

영들을 분별하는 것은 어떤 특별한 영적 엘리트들에게만 한정된 사역이 아닙니다.

"내가 완전하니 너희도 완전하라마 5:48"는 완전에로의 하나님의 초대가 모든 그리스도인들에게 주어진 보편적 부르심인 것처럼, 영들을 분별하는 것은 자신의 신앙적 삶을 영적 여정으로 여기며 순례자의 삶을 살아가는 모든 그리스도인들이 보편적으로 감당해야 할 사역입니다. 그러기에 사도바울은 이 보편적 사역을 다음과 같이 권면합니다. "너희는 이 세대를 본받지 말고 오직 마음을 새롭게 함으로 변화를 받아 하나님의 선하시고 기뻐하시고 온전하신 뜻이 무엇인지 분별하도록 하라."롬 12:2

한국교회개신교는 기도에 열심인 교회로 전 세계교회에 알려져 왔습니다. 특별히 매일 새벽기도회와 매주 금요기도회는 성도들에게 기도의 시간뿐 아니라 기도를 통해 다양한 영적 체험의 기회를 제공하는 영적 모판의 역할을 해왔습니다. 그러나 다양한 영적 체험에 비해 한국교회가 상당히 결여한 영적 여정의 핵심 요소가 있습니다. 그것은 모든 그리스도인이 보편적으로 감당할 사역인 영들을 분별하는 것입니다. 한국교회가 영 분별에 대한 강조나 가르침을 소홀히 한 것은 부인할 수 없는 사실입니다. 영적 체험을 한 성도들은 그 체험의 기원이 하나님인지, 아니면 자신의 욕망이나 악한 영인지를 분별할 필요성을 강력하게 느낍니다. 그럼에도 교회 안에서 공식적으로 그들의 영 분별을 도와 줄 목회자나 동료 그리스도인들을 발견하기가 쉽지 않습니다. 따라서 한국교회는 시급히 영 분별을 도와 줄 교육과 훈련을 받은 영성지도자들을 양성해야 할 필요성에 직면해 있습니다.

로마 가톨릭과 개신교의 역사를 통해서 가장 잘 체계화된 영 분별의 원리를 제공한 영성가를 들라 하면, 로마 가톨릭의 로욜라의 이냐시오와 개신교의 조나단 에드워즈를 꼽는 것에 이견이 없습니다. 로욜라의 이냐시오는 구체적 삶의 정황에서 개인이나 그룹을 향한 하나님의 뜻의 발견은 단지 윤리적이고 규범적인 원리를 적용하는 것만으로 충분하지 않다는 것을 명확하게 인식합니다. 따라서 그는 상식과 지성, 마음의 내적 움직임인 정서, 그리고 초자연적 영향을 모두 통합하여 체계화한 영들을 분별하는 원리를 제시합니다. 이냐시오의 영들을 분별하는 원리는 "모든 것 가운데서 하느님을 발견하기", "행동의 한복판에서 관상하기"로 대변되는 이냐시오의 사도적 영성을 실현하는 방법론을 제공합니다. 반면 조나단 에드워즈는 미국의 대부흥운동 기간에 이루어졌던 다양한 영적 체험, 소위 성령 체험의 현상들을 분석함으로써 참 성령 체험의 지표를 제시합니다. 이냐시오의 영 분별의 원리는 하나님의 뜻을 발견하는 데, 즉 개인의 소명을 선택하는 데 좀 더 초점을 맞춘다면, 에드워즈의 영 분별의 원리는 개인의 영적 체험의 진위를 분별하는 데 일차적 초점이 놓여 있다고 말할 수 있습니다. 그러기에 양자의 영 분별의 원리는 각기 타원의 양 초점의 역할을 함으로써 영 분별의 영역을 더욱 광범위하게 제공합니다.

조한상 교수의 저서, 『영적 분별의 이해』 출판을 기쁜 마음으로 축하합니다.

특별히 마음의 기쁨이 더욱 큰 것은 앞서 언급한 것처럼, 본서가 모든 그리스도인의 보편적 사역일 뿐 아니라 한국교회 그리스도인들의 성숙에 가장 요긴하고 시급하게 요구되는 영 분별의 영역을 다루고 있기 때문입니다. 더 나아가 본서는 가톨릭 전통과 개신교 전통에서 가장 체계화된 영 분별의 원리들을 다룸으로써 영적 체험의 진위성을 넘어 하나님의 뜻을 발견하는 영역까지 확장된 영 분별의 영역을 제시하고 있습니다. 목회자와 신학생들뿐만 아니라 영적 여정을 걸어가는 모든 그리스도인이 이 책을 정독하고 되새김질하여 자신의 영적 여정에서 실제적 도움을 얻게 되기를 바라는 마음으로 본서를 추천합니다.

추천사 (3)

•

최일도 목사님(다일공동체)

조한상 교수님은 다일공동체의 친밀한 동역자로 지난 10년 동안 "다일영성수련 3단계 하나님과 동행하기" 프로그램의 공동 인도자로 함께 사역하신 분입니다. 조 교수님의 『영적 분별의 이해』는 영적으로 혼란한 오늘의 상황 속에서 친절하고도 단호하게 바른 믿음과 바른 삶으로 안내하는 너무도 소중하고 꼭 필요한 책입니다.

현대인들은 결혼, 진로, 부르심과 소명 등 다양한 결정과 분별의 순간을 맞이하고 있습니다. 하지만 영적 분별의 가르침을 체계적으로 받은 경험이 부족하여 개인의 경험에 의존하거나 스스로 결정하는 경향이 있습니다. 혹은 알고 있는 목회자의 도움을 받거나 멘토의 조언으로 결정하는 경우가 있는데 제4차 혁명의 물결이 인류의 삶에 커다란 영향을 주고 있는 급변하는 상황 속에서 "영적 분별의 이해"라는 책의 출간은 매우 시의적절하다고 볼 수 있으며 영적 분별의 원칙을 발견할 수 있는 탁월한 영성 생활 지침서입니다.

이 책은 역사적으로 고찰해 본 기독교 영성의 두 거장, 즉 이나시오 로욜라와 조나단 에드워즈의 영적 분별을 중심으로 전개된 것으로 혼돈의 시대에 확실한 영적 분별의 길 안내자 역할을 충분하게 하리라고 여겨집니다. 바라기는 이 책을 통하여 기독교 전통 속에서 영적 분별의 원칙과 통찰력을 배워 신앙의 성숙을 도모하기를 바라며 영성의 길을 걷고자 하는 목회자들과 평신도 리더들에게 반드시 일독을 권합니다.

추천사 (4)

·

이상학 목사님(새문안교회)

한국교회는 선교 140여 년 남짓한 역사 속에서 2천 년 기독교 역사상 가장 빨리 성장과 부흥을 경험한 동시에 가장 급격히 쇠퇴의 조짐을 보이는 양면성을 갖고 있습니다. 그 어느 때보다 교회의 근간이요 본질이신 "삼위 하나님 자신"을 찾고, 그분의 뜻을 신실하게 추구하려는 신앙의 진정성이 요구되는 때입니다. 이런 면에서, 이 책은 그 길을 열어나갈 소중한 지혜를 담고 있습니다.

이 책은 2천 년 기독교의 소중한 유산이 될 두 신앙의 거장 로욜라와 조나단 에드워즈의 영적 분별 원리를 학술적으로 정교하게 정리해 주고 있습니다. 영적 분별의 중요성과 그 원리를 잘 설명해 주고 있습니다. 특히, 믿음에서 정서와 느낌, 감정이 왜 중요한 역할을 하는지를 학술적 언어로 명료히 정리해 주었습니다.

영성학을 하는 전공자에게는 물론, 한국교회의 현 단계에서 보다 건강하고 온전한 신앙의 길을 모색하는 성도들이 정독해볼 만한 소중한 저서로 추천합니다.

프롤로그

●

영적 분별의 이해*

　하나님의 뜻은 과연 무엇일까? 이 주제는 영성 생활에 있어서 가장 중요한 주제일 뿐만 아니라 모든 그리스도인이 명확한 답을 알고자 하는 주제이다. 하지만 그 답을 아는 일은 쉽지 않은 작업이다. 그래서 저자는 기독교 역사에서 영적 분별의 전통을 추적하였고, 그 과정에서 이나시오 로욜라와 조나단 에드워즈라는 영적 거장을 발견하게 되었다. 그 결과 이 두 사람의 영적 분별의 기준을 통하여 앞에서 언급한 질문에 답할 수 있는 실마리를 찾았다. 영적 분별이란 우리의 마음에 일어나는 움직임이 하나님께로 온 것인지 그렇지 않은지 그리고 이러한 움직임에 어떻게 반응하는지 따져보는 작업으로서, 기도와 삶을 통합시켜 삶에서 올바른 결정을 내리도록 도움을 주는 과정이다. 물론 이 과정은 회심을 전제로 거듭난 피조물로서 하나님과 인격적인 관계를 맺은 그리스도인이 다양한 의사결정 과정에서 영적 자유 안에서 선택하는 과정이다. 이냐

---

*　이 책은 본인의 박사학위 논문"이냐시오 로욜라와 조나단 에드워즈의 영적 식별 비교연구"를 수정하여 출판한 것임을 밝힌다. 아울러, 분별(discernment)이란 용어를 번역함에 있어서 여러 표현이 가능하지만, 본 서에는 책이나 소논문에 적힌 경우를 제외하고는 분별이라는 용어로 통일하여 사용하고자 한다.

시오 로욜라와 조나단 에드워즈는 각각 영적으로 혼탁한 시대에 『영신 수련』과 『신앙 감정론』이라는 저서를 중심으로 영적 분별에 관한 지침을 제시하였다, 따라서 본 연구에서는 이들의 저서를 중심으로 영적 분별에 관하여 고찰해 보았다. 이 연구를 진행하면서 매킨토시의 방법론을 이용하였다. 즉, 분별의 5가지 역동적 요소인 믿음, 내적 충동, 선별력, 하나님의 뜻 그리고 조명을 중심으로 살펴보았다. 이를 통하여 저자는 이냐시오와 에드워즈가 정서를 단순히 감정이 아니라 행동의 근원으로 보았으며 내적 체험을 영적 분별에 있어 가장 중요한 요소로 보았음을 발견하였다. 이들은 정서를 감성과 의지를 통합하는 개념으로 이해하였지만, 이냐시오의 경우 생각, 상상, 감정, 기울어짐, 열망, 느낌, 충동과 끌림 등으로 구성된 내적 움직임에 초점을 맞추었고, 에드워즈는 성령의 영원한 내주와 활동이 가져오는 삶의 변화에 집중하였다. 또한, 이들은 일상의 영성, 하나님의 영광을 위한 삶 그리고 영적 실천이 분별에 있어서 중요한 요소임을 알려주었다. 아울러 내면에서 일어나는 움직임을 분별하는 일은 개인의 상황뿐만 아니라 개인이 속한 공동체의 맥락에서 고려해야 함을 알려주었다.

비록 이냐시오와 에드워즈가 그들의 삶과 목회적 상황 때문에, 영적 분별에 대하여 서로 다른 관심과 관점 그리고 강조점을 갖고 있음에도 불구하고, 그들의 영적 분별에 관한 가르침은 당대뿐만 아니라 현대를 살아가고 있는 그리스도인들에게 훌륭한 지침을 주고 있다. 현재 한국교회는 극단적인 열광주의 혹은 극단적인 성령 중심의 은사주의, 반지성주의 등으로 매우 영적으로 혼탁한 상황에 있다. 이는 곧 대 사회적 신뢰도 하락을 가져왔으며 더 나아가 한국교회 전체의 침체와 쇠퇴를 가져왔다. 따라서 한국교회 구성원들 안에서 일어나는 여러 가지 복잡한 감정의 문제를 올바로 처리하는 지혜가 필요하다고 본다.

마지막으로 이 책이 출간되기까지 기도와 후원으로 도와주신 많은 분에게 감사를 드린다. 먼저, 한국학술정보 대표 채종준 님과 실무적인 작업을 진행해 주신 출판사업부 담당자분들께 감사를 드린다. 아울러 세례를 주시고 목회자로 추천해 주신 주성훈 원로 목사님세린교회, 청소년 시절 신앙을 지도해주신 김근배 목사님한마음교회, 목회 현장을 가르쳐 주신 구영철 목사님일산충신교회께 감사를 드린다. 또한, 본 책의 출판을 응원해 준 아내 조은영 목사와 딸 조수연에게 감사하며, 부모님이신 고 조철호 장로님, 이순자 권사님께 그리고 장인ㆍ장모님이신 조용선 성도님, 이화자 성도님께 감사와 존경으로 이 책을 바친다.

2023년 9월 조한상

목 차

제3장 | 이냐시오 로욜라의 영적 분별

제4장 | 조나단 에드워즈의 영적 분별

제5장 | 이나시오와 에드워즈의 영적 분별 비교 연구

제**1**장

영적 분별이란 무엇인가?

제1장
영적 분별이란 무엇인가?

A. 영적 분별의 필요성

인류는 과학의 발달과 기술의 진화로 인해 과거 한 번도 경험하지 못했던 풍요를 누리고 있다. 비록 인류가 굶주림과 질병을 극복하고 초 고도화된 시대 속에서 살아가고 있지만, 인간은 본질적으로 하나님의 형상Imago Dei으로 창조되었기에 그분을 향한 갈망과 그분의 뜻을 좇아 살아가고자 하는 원초적인 열망을 갖는다. 그래서 성 아우구스티누스Aurelius Augustinus는 그의 『고백록』에서 "당신께서 우리를 지으실 때 당신을 향하여 살도록 창조하셨기에 당신 안에서 쉴 때까지 우리 마음이 쉴 수 없습니다."라고 고백하였다.[1] 그러므로 과학과 기술이 발달한 미래 사회에서도 하나님을 찾고 그 안에서 안식을 누리며, 하나님의 부르심과 그분의 뜻을 분별하는 일, 그리고 영성에 관한 관심은 오히려 더 증가하여 교회 내외적으로 중요한 주제가 될 것으로 예상된다.[2]

특별히 제2차 바티칸 공의회 이후로 영적 분별이라는 주제가 전면으로 부상하였다. 이 주제는 공의회 문헌에 자주 나타나는데 모든 그리스도인이 성령의 영감을 받을 수 있다는 사실을 강조하고 있다.[3] 더욱이 한국교회를 포함하여 전 세계의 교회에서 일어났던 성령 운동은 영적 움직임을 탐구하고 반성하며 성찰하는 데 중요한 계기를 제공하였다. 기독교 영성 전통에서 영적 분별은 매우 중요한 신앙의 행위이다. 그러나 가톨릭교회와 비교해서 개신교 안에서는 분별에 대한 이해가 각각의 교단에 따라 부분적이고 파편적인 양상을 나타내고 있다.[4] 따라서 본 연구는 이냐시오 로욜라(Ignatius of Loyola; 이하 이냐시오)와 조나단 에드워즈(Jonathan Edwards; 이하 에드워즈)의 영적 분별 비교연구를 통해 개신교 각 교단과 교인들에게 종합적이며 체계적인 영적 분별 이해의 필요성과 가능성을 발견하는 계기를 제공하는 데, 그 목적을 두고자 한다. 에드워즈는 미국의 대각성 운동 동안 영적 분별에 있어서 주도적인 역할을 감당하여 열광주의와 이성주의로 양분된 당시의 대결 구도 속에서 이를 대처할 수 있는 영적 분별에 관한 합리적 틀을 제시하였다. 따라서 에드워즈의 영적 분별에서 발견되는 이냐시오의 영적 분별과의 유사성이 개신교인 스스로 보다 종합적인 영적 분별 이해에 다가서는 밝은 전망을 제시하리라 기대한다. 아울러 이러한 시도를 통하여 이냐시오와 에드워즈의 영성을 종합해 봄으로써 에큐메니컬 측면에서 가톨릭과 개신교 간의 상호 이해 증진을 통해 유익을 주고자 한다.

B. 영적 분별을 위한 접근 방법

본 연구는 이나시오와 에드워즈의 영적 분별의 특징을 밝히기 위해서 세 가지 방법론을 사용하였다. 첫 번째는 두 사람이 저술한 분별에 관한 대표적인 책들을 비교하는 방법론을 사용하였다. 이나시오와 에드워즈의 작품에서 등장하는 분별 이론의 유사점, 차이점, 특징을 비교 분석하여 이들이 각각 자신의 분별을 설명하기 위하여 어떠한 전승을 받아 자신의 분별론을 발전시키고 구축시켰는지를 밝히는 작업을 하였다.

두 번째 방법론은 버나드 로너간Bernard J.F. Lonergan의 회심 이론을 분석의 틀로 사용하였다. 필자가 이나시오 전통에 뿌리를 두고 있는 로너간의 회심 이론을 사용한 이유는 분명하다. 로너간의 회심 이론은 그 자체로 이나시오의 영성을 포함할 뿐만 아니라 인간 의식의 역동성에 기초한 보편적인 이론의 틀을 제시하기에 양자의 공통 비교점으로 사용하였다.

세 번째 방법론으로 필자는 마크 매킨토시Mark A. McIntosh의 분별 이론을 공통 비교점으로 선택하였다. 그 이유는 이나시오 영적 분별이 피정 기간에 따른 뚜렷한 체계를 지니고 있기에, 그의 분별 이론을 기준으로 에드워즈의 이해를 비교하는 작업이 시대 · 문화 · 개인적 배경 등을 고려할 때 문제점을 갖는다고 판단했기 때문이다. 본 연구에서는 영적 분별의 주간별 분별 흐름보다는 전체 기간 안에 나타나는 분별의 기준점에 초점을 맞추어 매킨토시의 이론에 따라 두 영성가의 분별 이해를 비교하였다. 이때, 매킨토시 이론에 담긴 상호역동성과 더불어 움직임을 나타내는 다섯 가지 개념을 공통 비교점으로 사용하였다. 매킨토시는 분별을 믿음, 내적 충동, 선별력, 하나님의 뜻 그리고 조명이라는 순환적 모델로 제시하였는데 분별의 5가지 국면을 다음과 같이 설명하였다.

첫째, 믿음으로서의 분별은 하나님과 사랑스럽고 신뢰하는 관계에 근거한 영적 분별을 뜻한다. 둘째, 사람들을 움직이게 하는 선과 악 사이를 충동하는 것을 구별하는 것으로서의 분별이다. 셋째, 선별력discretion, 실천적 지혜, 절제온건함 그리고 주어진 실천적 상황에서 무엇을 할 수 있는 것인가에 대한 일반적인 건전한 판단력good sense으로서의 분별이다. 넷째, 모든 것 안에서 하나님의 뜻을 추구하기 위한 갈망과 민감성으로서의 분별이다. 다섯째, 모든 종류의 진리의 지식을 가능하게 하고 빛나게 하는 조명, 관상적 지혜, 하나님과의 순수 지성적noetic 관계로서의 분별을 말한다.[5]

따라서 이를 다음과 같이 정리할 수 있다.[6]

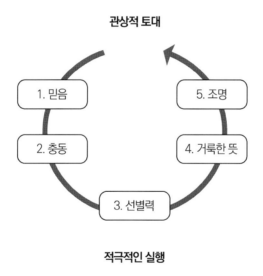

관상적 토대

적극적인 실행

위에서 살펴본 바와 같이 서로의 관계를 매킨토시는 다음과 같이 설명한다.

(1) 믿음과 (5) 조명은 가장 관상적이고, 변환적이며 궁극적으로 하나님의 비전을 아름답게 하는 진리에 대한 비전을 이루는 국면들이다. (2) 충동은 비전을 움직이는 삶, 충동 또는 영의 장소whence를 분별한다. 즉 이러한 충동들 사이를 구별하는 것은 사람의 생명이 어디서 왔

는지 즉 무엇이 생기를 불어넣으며 그것을 움직이는 것은 무엇인지 명확하게 하는 것이다. (3) 선별력은 가장 실제적이다… (4) 거룩한 뜻은 전체 분별하는 삶의 중요한 목적론적인 측면을 보여준다… (5) 조명은 하나님과의 교제에 있어서 완벽한 상태인 분별하는 삶을 가져온다…[7]

앞의 그림에서 보는 바와 같이, 우리가 분별력 있는 삶을 관상적인 토대에서 시작하여 실천적인 방식으로 확장되어 다시 관상적인 방식으로 되돌아가는 것으로 여긴다면, 우리는 분별하는 삶의 리듬 안에서 하강하고 상승하는 이해의 순환으로 각각 움직임들의 위치를 구성해 볼 수 있다.[8] 여기서 분별의 5가지 요소를 구체적으로 살펴보면 다음과 같다.

첫 번째, 믿음이라는 국면이다. 그동안 분별에 대한 많은 기독교적 가르침은 분별해야 할 대상에 초점이 맞추어졌지만, 현대 인식론에서는 이와 반대로 분별의 주체에 초점을 맞춘다.[9] 인식하는 주체의 변화는 분별력 있는 삶에 있어서 매우 중요한 선행조건이 된다. 따라서 인식하는 주체가 삼위일체 하나님에게서 나오는 생명을 소유하게 되면 앎과 사랑이신 하나님 안에서 재창조되어, 생명을 나누는 자가 된다. 만일 분별력 있는 삶이 하나님의 생명에 의해 지속해서 풍성해지지 않는다면, 좀 더 진정한 인식 안에서 성장은 결코 일어날 수 없을 것이다.[10] 그러므로 분별의 주체가 하나님 안에서 재창조되어 하나님의 그 생명을 소유하게 되면 인식의 지평과 관점이 변화되어 하나님의 뜻을 잘 알 수 있고, 이를 추구하게 되는 것이다.

요한복음의 경우 어두운 세상에 빛으로 오시고, 성육신하셔서, 이 땅에 오신 예수의 극적인 이야기가 설명되고 있다. 아울러 예수께서는 니고데모에게 "위로부터 거듭나야 함"을 강조하며 요한복음 전반에 걸쳐서 하나님과 더불어 자신이 생명의 빵이시며, 진정한 포도나무요, 부활과 생명임을 알려주고 있다.[11]

또한, 십자가와 부활 사건은 새로운 생명과 공동체를 창조하며 거룩한 빛으로써 세상으로 침투하는 것임을 선포한다. 특별히 성만찬은 예수 그리스도의 자기 나눔의 절정을 표현한 것이며, 하나님의 자기 주심의 사건으로 신비적인 영역이다.[12] 결국, 삼위일체적 비전과 무한한 나눔은 관계를 왜곡하고 가로막는 모든 악한 세력을 일소하여 하나님 나라와 의를 위하여 살도록 촉구하는 에너지가 되는 것이다. 따라서 생명이시며 사랑이신 하나님과의 신뢰하는 관계는 분별의 출발점이 된다고 할 수 있다.

두 번째 국면은 내적 충동이다. 이는 선과 악의 충동을 구분하는 것으로써 분별을 설명하고 있다. 그러한 면에서 분별은 신자들의 삶 안에서 펼쳐진 하나님 자신의 갈망, 성령, 부활의 신비 등에 근거한 것이다.[13] 그래서 표면적인 열망을 인지하는 것은 더 깊고 심오한 열망을 인지하는 것에 도움이 된다. 따라서 매일의 삶 속에서 선한 영과 악한 영의 충동을 구별하는 것은 매우 중요한 분별의 행위이다. 신약성서인 바울서신은 우리에게 영들을 분별하는 것에 관하여 잘 알려주고 있다. 바울은 "영들을 분별하는 것"이란 공동체를 위한 성령의 은사 혹은 카리스마로서 규정하면서고전 12:10, 교회의 일상적인 삶 안에서 영들을 지속적으로 분별할 필요가 있음을 언급했다.[14] 갈라디아서 5장 19~26절에서 바울은 육체의 일과 성령의 열매를 대조하면서 영적 분별의 원리를 제시하고 있다. 즉 공동체를 하나 되어 통합되게 하며, 성령의 기쁨을 가져오게 하는지 그렇지 않은지를 비교하는 것이다.[15] 그래서 바울은 빌립보서 1장 9~10절에서 분별을 통한 성숙을 언급하고 있다. 따라서 각 사람의 내면에서 일어나는 크고 작은 충동을 인식하고, 겸손하게 자신을 내어주신 그리스도와 같이 겸손하게 자신을 내어주고, 성령께서 생기를 불어넣어 주시도록 삶의 공간을 내어드리며 인도하심을 구할 때 올바른 분별의 삶으로 들어설 수 있게 된다.

세 번째 국면은 선별력discrerion이다. 이는 양심적인 지식과 판단력, 넓은 경지에서 선악을 판단하는 뛰어난 식견과 도덕적이며 합리적으로 건전한 생각이나 분별을 말한다. 선별력이라는 측면에서 분별은 단순히 삶의 충분한 경험을 의미하는 것이 아니라 어떤 주어진 상황에서 가장 적합한 수단을 인식하는 것과 더불어 실천적 지혜를 추구하는 열망과 실제적 능력을 갖추는 것을 의미한다. 이것은 중용과 노련한 판단 이상을 요구하는 것으로 지혜에 대한 진정한 열망이다.[16] 그래서 지혜서에서는 "나 지혜는 명철로 지혜를 삼으며 지식과 근신을 찾아 얻나니... 나를 사랑하는 자들이 나의 사랑을 입으며 나를 간절히 찾는 자가 나를 만날 것이니라" 잠언 8:12,17라고 언급했다. 영들을 구분하는 것으로서의 선별력은 실천적 지혜로서 분별을 위한 선행조건이다. 아울러 하나님 자신의 자기 나눔의 사랑 안에 깊이 참여함 없이, 개인이나 공동체는 주어진 상황에서 선별력을 발휘할 수 없다.[17] 그 예로 신약성경 마가복음 13장에 나타난 마지막 날에 대한 경고와 마태복음 25장에 나타나는 열 처녀 비유는 시대를 분별할 수 있는 통찰력과 지혜가 필요함을 알려주고 있다. 아울러 히브리서 저자는 성숙한 자와 그렇지 못한 자의 차이를 언급한다히 5:11-12. 성숙한 사람은 기본적인 요소들에 있어서 잘 훈련된 사람들이고, 오랜 실천을 통해 어떻게 분별하는지 아는 사람이며, 어떠한 주어진 상황에서 잘 견디는 사람들이다. 그들은 심미적 판단과 비교되는 실천적 지혜를 갖고 있다.[18] 따라서 올바른 분별을 위하여 신중함, 실천적 지혜, 절제 그리고 주어진 상황에서 요구되는 건전한 판단력이 필요하다.

네 번째 국면은 하나님의 뜻이라는 진리를 찾는 것으로서 분별이다. 한 개인의 분별은 개별적인 일인 동시에 공동체의 일이다. 따라서 하나님의 뜻이라는 진리를 찾는 것으로서 분별은 주어진 구체적인 상황에서 가장 적합한 것이 무엇인지 더 넓은 진리의 지평을 향해야만 한다. 그러므로 하나님의 뜻에 관한 진리의 분별은 항상 하나님의 더 큰 영광을 섬기는 것을 추구하여, 거룩한 아름다움과 선함이라는 빛으로 세상에서 드러내 보일 수 있어야 한다.[19] 결국, 이 국면에서는 분별을 위하여 모든 상황에서 하나님의 뜻을 추구하기 위한 갈망과 민감성이 요구된다.

다섯 번째 국면은 지혜의 관상으로서 분별이며, 이는 분별하는 삶의 궁극적 목표이다.[20] 믿음에서 시작하여 충동을 거쳐서 선별력과 거룩한 뜻이라는 과정을 지나 도착하는 단계는 조명이라는 국면이다. 이곳에서 분별하는 주체는 좀 더 수동적으로 된다. 종말론적 비전 혹은 하늘로부터 온 빛은 마치 그리스도의 부활로 변형된 빛처럼 현재 세계를 깨뜨리고 죽음과 두려움의 속박으로부터 인간의 사고를 자유롭게 한다. 따라서 도래한 세상의 생명, 완전한 성례의 생명 그리고 자신을 나누는 사랑은 인식과 신자의 행동을 전환시킨다.[21] 이 시기는 지혜의 관상이라는 분별로서, 부활의 신비 안에서 탄생하여, 거룩한 성찬의 완벽한 자기 나눔에 의해서 감동된, 그리고 피조물을 위해서 제한 없는 생명에 열려 있는 상태를 말한다.[22] 만일 분별이 이러한 관상적 비전을 향하여 있지 않다면, 올바른 분별은 불가능할 것이다. 결국, 분별은 조명을 통한 관상적 지혜로 귀결된다.

한편, 분별이란 개별적인 삶의 진리와 공동체의 진리를 분별하는 것일 뿐만 아니라 진리란 무엇인지 분별하는 것이다. 그렇다면 진리란 무엇인가? 기독교 신학은 "하나님은 진리이시다"라는 전제로부터 시작된다. 그리하여 사람들은 진리를 어떻게 알게 되었는지 그리고 사람들이 어떻게 진리이신 하나님과 관계를 맺게 되었는지 탐구하게 되며 둘 사이의 관계성을 찾았다.[23] 하나님의 진리는 세상의 모든 피조물을 통해 빛을 발하게 되며 하나님께서 만드신 만물을 통해서 이해된다. 그러나 인간은 죄로 말미암아 하나님과 맺은 관계가 단절되었고, 진리는 왜곡되었고, 하나님을 인식할 수 없게 되었다롬 1:21. 하지만 바울의 언급과 같이, 하나님께서는 이러한 인간들을 내버려 두지 않으시고 성육신하시고 부활하신 그리스도를 선물로 보내셔서 이를 믿음으로 영접하는 자에게 생명의 빛을 허락하셨다고후 4:6. 그래서 성령은 신자들의 마음에 거룩한 빛을 비추어 새로운 관계성을 맺도록 허락하시며 이를 통해 공동체를 세우도록 하셨다.[24] 그러한 면에서 어두움에 있던 죄인이 하나님의 은혜로 믿음을 통해 빛과 생명으로 나오는 과정은 신자의 삶에서 매우 중요한 전환점이라고 할 수 있다. 이 과정을 회심이라고 한다면, 회심을 통하여 신자는 진리이신 하나님을 알게 되고 진리이신 하나님과 새로운 관계를 형성하게 된다. 아울러 이러한 회심 체험은 영혼을 돕고 섬기는 일 그리고 하나님 나라 건설을 위한 자기 투신이라는 긍정적 행동을 가져온다. 따라서 회심은 내적 변화와 더불어 행동과 삶의 양식 변화를 수반하며 이를 통해 자신이 속한 공동체와 더불어 세상을 변화하는 일에 투신하는 결과를 초래한다. 그리고 신자는 성령에 의해 주어진 내면의 움직임을 감지하여 삶의 매 순간 하나님의 뜻을 선택하고 결정하는 분별의 과정을 경험하게 되므로 회심과 분별은 동전의 앞·뒷면과 같이 밀접한 관계가 있다고 할 수 있다. 이처럼 회심은 분별의 전제조건이 되며, 분별은 그리스도인을 더욱 성숙한 사람으로 이끄는 원천이라고 할 수 있다.

한편, 데이비드 론스데일David Lonsdale은 분별을 하나님과 더불어 춤을 추는 것으로 비유하였다.[25] 그리고 그는 분별이란 내 삶에 대한 하나님의 뜻을 찾는 것에 국한된 것이 아니며 양 갈래 길 가운데서 "하나는 하나님의 사랑 안에서 삶을 더욱 풍성하게 인도할 것이고 다른 하나는 궁극적으로 우리의 참모습을 말살하고 파괴하는 방향으로 이끌 것"이라는 점을 구별하는 능력이라고 말했다.[26] 따라서 분별이란 매일의 삶 속에서 선택하고 결정하는 일에 있어서 하나님께서 개입하시며 다스리시도록 우리를 내어드리는 것이라고 할 수 있다.[27] 그러므로 우리는 각자의 삶 속에서 역사하시는 하나님께 주의를 기울이며 하나님께서 우리가 분별해야 하는 상황에서 지혜를 주시도록 간구해야 할 것이다. 즉, 분별이란 하나님과 친밀한 관계에 근거하여 사람의 마음을 움직이게 하는 선과 악 사이를 구별하는 것으로 각 사람의 상황에서 필요한 지혜, 절제 그리고 건전한 판단력이라고 할 수 있다. 이는 모든 것 안에서 하나님의 뜻을 추구하기 위한 갈망과 민감성으로 하나님과의 신비적 관계를 통한 선택의 과정이라고 할 수 있다.

본 연구는 이냐시오와 에드워즈의 분별론을 비교연구 하기 위하여 그들의 대표적인 저서인 이냐시오의 『영신 수련』과 에드워즈의 『신앙 감정론』을 중심으로 연구를 진행하고자 한다. 이냐시오의 경우 그의 자서전, 회헌과 편지 등 그의 저서들에서 분별에 관한 내용이 언급되지만 『영신 수련』의 주요주제 중 하나가 분별이므로 이 책을 중심으로 살펴보고자 한다. 즉 이냐시오의 경우 본인의 경험 속에서 일어나는 내적 충동을 통해 어떻게 분별의 원칙을 세웠으며 이를 어떻게 삶 속에 적용했는가를 연구하고자 한다. 아울러 에드워즈의 경우 그의 작품 중 전집 제1권 『의지의 자유』가 1957년 예일 대학교에서 발간된 이후 2008년을 끝으로 전집 26권이 마무리되었는데, 그의 저서 『신앙 감정론』에서 주로 분별의 내용이 다루어지고 있기에 이 책을 중심으로 분별에 관한 연구를 진행하고자 한다.

C. 영적 분별에 관한 기존 연구

이냐시오와 에드워즈 각각의 영적 분별에 관한 연구들은 찾아볼 수 있지만,[28] 두 인물의 분별론을 비교 연구한 것은 그리 많지 않으며, 깊이 있는 수준이 아니므로 좀 더 심도 있는 연구가 요구된다. 이냐시오와 에드워즈의 영적 분별에 관한 연구를 살펴보면 다음과 같다.

첫째, 이반 하워드Evan Howard의 *Affirming the Touch of God: A Psychological and Philosophical Exploration of Christian Discernment*가 있는데 이 책은 본인의 버클리 연합신학대학원Graduate Theological Union at Berkeley 박사학위 논문을 출판한 것이다.[29] 저자는 오순절 카리스마적 은사 운동에 영향을 받은 인물로 당시 북미에서 발생한 토론토 축복Toronto blessing의 영적 상황을 어떻게 보아야 하는지에 관한 관심과 의문으로 서두를 시작한다.[30] 본문에서 이냐시오와 에드워즈의 분별에 대한 주제를 다루었는데 그는 가톨릭과 개신교 사이 공통의 그리스도교 분별의 패턴을 분류하였다. 그리고 인지 심리학과 종교 철학의 융합을 통하여 분별에 있어서 정서의 역할에 관하여 설명하였다. 그는 주장하기를 정서는 인간의 삶생물학적, 심리적, 사회적… 생태학적 그리고 영적의 주요한 측면들과 연관되어 상호 의존적인 작동 시스템으로 이루어졌다고 주장했다. 또한, 저자는 그리스도교 영성의 역사와 현대 실험적 심리학 그리고 북아메리카의 철학적 전통 등 3가지 영역에서 유산을 가져와 학제 간 연구를 하였다.

그는 이냐시오의 『영신 수련』과 에드워즈의 『성령의 역사를 구별하는 표지』와 『신앙 감정론』에서 기독교 분별의 정서적 중심성을 드러냈다. 아울러 저자는 기독교 분별 전통에 있어서 인지적이며 감정적이며 정서적인 과정이 복잡하게 혼재되어 있음을 언급하고 있다. 그렇다면 어떻게 진정한 하나님의 역사와 거짓된 영의 역사를 구별할 수 있는가? 저자는 경험과 내적 움직임, 그리고 교회 공동체에 초점을 맞추고 있는데 분별에 있어서 이러한 요소들을 복합적으로 고려해야 함을 알려주고 있다. 그는 정서란 분별의 중요 요소인 동시에 인간 경험의 본래적인 부분intrinsic part이고, 특별히 인간의 앎 그 자체라고 주장하고 있다. 그의 연구는 기독교 전통과 더불어 학제 간 연구를 통해 정서에 접근하였으며, 분별에 관하여 설명하였다는데 그 의의를 찾아볼 수 있다.

둘째, 윌리엄 스푼William Spohn의 *Finding God in All Things: Jonathan Edwards and Ignatius Loyola* 가 있다.[31] 이 글에서 저자인 스푼은 이나시오와 에드워즈 분별의 신학에 관하여 공통으로 주장하는 세 가지 개념을 구분했다. 첫째 기독교 회심은 회심하지 못한 자에게는 불가능한 변화된 신앙 경험을 일으킨다. 둘째, 마음의 깊은 정서적 성향인 감정정서은 신앙변화의 중심이며 신앙적인 분별을 판단하기 위한 증거의 주된 근거다. 셋째, 신앙 감정정서은 하나님의 영감을 전달하는 매체이다. 즉, 하나님은 우리 마음의 성향을 통해 끊임없이 우리에게 말씀하시고 우리를 인도하신다. 또한, 그가 주장하기를 에드워즈가 영적 경험의 "풍미" "기호" 또는 "달콤함"에 대해 자주 언급한 것은 이나시오가 영적 실재에 있어서 직접적인 맛이라는 단어를 사용하는 의미와 유사하다. 즉, 에드워즈가 묘사한 정서는 지나가는 일시적인 기분이나 단순한 의욕이 아니라 가장 깊은 수준에서 비롯된 자아의 성격을 반영한다. 감정은 사람으로 하여금 생각하고 느끼고 행동하는 규칙적인 패턴을 가지도록 마음을 움직인다. 감정은 단순한 합리적 성찰보다는 더 확실한 안내를 제공한다. 이나시오 역시 감정에 대한 그의 견해는 에드워즈와 일치한다. 두 사람 모두 참된 영성을 가짜 회심자의 과도함 즉 자기 애착, 환상과 사적인 계시에 매혹됨, 영적인 오만함, 불균형적인 열심, 변덕스러운 행위, 도덕적 자기만족과 대비시켰다. 그리고 이들은 기독교적 실천은 진정한 회심의 표지이며, 인간의 정서는 하나님의 행동과 안내_guide_의 매개체라는 데 공통점을 보인다고 스푼은 주장한다.

셋째, 이강학의 "영적 분별: 이냐시오 로욜라와 조나단 에드워즈 비교"가 있다.[32] 저자는 분별과 관련된 에드워즈의 두 작품 『구별하는 표지』와 『신앙 감정론』과 이냐시오의 규칙의 유사성을 탐구하였다. 두 가지 면에서 이 논문이 초점을 맞추고자 하는데 첫째, 분별의 대상으로 정서적 움직임을 강조하였다. 저자가 주장하기를 에드워즈는 정서적 경험을 분별에서 제외하려는 이성주의자들과 열광적 경험을 은혜의 정서로 분별한 열심주의자들의 견해 사이에서 균형을 잡으면서 성경을 근거로 하여 정서의 중요성을 입증하며 은혜의 정서를 분별의 기준으로 제시하였다. 이냐시오의 경우 자신의 경험을 바탕으로 영적 위로와 영적 황량이라는 정서적 경험이 분별에 있어서 중요하다고 판단하여 영적지도 실습에 적용하였다.[33] 이냐시오와 에드워즈 둘 다 정서는 이성보다 감정에 치우친 것이 아니라 이성과 감성을 통합하는 성격을 지닌 경험이라고 이해했다. 둘째, 분별의 발달적 성격을 보여주는 초점의 이동에 대하여 언급하고 있다. 에드워즈의 경우 부흥이 진행됨에 따라 부흥의 경험을 판단하는 세력들 사이에서 올바른 분별기준을 제시해야만 했다. 초기에는 부흥의 경험 안에서 부흥을 통째로 부인하려는 시도 앞에서 정서적 경험을 옹호하는 측면에서 일반적인 분별기준을 제시하는 것에 초점을 맞추었으나 점차 부흥이 진행되면서 정서들의 차이를 인식하고 성령 역사의 결과로 일어나는 은혜의 정서, 거룩함의 정서, 구원 정서의 성경적 기준을 제시해야 하는 상황에 이르렀다. 그 결과 『구별하는 표지』에서 『신앙 감정론』으로 분별의 기준들에 변화가 일어났다. 이냐시오는 『영신 수련』의 초기에 수련자가 경험하는 것과 좀 더 영적인 성장이 일어난 다음에 수련자가 경험하는 것에는 차이가 있다는 것을 분명하게 인식했다.

영성 생활의 초기에는 영적 위로와 영적 황량의 경험들이 교차한다. 그 시기 분별의 초점은 영적 황량을 인식하고 극복하는 것이지만, 영성 생활의 중기에는 영적 위로가 장기간 지속된다. 영적 위로의 경험을 이용하여 악한 영이 더 교묘한 방식으로 수련자를 유혹하는데 수련자들의 영적 진보의 수준에 따라 첫 번째 주의 규칙들과 두 번째 주의 규칙들 사이에 분별의 초점이 달라진다.

마지막으로, 조한상, 심종혁의 "이냐시오와 조나단 에드워즈의 영적 식별 비교연구"에서는 다음과 같이 설명하고 있다.[34] 영적 분별은 우리의 마음에 일어나는 움직임이 하나님께로 온 것인지 그렇지 않은지, 그리고 이러한 움직임에 어떻게 반응하는가를 따져보는 작업으로서, 기도와 삶을 통합시켜 삶에서 올바른 결정을 내리도록 도움을 주는 과정이다. 이 논문은 이냐시오와 에드워즈의 영적 분별을 비교하는 연구를 논한 것으로 정서, 영적 위안, 속임수 등 내면의 움직임에 초점을 맞추었다. 이냐시오와 에드워즈는 정서를 단순한 감정이 아니라 행동의 근원으로 보았기에 내적 체험을 분별하면서 가장 중요한 요소로 보았다. 지성과 감성 그리고 의지를 통합하는 개념으로 이해하는 공통점이 있지만, 차이점 또한 발견할 수 있다. 이냐시오는 생각, 상상, 감정, 기울어짐, 열망, 느낌, 충동과 끌림 등으로 구성된 내적 움직임에 초점을 맞추었고, 에드워즈는 성령의 영원한 내주와 활동이 가져오는 삶의 변화에 집중하였다. 삶의 자리에 따라 다른 관심과 관점을 보이지만, 이들의 작품들은 오늘날의 신앙생활에 영적 분별의 지혜를 제공해주고 있다.

이상에서 살펴본 바와 같이 그동안 이냐시오와 에드워즈의 개별적인 분별연구는 각각 역사적, 철학적 그리고 심리학적 접근을 통한 연구가 이루어져 왔다. 특별히 이냐시오와 에드워즈의 분별 이해에 관한 기존의 비교연구는 시대적 차이와 역할의 차이에도 불구하고 이 둘을 비교할 수 있는 합리적인 틀의 부재라는 문제점을 드러낸다. 따라서 본 연구에서는 앞에서 언급한 바와 같이, 로너간의 회심론 그리고 매킨토시의 분별 이론을 두 사람을 비교하는 기준점으로 삼아 이를 통하여 이냐시오와 에드워즈를 비교 · 연구하였다.

제 2 장

이냐시오와 에드워즈의
회심에 관한 연구

제2장

이냐시오와 에드워즈의
회심에 관한 연구

A. 회심에 관한 이해

본 장에서는 회심에 대한 심리 상담학적 접근에 관한 기존 연구를 살펴보고, 로너간의 『신학 방법』에 기초하여[1] 로욜라의 이냐시오와 조나단 에드워즈의 회심을 비교 · 연구하여 각각의 특징과 함의점이 무엇인지 밝히고자 한다.

그 이유는 회심을 경험하지 않은 영혼은 결코 하나님의 영에 의해서 인도함을 받을 수 없고 하나님의 영의 움직임을 알 수 없기 때문이며, 영적 분별을 위하여 전제조건이 바로 회심이기 때문이다.[2] 회심에 대한 전통적인 이해는 일회적인 사건으로 간주하는 경우가 많았지만 최근, 로너간을 비롯한 여러 학자의 연구에 의하면 회심 사건은 결코 일회적인 것이 아니라 전 생애에서 일어나는 나선형의 연속적인 사건으로 해석하고 있다. 로너간은 이를 좀 더 구체적으로 지성적 회심, 윤리적 회심 그리고 종교적인 회심의 3가지 영역으로 구분하였다.

그래서 회심과 분별은 동전의 앞·뒷면과 같이 서로 긴밀하게 연결되어 있으며 분별은 한 사람의 신앙 성숙을 위한 밑바탕이 되는 실천적이며 영적인 지혜로 그리스도인의 성숙에 있어서 필수적인 요소로 이해되어왔다.

기존의 연구에 따르면, 회심은 내면적이며 하나님의 은총으로만 가능한 것으로 이해되었다. 하지만 최근 심리학 등 사회과학의 발달과 더불어 회심에 대하여 다양하게 이해되었다. 즉, 회심은 인간 내면의 경험과 심리적, 의식적 그리고 자기초월적 측면으로 접근하여 연구되었는데 특히, 심리학과 상담학에서 많이 연구되었다. 아울러 최근에는 종교 사회학,[3] 심리학,[4] 인류학, 선교학[5] 그리고 신학의 다양한 분야-성서신학, 기독교 교육학, 조직신학, 역사신학 등-에서 활발히 연구되고 있다.

백충현의 연구에 따르면 2016년 말 기준으로 우리나라에서 총 46건의 연구소논문가 진행되었는데 인물 중심적 연구-바울Paul, 아우구스티누스, 칼뱅John Calvin, 웨슬리John Wesley, C.S. 루이스C.S. Lewis, 류영모-와 학자의 회심 이론에 관한 연구-버나드 로너간, 도널드 젤피Donald L. Gelpi, 루이스 람보Lewis R. Rambo-들이 소개되고 다루어졌다.[6] 이외에도 윌리엄 제임스William James의 회심 논의와 그렌빌 스탠리 홀G. Stanley Hall의 회심 논의를 비교한 연구,[7] 그리고 유교와 기독교 종교 간 대화의 관점에서 다룬 논문[8] 등이 있는데 이러한 비교연구는 회심에 관한 이해의 폭을 넓힌다는 면에서 고무적이라고 할 수 있다.

a. 회심에 관한 현대적 이해 및 성서적 접근

회심이란 이 세상에서 인간이 경험할 수 있는 가장 위대한 변화이며, 자아가 눈을 뜨는 새로운 깨달음이고, 일종의 각성이라고 할 수 있다. 즉 한 사람의 내면에서 일어나는 변화로 새로운 지평의 열림을 의미한다. 그러므로 이러한 회심 체험은 체험 자체로만 한정되는 것이 아니라 그에 따른 삶과 행동의 변화를 가져오고 때로는 변화를 요구하기도 한다. 기독교 역사에서도 수많은 인물이 회심 후 자신뿐만 아니라 세상을 변화시키는 일을 감당했다. 아우구스티누스, 베네딕도Benedict of Nursia, 프란체스코St. Fransis of Assisi, 이냐시오, 루터Martin Luther와 웨슬리, 그리고 에드워즈 등은 비록 그들이 경험한 회심 체험은 서로 다를지라도 그 회심을 통하여 인식의 지평이 바뀌고 가치관과 세계관이 변화되어 세상을 바꾸는 역할을 감당하였다. 그래서 신학자 폴 틸리히Paul Tilich는 아우구스티누스를 인용하면서 하나님으로부터 돌이킨 상태를 죄로 규정하고, 도덕적인 치료로는 불가능한 인간의 상태를 치료 불가능한 환자로 여기며, 한 가지 치료만이 적합하다고 했는데 그것은 바로 하나님께로 돌아감이라고 했다.[9] 하나님께로 돌아간다는 것은 회심을 뜻하는 것으로 새로운 삶의 시작이요, 표시라고 할 수 있다. 또한, 이것은 목적 없고 불만족스러운 관점을 포기함으로 좀 더 의미 있는 삶을 살기 위해서 삶의 양식을 바꾸는 것이다. 따라서 회심은 기독교적 삶의 윤리적 요구로 이끄는 거룩함과 제자로 부르심이다.[10]

고든 스미스Gordon T. Smith는 그리스도교 전통 안에서 회심을 그리스도와의 인격적 만남이라고 정의하며, 하나님의 선택과 부르심 그리고 주도권에 반응하여 일어나는 것으로 성령께서 가능하게 하신다고 했다.[11] 따라서 회심은 하나님의 거룩한 부르심에 다양하게 반응하는 것으로 이해될 수 있으며 인간의 원래 창조된 모습, 즉 하나님의 형상대로 완전히 변화된 모습을 추구하는 것이라고 주장했다.[12]

질레스피V. B. Gillespie의 견해에 따르면, 성서 신학적인 시각에서 회심은 죄로 인하여 하나님과의 관계가 깨어진 상태인 인간이 창조주이신 하나님 아버지의 집으로 돌아가 하나님의 개인적 사랑과 돌봄을 통한 인격적 관계가 회복되는 것을 의미한다.[13] 회심에 대한 기독교적 이해의 근원은 구약성서에 있다. 이스라엘 역사는 거듭 회심하고 하나님께 돌아오라는 이야기이다. 구약성경에 등장하는 다윗왕의 이야기는 이러한 회심으로의 부름이 죄인인 그의 삶에서 어떻게 작용하는지 보여주는 본보기이다.삼하 11-12.[14] 하나님의 비밀을 깨달은 욥의 이야기는 의인도 회심으로의 부름을 받는다는 근본적인 진리를 강조한다. 신약성서에서 세례요한은 회심을 촉구하는 선지자의 사명을 감당한다. 세례요한이 체포된 후에 예수께서 그 사명을 맡으셔서 자신이 전파하는 메시지의 핵심을 만드셨는데 그것은 때가 찼고, 하나님의 나라가 가까웠으니 회개하고 복음을 믿으라는 것이었다.막 1:15.[15]

질레스피의 경우, 성경에서 회심을 지칭하는 단어 *Shubh*는 구약성서에 약 1,100회 이상 사용되고 있으며 그 의미는 첫째, "돌아가다"return 창 18:33, 둘째, "돌아오다"turn back 삿 3:19, 셋째, "외국 땅으로부터 돌아오다"return from a foreign land 룻 1:6, 넷째, "방향 전환하다"turning around 왕상 19:27, 다섯째, "행동의 방향을 돌리는 것"왕하 24:1, 여섯째, "죄로부터 돌아서는 것"turn from sin 왕상 8:35, 일곱째, "회복되는 것"be restored 출 4:7, 여덟째, "하나님께로 돌아가는 것"return to God, 호 6:1이므로, 회심은 죄로부터 돌아서서 하나님에게로 돌아옴의 의미를 내포하고 있다고 했다.[16] 한편, 신약성경에서는 성령의 역사로 이방인들에게 선교하여 하나님 나라가 확장되어 갔다. 따라서 하나님께 돌아옴과 중생은 인간 구원을 위해 필수적인 요소로서 "거듭남"born again, "위로부터 남"born from above, "생명의 새로움"newness of life, "그리스도 안에서 살아있는"made alive in Christ, "새로운 피조물"a new creation, "새로 탄생한 아이"as new-born babies, "죽음으로부터 일어난 상태"being raised from the dead를 포함한다.[17]

히브리어 *Shubh*에 해당하는 말로 희랍어 *epistrephein*은 "돌아서다"라는 의미이며, 이와 더불어 *strephein*이란 단어도 사용되는데 이는 "육체적인 변화"를 일컬을 때 사용되었다고 한다.[18] 또한, *metanoia*란 낱말은 마음의 변화로 단 한 번 돌아서는 것이 아니라 지속적으로 새로운 과정을 추구하여 나아가는 포괄적인 움직임을 의미한다.[19] 따라서 신약성서에서 말하는 회심이란 삶의 의미를 향한 방향의 재설정과 더불어 지속적인 돌아섬을 의미한다고 할 수 있다.

한편, 그동안 전통적인 회심에 대한 이론에서는 회심이 일회적인 사건으로 다루어지고 성화 안에서 신학의 주제 중 하나로 분류되어왔다.[20] 여기서 성화란 신자의 평생 신앙 여정life long process in faithful journey이며, 하나님의 형상 회복을 통한 그리스도를 닮아감을 말한다. 따라서 현대 회심 이론에서 회심은 일생의 삶 가운데서 일회적인 사건이 아닌 지평의 지속적인 변화라고 주장되었다. 그러므로 우리는 제임스, 로너간, 젤피, 그리고 람보 등 여러 현대 신학자들의 이론을 바탕으로 하여 이들이 주장하는 현대 회심론을 살펴보고자 한다.

b. 회심에 관한 심리 · 상담학적 접근 및 기존 연구

먼저 제임스는 기독교 전통 안에서 갑작스러운 회심 사례를 중심으로 회심 연구의 원형을 제시하였다. 그동안의 연구가 주로 성서와 교리 중심이었다면 제임스는 인간의 심리와 내면세계 및 종교 체험에 근거한 경험 주체들의 내면적 역동성을 분석하였다는 점에서 새로운 장을 열었다. 아울러 그의 제자 홀은 회심이 많은 경우 자아 정체성을 형성해 가는 청소년기에 이루어지고 있다는 점에 집중하여 이들의 내면적 의식 변화를 연구하였다. 따라서 제임스와 홀의 연구는 회심 주체 내면의 점진적인 변화 과정에 집중하여 학계의 관심을 불러일으켰다.[21] 한편, 로너간의 경우 그의 주요 저서인 『신학 방법』에서 회심을 다루는데 이는 『통찰Insight』에서 묘사된 패턴을 따르지만, 이 패턴을 신학과 교리에 적용했다.[22] 그의 사상의 기본은 진정성(authenticity), 자기 초월(self-transcendence), 그리고 회심으로 요약할 수 있으며, 이 세 가지 요소는 서로 밀접하게 연관되어 있다.[23] 로너간에게 있어서 참된 신학함의 본질은 신학함의 주체 자신의 진정성이다. 이 진정성은 자기 초월로 성취되고, 지속적인 자기 초월은 회심에 의해서 도달된다. 즉, 한 사람을 진정성 있는 인간으로 만드는 것은 그가 지속적으로 자기 초월을 하는 것이며, 지속적인 자기 초월이란 우리가 다중적(multiple)이며 지속인 회심의 과정을 경험하도록 요구한다는 것이다. 만일 우리가 원한다면, 이 과정은 일상적으로 회심으로부터 자기 초월로 움직이며, 자기 초월로부터 진정성으로 움직인다.[24]

또한, 로너간은 사람들이 다음의 세 가지 질문을 통해서 아는 것과 행동하는 것을 일치시켜야 한다고 주장한다. 첫째, 인지적 차원에서 "당신은 알고 있을 때 무엇을 행하는가?" 둘째, 인식론적 차원에서 "당신은 그 아는 것을 왜 행하는가?" 셋째, 형이상학적 차원에서 "그것을 행할 때 당신은 무엇을 아는가?"[25] 이런 질문을 통하여 진정한 인식이 이루어지며 그 인식은 주체를 변화시키고 행동하게 만든다. 로너간은 이러한 접근을 통해 인식의 대상에 관한 관심을 인식의 주체에 관한 관심으로 강조점을 바꾸었다.

그러한 면에서 볼 때, 로너간의 신학 사상은 인식론을 기초로 하고 있다. 로너간은 그의 저서 『통찰』에서 인식을 인간의 가장 커다란 특징으로 보고, 인간은 생명을 유지하고 문제 해결을 위하여 인식을 발달시켜 왔다고 주장한다.[26] 김성민에 따르면, 로너간은 주장하기를 인식 작용에는 다음의 다섯 가지 특성이 있다고 언급했다.

첫째, 인식 작용에는 주체와 객체가 있으며 그 주체는 의식이다. 둘째,

인식에는 단순한 인식과 복합적 인식이 있는데 의식은 외적으로만 관찰하지 않고 내적으로도 관찰한다. 셋째, 의식의 지향에는 규정되고 제한된 틀 안에서 하는 범주적 양식과 포괄적이고 개방적으로 하는 초월적 양식이 있는데 초월적 양식은 전체성을 지향한다. 넷째, 의식의 지향에는 경험적 수준, 지성적 수준, 합리적 수준, 책임적 수준 등 네 가지가 있다.… 다섯째, 의식의 이러한 수준들은 연속적 단계들로 이루어지며 인식의 작용은 역동적으로 이루어진다. 인간의 인식은 서로 연계되어 있고 진보와 발달을 향하여 역동적으로 나아간다는 것이다.[27]

아울러 그는 이 인식이 연속적이며 역동적으로 이루어진다고 보고, 그 과정 가운데 더 높은 단계의 인식이 필요함을 언급한다. 그에 따르면, 삼위일체 하나님의 형상으로 태어난 인간은 세 가지 능력인 기억력memory과 지력understanding, 그리고 의지력will을 갖고 있으므로 인간은 인식할 때 이러한 능력들을 사용하게 된다. 그는 인간 인식의 역동적 과정을 경험하고experiencing, 이해하고understanding, 판단하고judging, 그리고 결정하는deciding 것으로 설명하며 경험은 이해를, 이해는 제시된 것의 진리 여부에 관한 판단으로 나아가고 마침내 행동하게 된다고 주장했다.[28] 이와 더불어 각각의 요소는 설명하는 면에서 자료수집, 해석, 역사, 변증법과 상응되며, 이해하는 면에서 기초, 교의, 조직신학, 통교communication와 상응된다.[29] 따라서

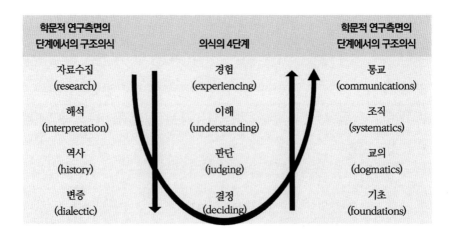

학문적 연구측면의 단계에서의 구조의식	의식의 4단계	학문적 연구측면의 단계에서의 구조의식
자료수집 (research)	경험 (experiencing)	통교 (communications)
해석 (interpretation)	이해 (understanding)	조직 (systematics)
역사 (history)	판단 (judging)	교의 (dogmatics)
변증 (dialectic)	결정 (deciding)	기초 (foundations)

앞에서 언급한 내용을 정리하면 옆의 도표와 같다.[30]

　이러한 과정 안에서 변화를 일으키는 것이 바로 회심이다. 기존의 신념 체계가 변하는 회심은 의식 수준의 향상을 통하여 이루어지게 되며 이러한 인식 작용은 역동적으로 이루어진다. 인식을 통해서 주체의 변화가 특징적으로 이루어지는 것이 종교 체험인데 종교 체험을 통해 주체는 그 이전과 결정적으로 달라진다. 로너간은 회심을 첫째, 지성적 회심intellectual conversion, 둘째, 도덕적 회심moral conversion, 셋째, 종교적 회심religious conversion으로 나눈다.[31] 그는 지성적 회심이란 근본적 정화이며, 결과적으로 실재와 객관성과 인간 지식에 관한 지나치게 완고하며 오도하는 신화를 제거하는 것으로 설명했다.[32] 또한, 그는 지성적 회심을 단순히 새로운 이론이나 지식에 대한 수용이 아니라 인식 주체의 철저한 탈바꿈과 지평의 변화 그리고 자기 초월을 내포한다고 주장했다. 그러므로 이를 통하여 편견으로부터 자유를 경험하고, 존재의 개념을 깨닫는 것이다. 아울러 도덕적 회심의 경우 자기만족에서 가치 자체로 기준이 이동되는 것을 의미한다. 즉, 자기만족과 쾌락 등이 가치와 상충할 경우, 전자를 선택하는 것으로 책임 있는 주체로의 변화를 말한다.[33] 또한, 로너간은 종교적 회심의 경우 한 사람의 삶, 느낌, 생각, 말 그리고 행동 전체가 바뀌는 것으로 점진적인 움직임이며, 하나님의 선물로 주어진 은총이라고 설명한다.[34] 그래서 종교적 회심은 자기 초월 과정의 마지막 단계라고 할 수 있다.

　이처럼 회심은 사람들을 지적, 도덕적, 종교적으로 변화시키면서 더 진정한 인식으로 나아간다. 가장 높은 단계의 회심은 종교적 회심이며 이는 인간의 노력으로 불가능하며 하나님께서 베풀어주시는 은총으로 가능한 것이다. 그러므로 회심은 지평의 변화이며 이와 더불어 삶의 총체적인 변화를 가져온다. 종교적 회심이 도덕적 회심을 지향하고 도덕적 회심이 지성적 회심을 지향하지만,

지성적 회심이 제일 먼저 오고 그다음에 도덕적 회심이 오고 마지막으로 종교적 회심이 온다고 추론하면 안 된다.[35] 로너간의 회심은 지성적 회심, 도덕적 회심, 그리고 종교적 회심이 순서대로 오는 것이 아니며 각자 상황에 따라서 다양한 모습으로 체험하게 된다.[36] 아울러 세 가지를 모두 체험하게 될 수도 있지만 그렇지 않을 수도 있다. 예를 들자면 성 베네딕도는 도덕적 회심으로, 이냐시오는 지성적 회심으로, 그리고 마더 테레사는 종교적 회심으로 설명할 수 있다. 하지만 공통으로 나타나는 것은 이를 통하여 하나님 사랑의 선물을 받은 사람들은 본래 자신의 모습으로 되돌아가며 하나님의 형상을 발견하게 되며 진정한 자기 모습을 발견한다.[37]

한편, 월터 콘Walter E. Conn의 경우, 로너간의 사상을 바탕으로 그리스도인의 회심에 대한 이론을 더욱 발전시켜 네 가지 범위 곧 인지적, 감성적, 윤리적 그리고 종교적 영역을 고려하였다.[38] 그는 발달 심리학이라는 관점을 통해서 그리스도교의 회심을 연구하였다. 지난 반세기 동안 심리학의 발달은 도덕적 종교 의식에 대한 지식을 배가하였기 때문에 의식의 이해와 개인 발달에 있어서 회심 이론은 에릭슨Erik Erikson, 피아제Jean Piaget, 콜버그Lawrence Kohlberg, 파울러James Fowler 그리고 키간Robert Kegan으로부터 가져왔고, 심리학적 맥락에서 접근하였다. 콘은 토마스 머튼의 사례를 구체적으로 다루면서 그의 인지적, 감성적, 윤리적 그리고 종교적 국면에서 어떻게 회심이 일어나 자기 초월의 경험을 통해 하나님과 연합되었는지를 언급하고 있다.[39]

질레스피 역시 종교적 체험 영역에서만 다루었던 회심을 발달심리학적 차원에서 접근하였는데 인간의 정체성 체험과 연결하여 다루었다. 그리고 그는 먼저 회심의 성격과 단계와 더불어 종교적인 회심에 대한 동기를 언급하며 지적 회심, 신비적 회심, 실험적 회심, 정서적 회심, 부흥적 회심, 강제적 회심으로 나누어 살펴보았다.[40] 또한, 회심 체험에 기여하는 상황을 6가지 모형 즉, 사회적 상황, 발달적 상황, 심리학적 상황, 정체성의 상황, 정서적 상황, 그리고 체험적 상황을 통하여 회심에 대한 이해를 돕도록 하였다.[41]

아울러, 제임스와 로너간의 영향을 받은 젤피는 회심을 인간의 모든 경험 영역에서 무책임한 행위로부터 책임 있는 행위로 나아가려는 결정이라고 정의하면서 회심의 개념에 책임감을 강조하였다.[42] 그는 로너간의 3가지 회심 즉 지성적 회심, 도덕적 회심, 종교적 회심을 받아들일 뿐만 아니라 2가지 회심 즉 감성적 회심과 사회·정치적 회심을 추가하여 인간의 경험 안에서 일어나는 5가지 차원의 회심을 제시하였다.[43] 그뿐만 아니라 젤피는 5가지 차원의 회심이 서로 다른 회심이라는 요소로 상호 영향을 끼치는 역동성을 지닌다고 여겼다.[44]

한편, 람보는 회심을 통합적으로 이해했으며 인간 실존의 근원을 흔드는 근본적인 변화라고 규정하면서 이러한 회심은 사건이 아니라 과정이라고 주장했다.[45] 람보는 과정으로서의 회심을 이해하기 위하여 통전적 모형을 제시하는데, 그는 회심 이해를 위한 통전적 모형을 통해 사회와 문화와 인간과 종교라는 4가지 요소들의 역동적인 상호관계를 고려하면서 회심을 이해하고자 했다. 여기서 사회는 회심이 가능한 사회 제도적 전통적인 요소를 의미하며, 문화는 상호적이며 도덕적이고 삶의 영적 분위기를 구성하며, 인간은 개인의 생각과 느낌그리고 행동 등의 변화를 다루는 심리학적 요소이고, 종교는 신성함이며 거룩한 것과의 만남으로 종교적 기대와 경험의 변화에 대한 세계관을 묻는 동시에초월성을 강조하는 것이다.[46] 그러기에 람보의 회심 이론은 통전적 모형으로 심리학, 사회학 그리고 인류학까지도 포함하며 이를 바탕으로 다음과 같이 7단계를 제안하였다.

① 맥락context: 역동적 힘들의 현장들fields
② 위기crisis: 변화를 위한 촉매제
③ 추구quest: 구원을 찾음
④ 만남encounter: 새로운 선택과 연관됨
⑤ 상호작용interaction: 새로운 정체성을 창조함
⑥ 헌신commitment: 새로운 영적 정향orientations과 통합함
⑦ 결과consequence: 개종의 효과를 평가함[47]

이러한 일곱 단계는 선형적인 인과관계가 아니라 상호적인 인과관계로 연결되어 있다는 특징이 있다. 람보는 한 사람에게 단 한 번의 회심만 있는 것이 아니라 다양한 회심들이 지속적으로 일어날 수 있으며 이것들이 상호 연관적으로 진행된다고 주장하면서 회심에 대한 과정 중심적 접근을 강조하였다. 또한, 그의 이론은 기독교 전통을 넘어서 이해의 지평을 넓힐 수 있다는 장점을 지닌다. 위에서 살펴본 바와 같이 전통적인 회심 이론이 일회적인 것이며, 종교적인 범주에 머무르는 것에 비하여 현대 회심 이론은 신학은 물론 심리학, 상담학, 사회학 그리고 인류학에까지 그 범위가 확대되었으며 학제 간 연구가 필요할 만큼 복잡하게 되었다.

앞에서 살펴본 바와 같이 회심은 분명히 개인의 초월적 체험인 동시에 내면의 변화를 가져오는 행위와 삶의 변화를 수반하는 경험이다. 우리는 이러한 회심 체험을 자기 통합적 특징, 긍정적 행동, 삶에 대한 투신, 변화를 가져오는 결정적 순간의 존재 그리고 정체성 확립에 기여한다는 다섯 가지 특징으로 요약할 수 있다.[48] 따라서 본 논문에서는 여러 신학자에 의해 다양하게 발전되어 온 회심 이론을 그 기초가 되는 로너간의 이론을 중심으로 이냐시오와 에드워즈의 삶 속에서 어떻게 나타났는지 고찰해 보고자 한다.

B. 이냐시오의 생애와 회심

이니고 로페스 데 로욜라Iñigo Lopez de Loyola라고 불리던 바스크 출신의 귀족이자 기사인 이냐시오는 열세 남매7남 4녀 중 막내로 태어났다. 그가 태어나던 1491년 전후는 신대륙의 발견과 종교개혁이라는 역사의 소용돌이가 몰아치던 시대였다.[49] 각국의 유럽인들은 새로운 땅을 자신들의 땅이라고 주장하며 착취하는 일에 혈안이 되었고, 교회도 이러한 식민지 쟁탈전에 있어서 일정 부분 동조하였으며, 국가는 분열되어 가고 있었다.[50] 이러한 격동의 시대 속에서, 이냐시오는 가톨릭 전통의 영향을 받으며 막내로서 성장하였다. 이냐시오는 이러한 집안 분위기에 편승하여 전례 주기 외에도 많은 축일을 지내고, 지방 성지를 순례하였으며, 프란치스코회가 그 지역에 있었으므로 프란치스코회의 영향을 받았다.[51] 그러나, 이냐시오는 자만심이 가득했고 외적인 것만을 추구하는 욕망으로 가득 찬 청년으로서, 당시 다른 젊은이들과 다를 바 없이 세상의 헛된 부귀영화를 꿈꾸며 젊은 날을 보내었다. 본 장에서는 이냐시오의 생애를 고찰하면서 그의 회심을 로너간의 회심 이해에 따라서 정리하고자 한다.

a. 로욜라 성에서 회심 체험

한때 왕의 기사가 되는데 필요한 궁정 교육을 받은 이냐시오는 후원자인 후안 벨라스케스 데 쿠에야르Juan Velazquez de Cuellar가 갑자기 폐위되어 몰락함으로써 나바르Navarre의 총독이며 그 지역 방위를 맡은 나헤라Najera 공작의 군대에 입대했다. 하지만 얼마 후 일어난 프랑스와의 전투에 참여한 이냐시오는 팜플로나 전투에서 부상을 입게 되었다. 이 부상은 그의 다리뿐만 아니라 그의 꿈을 산산조각이 나도록 만들었다. 그러나 후송되어 온 고향 로욜라 성에서 두 차례의 수술을 통해 건강을 회복하게 되면서 그의 인생에 일대 전환점을 경험하게 된다.

로욜라 성에서 그는 고통스럽고 힘든 회복기를 보냈다. 1521년 6월부터 1522년 2월까지, 9개월이라는 긴 기간 동안 로욜라 성의 2층에서 격리된 채 살아온 이냐시오는 늦여름이 다가오면서 건강이 차츰 회복되어 가자 독서와 묵상으로 시간을 보내며 지난 30여 년을 되돌아보고 앞으로 무엇을 할까 고민했다. 또한, 그는 평소에 즐겨 읽던 기사의 무용담 대신 그리스도의 생애와 성인들의 삶을 기록한 책을 얻어서 읽게 되었다. 이 책은 독일 카르투시오회 회원이었던 루돌프 반 작센Ludolph von Sachsen이 쓴 『그리스도의 생애Vita Christi』와 13세기 도미니코회의 자코보 데 보라진느Jacobus de Voragine가 저술한 『성인들의 꽃Flos Sanctorum』의 스페인어 번역본이었다.[52] 그는 이 책들을 읽고 명상하면서 성 도미니코나 프란치스코가 이루었던 위대한 업적을 그대로 따르고자 했고, 그의 내면의 열망은 불타올랐다.

『그리스도의 생애』와 『성인들의 꽃』이라는 두 권의 책은 이냐시오에게 그리스도의 삶을 최고의 이상으로 제시할 뿐만 아니라, 성인들의 삶을 통해 구체적으로 어떻게 그분을 따르며 섬길 수 있는지를 제시하였다.[53] 이냐시오는 이 책들을 읽으면서 조금씩 마음의 변화가 생기기 시작하였다. 그는 다음과 같이 언급한다.

> 세상사를 공상할 때는 당장에는 매우 재미가 있었지만 얼마 지난 후 곧 싫증을 느껴 생각을 떨치고 나면 무엇인가 만족하지 못하고 황폐한 기분을 느끼게 되었다. 하지만 그가 맨발로 예루살렘에 가는 일, 맨발로 걷고 풀뿌리로 연명해 가는 성인전에서 본 고행을 모조리 겪는다고 상상하면, 위안을 느낄 뿐만 아니라, 생각을 끝낸 다음에도 흡족하고 행복한 여운을 맛보게 되었다.[54]

이냐시오는 이러한 두 가지 생각이 교차하는 것을 되새기면서 하나는 자신을 기쁘게 하고 다른 하나는 자신을 황폐하게 한다는 것을 경험한다. 그리고 이러한 내적 움직임들 사이의 차이점, 즉 그 하나는 자신의 죄성과 허영심으로부터 온 것이며 다른 것은 하나님에게서 온다는 것을 깨닫게 되었다. 이외에도 이냐시오는 자신의 과거의 삶을 돌아보며 속죄해야 할 필요성을 깨닫게 되었다. 그래서 성인들을 따라 예루살렘 성지를 순례하고자 하는 열망을 갖게 되었다. 로너간의 회심론에 따르면 이냐시오의 이러한 인식의 변화는 지성적 회심의 특징이라고 할 수 있다. 그는 영적 독서 가운데서 진리를 깨달았으며 마음속에서 일어나는 충동 가운데서 건전한 판단력을 통해 분별할 수 있는 능력들을 배양하였다. 이러한 과정은 추후 이냐시오가 만레사에서 회심 체험을 하는 전조가 되었다고 할 수 있다.

b. 만레사에서 회심 체험

이냐시오는 로욜라 성을 떠나서 몬세라트Montserrat 성지로 갔고, 그곳에서 영적 지도자를 만나 총 고백을 하게 된다. 고해성사를 준 수사신부는 이냐시오에게 가르시아 데 시스네로스Garcia Jimenez de Cisneros, 1455~1510의 『영적 생활을 위한 수련서Ejercitatorio de la vida espiritual』를 주었는데 이는 이냐시오의 삶에 커다란 영향을 주었다. 이 책은 당시 유행하던 근대 신심 운동Devorio Moderna의 영향을 받은 것으로 개인적인 성경 묵상을 바탕으로 경건한 삶을 추구하도록 수도자들을 독려하였다. 즉 성경 구절을 조직적으로 고찰하여 예수님을 따르는 삶이 정말 실현될 수 있도록 성경의 가르침을 내면화하는 것이었다.[55] 이냐시오는 몬세라트 가까이에 있는 만레사Manresa에서 수개월을 보냈다. 이집트의 은수자인 오노프리우스St. Onophrius를 모방하여 고행하며 살던 이냐시오는 그곳에서 삼위일체 하나님 체험을 하게 되었고[56] 그가 경험한 것을 메모하기 시작하였는데 후에 그것이 『영신 수련』의 모체가 되었다.

만레사는 이냐시오에게 있어서 신앙의 학교 이상의 의미가 있었던 곳이었다. 그는 자서전에서 "하나님께서 학교 선생님이 학생을 다루듯 그를 다루었다"라고 고백하고 있다.[57] 이와 더불어 이냐시오는 만레사에서 초기에 무슨 물체인지 분별할 수 없었지만 때로는 눈동자같이 반짝이는 물건들이 많이 달린 뱀의 형상으로 보이기도 했으며 이 물체를 보는 데 재미와 위안을 느꼈으며 자주 볼수록 점점 더 큰 위안을 받았고 그것이 사라지면 슬퍼지는 것을 체험하였다고 고백했다.[58] 이와 더불어 만레사에서 거주하는 동안 그는 영적 생활에 있어서 다음과 같은 세 단계를 체험하였다.

> 첫째, 평화, 위대하고도 지속적인 행복, 둘째, 권태, 그는 기도하거나 미사에 참석하거나 묵상을 하는 데서 아무런 느낌도 받지 못하였다. 이때 칠십 평생을 이런 생활을 영위해야 하는데 어떻게 참을 수 있겠는가? 하는 속삭임이 자신을 유혹하는 것 같았다. 셋째, 하나님에게서 오는 위대한 조명과 은총을 경험한다.[59]

후고 라너는 그의 저서 『성 이냐시오 로욜라의 영성』에서 이 세 시기를 가리켜 조용한 시작의 시기, 신비한 "영혼의 밤"이라는 시기, 삼위일체 비전의 시기라고 언급하였다.[60] 이냐시오는 만레사에서 이러한 과정을 거치면서 성 삼위의 신비, 창조의 신비, 성찬의 신비, 그리스도의 인성, 성모 마리아에 관한 새로운 인식 등 다섯 가지 체험을 하게 된다. 이를 구체적으로 설명하면 다음과 같다.

첫째, 성 삼위의 신비를 이냐시오는 그의 자서전에서 아래와 같이 언급한다.

> 이냐시오는 지극히 거룩하신 성 삼위께 극진한 신심을 가졌고 매일 성 삼의 각 위께 기도를 바쳤다.… 하루는 수도원 계단에 앉아 성모님의

성무일도를 염하고 있노라니 그의 오성이 승화되더니 지극히 거룩하신 성 삼위가 세 개 현의 형상으로 보이게 되는 것이다.… 지극히 거룩하신 성 삼께 기도하던 때에 경건심을 체험했던 그 인상은 평생을 두고 결코 지워지지 않았다.[61]

둘째, 창조의 신비이다. "하나님께서 세상을 창조하시던 손길로 언젠가 자신을 비추어 주셨는데 그는 거기에서 위대한 영성의 환희를 맛보았다.… 그 물체에서 몇 줄기 광선이 흘러나오는 듯도 했는데 하나님께서 그 물체로부터 빛을 내보내시는 것이었다."[62]

셋째, 성찬의 신비를 이냐시오는 그의 자서전에서 아래와 같이 언급한다.

만레사에서 어느 날 수도원 성당에서 미사를 참례하고 있는데 거양성체 때 새하얀 광선 같은 것이 위에서 내려옴을 심안으로 보았다. 먼 훗날에 와서도 그는 이 일을 제대로 설명할 수 없었다. 그러나 우리 주 예수 그리스도께서 지극히 거룩한 그 성사에 어떻게 현존하시는가 하는 사실을 그는 심안으로 분명히 보았던 것이다.[63]

넷째, 그리스도의 인성이다. "이냐시오는 기도 중에 자주 그것도 상당히 긴 시간 동안 그리스도의 인성을 심안으로 뵈었다."[64] 아울러, 성모 마리아에 관한 새로운 인식으로 "이냐시오는 기도 중에 성모님도 비슷한 형상으로 뵈었는데 지체를 명확히 구분할 수는 없었다. 그가 본 것들은 그를 강화시켰고, 그 후에도 언제나 그의 신앙을 굳게 하는 힘이 되었다."[65]

다섯째, 카르도네르강 가에서의 체험은 그의 종교적 체험을 절정으로 이끄는 계기가 되었고, 이를 통해 지성적 인식의 통합을 경험하게 되었다.[66] 이냐시오는 이 체험을 예순두 해의 전 생애를 두고 하나님으로부터 받은 그 많은 은혜와 그가 알고 있는 많은 사실을 모은다 해도 그 순간에 그가 받은 것만큼 되지 않는다고 고백했다.[67] 만레사의 이러한 체험은 이냐시오가 하나님을 경험한 종교적인 체험인 동시에 지성적 깨달음이다. 즉 신앙의 빛에 의해 조명된 영적 인식이 점점 증가하면서 이미지 등의 요소는 줄어들며 객관적 인식의 지평이 확대되는 체험이라고 할 수 있다.[68] 이냐시오는 카르도네르강 가에서 하나님 체험을 다음과 같이 언급한다.

> 한번은 만레사에서 1마일쯤 떨어진 성당으로 길을 나섰다.… 길은 카르도네르강 가를 뻗어 있었다. 길을 가다가 신심이 솟구쳐 그는 강 쪽으로 얼굴을 돌리고 앉았다. 강은 저 아래로 흐르고 있었고 거기 앉아 있을 동안 그의 마음이 열리기 시작하더니 비록 환시를 보지는 않았으나 영신 사정과 신앙 및 학식에 관한 여러 가지를 깨닫고 배우게 되었다. 만사가 그에게는 새로워 보일 만큼 강렬한 조명이 비췄던 것이다.[69]

이냐시오는 카르도네르강 가에서 깊은 지혜가 자기 안으로 들어오는 것을 경험하였는데 이것은 지극히 심오한 체험이라 남은 생애 동안의 양식이 되기에 충분할 정도였다.[70] 카르도네르강 가에서, 이냐시오는 이해의 눈이 열리기 시작했으며, 이는 지극히 강렬한 조명으로서 그에게 모든 것을 새롭게 비춰주었다. 모든 것이 새롭게 보이는 체험을 한 이냐시오는 이제 하나님의 계시를 받은 사람으로 하나님의 신비로부터 분리할 수 없는 사람이 되었다.

위에서 언급한 이러한 체험들은 하나님과 사랑스럽고 신뢰하는 관계로서의 근본적인 정화가 일어나는 과정이라고 할 수 있다. 따라서 로너간의 회심론에 의하면 이냐시오는 만레사에서 회심 체험 중 인식의 변화와 근본적인 정화의 과정을 거치면서 지성적인 회심을 경험하게 되었다. 아울러 하나님과의 순수 지성적 관계에 있어서 관상적 체험을 경험함으로써 초자연적 사랑을 경험하여 새로운 사람으로 변화되는 체험을 하게 되었다. 이는 곧 자기 포기와 더불어 궁극적 관심으로 자신의 관심사가 바뀌게 되는 종교적 회심을 하게 된다. 아울러 이냐시오는 카르도네르강 가의 체험을 통해 하나님께서 만드신 만물에 대한 관상적 접근을 하게 되는데 우리는 여기서 이냐시오가 생태적 회심ecological conversion을 경험한 모습도 발견할 수 있다.[71]

c. 라 스토르타에서 회심 체험

그 후에 이냐시오는 그의 열망대로 예루살렘 성지에 도착하여 3주 동안 순례를 하지만 정세 불안으로 인해서 그곳을 담당하고 있는 교회 당국의 권고에 따라서 다시 스페인으로 귀국한다. 이냐시오는 하나님의 일을 위해서는 신학 공부가 필요함을 느끼고 바르셀로나에서 라틴어 공부를 시작으로, 알칼라Alcala 대학, 살라망카Salamanca 대학 그리고 파리 유학을 통해서 문학 석사 학위를 얻기까지 당대 유럽을 휩쓸던 사상적, 종교적 사조에 접할 수 있었다. 그리고 자신의 체험과 그동안 배운 신학을 기초로 하여 『영신 수련』을 완성했다. 이는 하나님의 뜻을 찾아 자신의 소명을 발견하고자 하는 이들에게 귀중한 역할을 할 뿐만 아니라 하나님을 체험할 수 있는 영성 수련의 모범으로 인정받았다. 이냐시오는 공부를 하는 동안 만난 동료들과 더불어 사제 서품을 받으러 갔다. 그와 동료들은 그 여정 가운데 1537년 11월 라 스토르타La Storta에서 다음과 같은 환시를 받는다.

> 일행은 서너 무리로 나뉘어 올라갔으며 순례자는 파브리와 라이네즈와 한 무리가 되어 로마로 갔다. 이 여행길에서 그는 하나님의 특별한

방문을 받았다.… 로마를 몇 마일 남겨두고 하루는 성당에서 기도하는
데 그는 자기 영혼에 크나큰 변화가 일어나는 것을 체험하였다. 그리
고 성부께서 자기를 당신의 성자 그리스도와 한자리에 있게 해 주시는
환시를 선명히 보았으며 성부께서 자기를 성자와 함께 있게 해 주셨음
을 추호도 의심할 바 없었다.[72]

　　라 스토르타의 환시를 받는 것은 그리스도의 깃발 아래 하나님을 섬기겠다
는 이냐시오의 열망이 절정에 달한 경지라고 할 수 있다. 하나님께서는 로마를
눈앞에 두고 있는 이냐시오와 그의 일행들에게 호의와 보호를 해 주겠다고 약
속한 것이다. 로너간의 회심론에 따르면 이것은 초자연적인 사랑이라는 면에서
는 종교적 회심적 측면이, 그리고 책임 있는 행동으로의 변화라는 측면에서는
일종의 도덕적 회심이라고 할 수 있다. 이 체험을 계기로 이냐시오와 동료들은
새로운 수도회를 결성하여 세상을 수도원 삼아 사도적 영성을 실천해 나가게
된다. 그는 다양한 하나님 체험을 하였지만, 그것에 머문 것이 아니라 모든 것
안에서 하나님을 찾고자 하는 활동하는 관상가였다. 이는 하나님과의 수직적인
관계만을 강조하던 전통적인 영성의 패러다임을 획기적으로 바꾼 계기가 되었
는데 "모든 것 안에서 하나님을 찾기"라는 모토는 우리 일상의 삶을 소중히 여
기고 강조하는 모습으로 나타났다. 따라서 우리 주위에서 일어나는 크고 작은
사건과 문제들을 주의 깊게 보고 귀 기울여서 세상에 현존하시는 하나님의 손
길을 경험하는 것이다. 이 부분에 있어서 이냐시오의 사회 · 정치적 회심이라는
측면이 나타나기도 했다.

　　1538년부터 1539년까지 추운 겨울 동안 기근이 로마 전역에 퍼져서 수십
명의 로마시민이 길거리에서 굶어 죽거나 얼어 죽게 되자 이냐시오와 동료들은
궁핍한 사람들에게 거처와 음식을 제공해주고 병자와 임종을 앞둔 사람들을 위
하여 많은 시간을 보냈는데 그해 겨울 그들이 돌보아 준 사람은 무려 3천 명이

넘었다.[73] 또한, 1542년에는 매춘부들의 구제를 위한 산타 마르따 집을 건립하였으며 경제적 가정적 이유로 어려움에 처한 소녀들을 위한 집을 건립하였다.[74]

아울러 이냐시오와 동료들은 "하나님의 더 큰 영광을 위하여"AMDG: Ad Maiorem Dei Gloriam라는 모토를 가지고 다양한 사도직을 감당하였다. 그들은 『영신 수련』을 통하여 신앙의 내적 쇄신을 도모하는 동시에 병약한 이들을 돌보거나 가난한 사람들에게 먹을 것을 주고 감옥에 갇힌 이들을 방문하는 일을 계속하였다. 또한, 그들은 모든 것 안에서 하나님의 더 큰 영광이 가장 중요한 일이 되도록 언제라도 열린 태도를 견지하였다.[75] 이것을 후세의 사람들은 "봉사의 신비주의"라고 명명하였다.[76]

이냐시오의 회심 체험은 그를 새로운 방향으로 이끌었다. 그는 당시 관상 수도회였던 카르투시오 수도회의 전통보다는 새로운 형태의 사도적 수도회를 세우게 되었는데, 이는 세상에서 물러나는 것이 아니라 하나님의 손길이 필요한 이웃들과 고통받는 곳을 향하여 그리스도의 사랑과 섬김을 베풀 수 있는 활동적 수도회로 방향을 전환하였다. 그래서 유럽 전역과 전 세계, 특별히 라틴 아메리카와 아시아에 중점적으로 학교를 세우고, 선교사들을 파송하여 선교하였다.

이냐시오는 1539년 예수회 창립 초안을 작성하고[77] 1540년에 공식 인가를 받아 1556년 7월 31일 서거하기까지 총장으로서 그 직책을 수행하였다. 로마에서 수도회의 장상으로 인생의 말년을 보낸 그는 세상을 수도회 삼아 사도직을 감당하여 격동의 시절에 교회 쇄신에 기여했는데 그 결과 이냐시오의 임종 시에는 약 1천 명의 예수회 동료들과 유럽에 46개 대학 그리고 전 세계 110개의 공동체를 이루어 하나님 나라 확장에 힘쓰게 되었다. 그가 남긴 영적 유산들은 오늘날까지 많은 이들에게 훌륭한 사표가 되었다.

d. 요약

이냐시오는 젊은 날 헛된 영광을 추구하며 살았지만, 팜플로나 전투에서 부상 후 회복되어 가는 과정에서 영적 독서를 통하여 지적인 회심을 하게 되었다. 그 후 그는 만레사에서 또 한 번의 회심을 하게 되는데 이는 로욜라 성에서의 지성적 회심이 없었다면 불가능한 일이다. 그는 이곳에서 이집트의 은수자 오노프리우스의 삶을 따라서 고행하는 삶을 살며 탁발에 의지하여 살아갔다. 만레사에 가는 동안 자신의 옷과 일부 돈을 어려운 이웃들에게 주며 이들을 섬겼다. 만레사에 도착한 후에도 가난하고 병든 이들을 돕는 일을 하며 영적인 문제를 갖고 찾아온 이들에게 하나님의 말씀을 전하며 금욕적인 삶을 살았다. 아울러 시스네로스의 『영적 생활을 위한 수련서』를 통하여 당시 유행하던 근대 신심 운동을 접하였는데 이는 추후 『영신 수련』에 큰 영향을 주었다.[78]

만레사에서 회심 체험은 카르도네르강 가에서 절정을 이루며 통합적 경험을 통하여 이냐시오가 새로운 사람으로 거듭나게 하는 계기가 되었다. 그 후, 이냐시오는 성지순례를 다녀온 다음, 공부의 필요성을 느껴 스페인과 프랑스에서 신학 공부를 한 다음, 자신의 하나님 체험을 통합한 『영신 수련』을 출간하게 되었다. 이를 통하여 많은 이들이 하나님께 나아가 죄를 회개하고 자신의 삶을 하나님께 드리는 길잡이 역할을 하게 되었다. 로마로 가는 길에 이냐시오는 동료들과 함께 라 스토르타에서 환상을 경험하며 새로운 수도회인 예수회를 창설하고 로마에서 어려움을 겪는 많은 이웃을 돕는 일을 감당하였다. 이냐시오의 삶 속에도 로너간의 회심 이론에 언급한 다양한 종교적, 지성적, 도덕적 회심이 나타나는데 이는 복합적이며 연속적으로 나타나 이냐시오의 영성 형성에 커다란 영향을 주었다. 이는 그로 말미암아 내면의 움직임을 인식하고 감지하여 하나님의 뜻을 좇아 선택하고 결정하는 영적 분별에 있어서 중요한 선행요인이 되었음을 알려주고 있다.

C. 조나단 에드워즈의 생애와 회심

초창기 미국 뉴잉글랜드 지방의 목회자요, 신학자요, 기독교 철학자인 조나단 에드워즈는 미국의 대각성 운동을 이끈 인물로 300여 년이 지난 오늘까지 다양한 분야에 걸쳐서 광범위하게 영향을 미치고 있다. 그는 미국 코네티컷 동원저East Windsor에서 티모시 에드워즈Timothy Edwards, 1669-1758와 에스더 스토타드의 열 명의 자매들 가운데서 유일한 아들로 태어나 어린 시절부터 목회자인 아버지의 영향 아래 청교도 신앙을 전수받았다.[79] 그의 아버지 티모시 에드워즈 목사는 하버드 대학에서 훈련을 받았고, 코네티컷의 동원저에서 약 63년 동안 목회하였다.[80] 에드워즈는 그의 아버지, 장인, 외할아버지, 아들, 사위, 몇몇 손자들, 삼촌, 조카들이 목사였고, 에드워즈는 미국의 삼대 부통령의 할아버지이기도 했으며, 목회자, 신학자, 철학자, 교육가현 프린스턴 대학교 총장, 그리고 아메리카 원주민들을 위한 선교사로서 생애 대부분을 살았다. 그는 이미 26살의 나이에 뉴잉글랜드의 가장 저명한 설교가 중 한 사람이 되었지만, 아이러니하게도 23년의 목회를 한 후에 그 교회의 담임 목사직에서 타의로 사임하는 불운을 겪기도 했다.[81] 본 절에서는 에드워즈의 생애에서 나타난 회심 체험을 로너간의 회심론이라는 틀로 살펴보고자 한다.

a. 에드워즈의 유소년 시절 회심 체험

에드워즈의 아버지 티모시 에드워즈는 비록 하버드 대학에서 공부하였지만, 청교도 1세대의 평범한 가정에서 태어났다. 하지만 그의 어머니 에스더 스토타드는 코네티컷 계곡에서 가장 영향력 있는 청교도 목사인 솔로몬 스토다드의 딸로서 성경과 신학을 여인들에게 가르쳤다.[82] 이러한 경건한 가정에서 에드워즈는 어린 시절부터 누나들과 더불어 6세에 라틴어 공부를 시작하였고, 12세에 라틴어와 헬라어를 읽고, 히브리어도 공부했다. 성경과 교리, 청교도와 개혁 교회 신앙 유산 그리고 그리스 · 로마 고전을 집에서 배우며 성장할 수 있었다.[83] 그 결과 에드워즈는 장성하여 청교도, 영국 국교도, 영국 국교에 반대하는 목회자들의 저술뿐만 아니라 논리학과 형이상학, 이신론과 회의주의 저자들, 역사 문헌, 지리학, 정치학 저술, 주해와 성경 연구, 과학저술, 소설, 문학 저술, 시집, 종교와 문화에 대한 비교연구자료, 그리고 유대교와 이슬람에 이르기까지 폭넓은 독서와 사색을 하였다.[84] 아버지의 목회 현장에서 자란 에드워즈는 어린 시절1710~11년경, 그의 나이 7~8세에 출석하는 교회에서 영적 부흥을 서너 차례 경험한다. 그는 이 경험을 다음과 같이 언급했다.

> 그때 나는 몇 달 동안이나 아주 크게 영향을 받아서 신앙과 자신의 영혼 구원에 관한 관심을 가지고 신앙생활을 열심히 하였다. 나는 하루에 다섯 번씩이나 개인기도 시간을 가졌으며, 친구들과 함께 많은 시간을 신앙에 관한 대화를 나누면서 보내기도 했다. 또한, 친구들과 만나서 함께 기도하곤 했는데 이런 신앙생활을 하는 중에 무엇인지는 잘 모르겠지만 어떤 기쁨을 경험했다. 그래서 신앙에 관한 많은 생각을 하게 되었고 스스로 의롭다고 하는 뿌듯한 마음을 가지게 되었다. 그리고 기쁜 마음으로 신앙생활의 여러 가지 의무들을 신실하게 지켜나 갔으며, 학교 친구들 몇 명과 함께 늪지의 아주 조용한 곳에 오두막을 지어 기도할 장소로 사용했다. 이외에도 나는 숲속에 나만의 특별한 비밀장소를 만들어 두고 혼자 기도하곤 했는데 때때로 많은 감동을 받았다. 나의 감정들은 아주 활발하게 움직였고, 또한 쉽게 변했던 것 같다. 또한, 나는 아주 초보적인 수준으로 그러한 신앙적인 의무들을 준수했던 것 같았다. 지금 생각해 보면 내가 경험했던 그때의 즐거움은 참된 체험과 즐거움이 아니었는데 사람들은 내가 경험했던 그런 수준의 체험과 즐거움을 참된 신앙체험이라고 속기도 하고 또한 그것을 은혜로 오해하기도 하는 경향이 있는 듯하다.[85]

에드워즈는 비록 어린 나이였지만 아버지가 목회하시던 교회에서 놀라운 부흥을 경험하였다. 하나님의 현존이 여러 번 나타났고, 전 교구가 영원하지 않은 것에 관한 관심보다 특별히 진지한 영적 관심으로 가득 차던 때가 여러 차례 있었다.[86] 하지만 발달심리학적 관점에서 볼 때 아직 육체적으로나 정신적으로 성숙하지 않은 어린아이에 불과한 에드워즈의 경험이 참된 회심인지 그렇지 않은지에 대한 논란은 여전히 있으리라 생각된다. 또한, 본인 역시 자신의 경험을 진정한 회심으로 착각하였다고 기록한 것을 보면 진정한 회심이라고 단정 짓는 것은 무리가 따른다고 볼 수 있다. 그 이후 에드워즈는 자신이 12세 되던 해인 1716년 다음과 같은 편지를 자신의 누이 메리에게 보냈다.

> 누이가 떠난 후 5명이 죽었습니다. 락웰 부인, 연로한 그랜트 부인 그리고 벤저민 밴크로프트가 익사했고, 해안에서 멀리 떨어진 지점에서 네 명의 젊은 여자들과 많은 남자가 구조되었지만 이미 알고 있듯이 그중 두 명은 죽었습니다.[87]

이러한 상황은 당시 뉴잉글랜드 식민 시대의 척박한 환경으로 인해서 갑작스러운 사고와 다양한 이유로 일찍 죽는 사람이 많았음을 보여주고 있다. 에드워즈는 이 편지에서 사후 세계에 관한 관심과 영원한 삶에 대한 고민이 있음을 알려주고 있다. 삶에 대한 이러한 진지한 사유가 에드워즈의 회심에 직·간접적으로 영향을 주었으리라고 본다.

b. 에드워즈의 청(소)년 시절 회심 체험

13세에 코네티컷 대학현재 예일대학에 진학한 에드워즈는 이곳에서 아이작 뉴턴과 존 로크에 대한 새로운 지식과 작품을 접하였다. 이외에도 학부에서 1학년 때는 언어_{라틴어, 히브리어, 헬라어}, 2학년 때는 논리학, 3학년 때는 자연과학_{지리학} _{포함}, 4학년 때는 수학, 기하학, 천문학을 중점적으로 배웠다.[88] 당시 예일대학을 일구어 놓은 뉴잉글랜드의 청교도들은 구 잉글랜드의 옥스퍼드나 케임브리지의 학사일정을 완벽하게 모방했으며, 진정한 교양 교육을 받은 신사들만 배출했고, 목회자, 변호사, 의사 등에게 필요한 직업훈련은 졸업 후에 하도록 고안되었다. 에드워즈는 이러한 환경 속에서 공부하면서 1720년 16세에 졸업을 하고 대학원에 진학하여 학업을 이어갔다. 그러는 가운데 칼뱅, 존 오웬, 에임스에 관한 신학 연구를 보충하였는데 이 시기 동안 새로운 시대적 흐름과 사상을 받아들이며 학문적인 발전을 이루었다. 특별히 윌리엄 에임스의 『신앙의 정수 *Marrow of Theology*』를 암기하는 일을 했다.[89] 또한, 칼뱅주의에 관한 에드워즈의 연구와 헌신은 그에게 알미니안 주의의 오류와 뉴잉글랜드 신학자와 교회들 사이에 발생하고 있는 알미니안 주의의 잠식에 경각심을 불러일으켜 주었다. 그의 작품과 설교의 많은 부분이 알미니안 주의의 영향에 관한 흐름을 차단해 보려는 시도에 집중했다.[90]

에드워즈의 삶을 형성했던 시기인 18세기 뉴잉글랜드 지방은 갑작스럽게 문화가 바뀌었고, 철학 체계가 경합하며 국제적인 사상의 교류가 일어났고 문학, 정치학, 종교 분야에서 전통주의자들과 혁신가들 사이에 격렬한 논쟁이 있던 시기였다.[91] 1721년 11월 16일 에드워즈는 새로운 학문에 완전히 빠졌는데, 그의 사상의 변화는 철학과 과학에 대해서였다.[92] 존 로크의 『인간 오성론』은 에드워즈의 삶에 중요하고 결정적인 사건이 되었고 새로운 감각에 대한 이해는 여기에서 비롯되었다고 할 수 있다.[93] 사무엘 홉킨스는 에드워즈를 가리켜 "가장 탐욕스러운 광부가 한 줌의 금과 은을 발견하고 얻은 즐거움보다 더 컸었다"라고 말한 바 있다고 증언했다.[94] 이 이론은 사람의 모든 지식이 감각 혹은 경험을 통해 들어온다는 것이다. 에드워즈는 존 로크의 『인간 오성론』을 읽고 나서 오성이 삶과 분리된 것이 아니라 진리를 깨닫도록 돕는 인간의 감각이라는 결론에 도달한다. 하지만 그는 로크에게서 "전적으로 경험 지향적인 사고"를 배웠지만, 감각과 지적 이해를 연결하는 것에 로크보다 더 나아갔다.[95] 이런 체험을 통해 에드워즈는 지성과 감성을 하나로 합치는 것이 중요하다는 것을 깨달았다.[96] 이러한 깨달음은 에드워즈에게 나타난 일종의 지성적 회심이라고 할 수 있는데 이로 인해서 새로운 통찰과 인식의 변화가 그에게 일어난 것이다.

한편 에드워즈는 어린 시절 출석하던 교회에서 영적 부흥을 경험한 이후 자신의 삶을 다음과 같이 언급한다.

> 시간이 지나면서 나의 확신과 감정들은 점점 사라져갔고 그 모든 감정과 기쁨을 완전히 잊어버렸다. 그리하여 개인기도 시간을 점점 더 갖지 않게 되었으며, 마침내 어떤 형태의 지속적인 기도 시간도 갖지 않았다. 그래서 자기가 토한 것을 다시 먹는 개처럼 옛날의 나의 모습으로 다시 돌아가 죄를 습관적으로 짓는 생활이 계속되었다. 때때로 마음이 편치 않았다.[97]

그러다가 에드워즈가 늑막염에 걸린 대학 생활 후반부에 영적인 고독을 심하게 경험하게 되었다. 그 후 에드워즈는 병 때문에 거의 죽게 되어 지옥 구덩이에 떨어질 뻔했다고 당시의 상황을 이렇게 설명했다.

> 정말로 나는 종종 상당히 힘들었는데 특히 대학 후반기에 접어들수록 더 했다. 내가 대학 4학년 때 늑막염에 걸려 내 영혼의 상태에 대해 많은 힘든 생각에 빠져 있을 때 하나님께서는 나를 죽음의 문턱까지 데리고 가셨고, 지옥의 고통으로 뒤흔들어 놓으셨다.[98]

결국, 이러한 어려움을 겪고 나서 얼마 후 에드워즈는 대학원 2년 차인 1721년에 이르러 회심을 체험하게 된다. 그의 자서전에서 에드워즈는 자신의 회심을 삼위일체 하나님의 은총이었다고 고백했다. 에드워즈는 18세가 되었을 때 그의 삶에 있어서 결정적인 전환점이 일어났다. 1721년 5월~6월경 디모데전서 1장 17절 "만세의 왕 곧 썩지 아니하고 보이지 아니하고 홀로 하나이신 하나님께 존귀와 영광이 세세토록 있을지어다. 아멘"을 읽던 중에 에드워즈는 다음과 같은 회심 체험을 경험한다.

> 내가 그 말씀을 읽고 있었을 때 신적 존재의 영광에 대한 감각이 내 영혼 속으로 들어와 퍼져나갔다. 그것은 이전에 내가 경험했던 어떤 것과도 전혀 다른 새로운 감각이었다. 성경의 어떤 말씀도 이 말씀처럼 보였던 것은 없었다. 나는 혼자 그가 얼마나 탁월한 존재이며, 만일 내가 그 하나님을 즐길 수 있다면 그리고 천국에서 그와 연합할 수 있다면 그리고 사실상 그분 안으로 삼켜진 바 될 수 있다면 얼마나 행복할 것인가를 생각했다. 나는 혼자 이 성경 말씀을 계속 중얼거리면서 그것으로 노래를 흥얼거렸다. 그리고는 기도하러 갔다. 기도하는 중에 그를 즐기기 위해서였다. 나는 그 전과는 아주 다른 방식으로 즉 새로운 종류의 감정으로 기도했다. 그러나 거기에 영적인 혹은 구원하는 성격의 어떤 것이 있다는 생각은 전혀 들지 않았다.[99]

에드워즈는 그 이후 새로운 종류의 생각과 감각을 소유하게 되었는데 그것이 바로 내면적이며 달콤한 감각이라고 할 수 있다. 그는 하나님은 얼마나 놀라운 분이신가 하고 생각했다. 또한, 에드워즈는 하나님과 천국을 묵상하며 '그 가운데 푹 빠지게 된다면 얼마나 행복하겠는가' 하는 생각을 하였다고 고백한다. 그래서 그는 천국과 하나님의 속성에 대한 성경 구절을 가지고 계속 찬송을 했고 기도하러 갔는데 예전과는 다른 새로운 방식으로 기도했고 구원과 관련된 체험을 하게 되었다. 이러한 반응은 에드워즈에게 있어서 하나님과 사랑스럽고 신뢰하는 관계라는 면에서 변화가 있었음을 알려주는 것이며 종교적 회심의 특징 중 하나인 하나님과의 초자연적 사랑으로 표출된 것이다. 이러한 계기로 에드워즈의 삶은 변화되고 새로운 존재로서 삶을 영위해 나가기 시작했다.

c. 에드워즈의 회심 후 변화

예일대학교 신학대학원 시절 회심을 경험한 후 에드워즈는 영적인 일에 대한 새로운 이해와 감각이 생겨났다. 사실 에드워즈는 하나님의 선택 교리와 주권에 대하여 회심 전 저항감이 있었지만, 회심 후 그는 하나님의 주권과 정의를 적극적으로 수용하게 되었다.[100] 그리고 에드워즈는 그리스도에 대하여, 구속에 대하여, 그리고 그리스도께서 이루신 영광스러운 구원의 방법에 대하여 새로운 차원의 이해와 생각을 가지기 시작했다. 이런 일들에 대한 내적이고 달콤한 느낌이 자주 마음속에 생겨났으며, 성경을 읽으면서 그리스도의 성품의 아름다움과 탁월함을 자주 묵상하였다.[101] 특별히 에드워즈는 아가서 2장 1절의 말씀을 좋아했다. "나는 샤론의 수선화요 골짜기의 백합화로구나" 같은 말씀이 그에게 기쁨이 되어 아가서 전체를 많이 읽었다. 그럴 때 그는 수시로 내적 달콤함을 경험하게 되었다. 그 경우 하나님께 속한 것에 대한 느낌이 종종 갑자기 불이 붙어서 타오르곤 했다.[102] 이처럼 에드워즈는 종교적 회심 이후로 영적인 감각이 새로워지며 예전과는 다른 달콤한 감각을 느꼈다고 고백하고 있다. 아울러 에드워즈는 천국에 관한 관심과 종말에 일어날 일에 관한 궁극적 관심이 증가하였음을 그의 저서와 삶 속에서 알려주고 있다. 또한, 에드워즈는 회심 후 거룩하고 경건하게 살고자 하는 열망이 생겨났다. 그래서 그는 자신이 평생 살아갈 70개의 결심문을 작성했다. 그의 일기와 결심문의 내용은 대체로 3가지로 분류된다. 첫째, 도덕 및 생활에 대한 것이며, 둘째, 구원의 확신을 비롯한 하나님과의 관계에 관한 것이고, 셋째, 믿음과 경건에 관한 것이다.[103] 에드워즈의 삶 속에서 나타난 이러한 변화는 가치관의 변화와 책임 있는 행동을 수반하였다는 점에서 도덕적 회심의 성격을 띠고 있다. 다음은 그의 결심문 중 일부 내용이다.

1. 나의 전 생애 동안 하나님의 영광과 나 자신의 행복과 유익과 기쁨에 최상의 도움이 되는 것이면 무엇이든지 하자. 지금 당장이든지 아니면 지금부터 수많은 세월이 지나가든지 간에 시간은 전혀 고려하지 말자. 내가 해야 할 의무와 인류 전체의 행복과 유익에 최상의 도움이 되는 것이면 무엇이든지 하자. 내가 부딪히게 될 어려움이 무엇이든지 간에 또한 그 어려움이 아무리 많고 크다 할지라도 그렇게 하자.
2. 앞에서 언급한 사항을 잘 지키기 위해 도움을 주는 어떤 새로운 수단이나 방법을 찾기 위해 계속 노력하자.⋯
14. 복수를 위한 어떤 일도 하지 않는다.⋯
16. 어떤 사람에 대해서 그에게 불명예가 될 나쁜 말을 결코 하지 않기로 결심했다.⋯
69. 다른 사람이 하는 것을 볼 때, 나도 저렇게 했으면 하는 것들을 항상 행하도록 하자.
70. 내가 하는 모든 말이 다른 사람들에게 유익이 되도록 하자.[104]

위에서 살펴본 70항의 결심문은 그의 도덕적 회심을 잘 보여주는 원형이라고 할 수 있다. 에드워즈는 회심 후 무책임에서 책임으로, 욕구 충족에서 가치 지향으로 삶의 모습이 변화된 것을 알 수 있다. 그의 결심문 중에 처음 20항은 아마도 1722년 아직 뉴헤이븐에 있을 때 한 번에 작성했을 것이다. 다른 것도 1722년 12월 18일 전까지는 완료되었다. 그 이후 추가된 것은 19번째 생일 두 달 전, 1723년 8월 17일에 마지막 70항 결심문을 작성한 다음에 쓴 것이다.[105] 그는 이 결심문을 매주 한 번씩 읽고 자신의 삶을 점검했다. 이 결심문은 에드워즈에게 있어서 확고한 결단을 나타내는 것으로서 단순히 경건한 소망들이나 낭만적인 바램과 율법적인 규범들이 아니었다. 오히려 그것들은 에드워즈에게 있어서 일생의 교훈이자 모든 정성을 기울여 따라야 하는 좌우명이었다.[106] 도덕적 회심 후 나타난 또 하나의 변화는 자연에 대한 관점이다. 에드워즈는 회심 이후 또 하나의 은혜로운 체험을 하게 된다. 그는 다음과 같이 기록하고 있다.

> 그것은 바로 조용한 곳으로 산책하면서 명상하는 중에 눈을 들어 하늘과 구름을 쳐다보았는데 그때 그의 마음속으로 하나님의 영광스러운 위엄과 은혜에 대한 달콤한 감각이 흘러들어왔다. 달콤하고 부드러우면서도 거룩한 위엄 혹은 장엄한 온유 혹은 경외에 찬 달콤함, 그리고 높고 위대하면서도 거룩한 부드러움이었다.[107]

회심을 체험한 후 에드워즈에게 있어서 하나님의 일들에 대한 감각이 증가하기 시작하며 만물의 모양이 달라 보이기 시작하였다.[108] 즉 모든 사물 속에서 고요하고 달콤한 속성 혹은 신적 영광의 외양이 들어 있는 것처럼 보였다. 하나님의 탁월성, 그의 지혜, 그의 순결함과 사랑이 만물 속에 숨어 있는 것처럼 보였으며, 태양, 달, 별, 구름, 푸른 하늘, 풀, 꽃, 나무들 그리고 물과 모든 자연 안에 존재하는 듯 느끼곤 했다. 그래서 그는 종종 가만히 앉아서 오랫동안 구름과 하늘을 바라보곤 했다. 하나님의 달콤한 영광을 보기 위해 낮에는 구름과 하늘을 쳐다보느라 많은 시간을 보냈다.[109] 아울러 과거에는 두렵기만 했던 천둥과 번개도 자신을 즐겁게 하였다고 고백하며 하나님을 노래했다고 한다. 최근 신학자들이 이야기하는 생태적 회심의 모습이 그 가운데서 나타나는 것을 발견할 수 있다.[110] 이상에서 살펴본 바와 같이 에드워즈의 생애에서 나타난 회심은 일회적인 것이 아니라 그의 지성, 정서 그리고 의지가 성숙해 감에 따라서 지성적, 도덕적 종교적 그리고 생태적인 면 등에서 지속적인 회심이 다양하게 나타남을 알 수 있다.

한편, 부흥의 열기가 식어버린 직후인 1737년, 30대 중반에 이른 에드워즈는 생애 중 가장 놀라운 신비적 체험을 하게 된다. 그의 개인적 진술에서 그는 다음과 같이 언급하고 있다.

> 주 후 1737년 어느 날 나는 건강을 위해 숲속으로 말을 타고 들어갔다. 그리고 고적한 곳에서 말을 내려 여느 때처럼 명상과 기도를 위해 산책을 시작하려 했다. 그때 나는 하나님 아들의 영광에 대한 비범한 시야가 열리는 것을 체험했다. 그는 하나님과 나 사이의 중보자로 나타났다. 그의 놀랍고 위대하며 충만하고 순수하며 달콤한 은혜와 사랑 그리고 온유하고 부드러운 겸손을 보았던 것이다. 내게 그처럼 고요하고 달콤하게 나타났던 이 은혜는 하늘보다 더 위대해 보였다. 그리스도의 인격이 형언할 수 없이 탁월해 보였으며 모든 생각과 관념을 다 집어삼킬 수 있을 만큼 위대한 탁월성을 가진 것으로 보였다. 내가 판단할 수 있는 한 그것은 약 한 시간 정도 계속되었다. 그 시간 대부분을 나는 눈물의 홍수 속에서 큰 소리로 울며 보냈다. 내 영혼은 비워지고 소멸하였으며, 먼지 속에 누워 오직 그리스도만으로 충만해져서 거룩하고 순수한 사랑으로 그를 사랑하고 신뢰하며 그분에 의해 살면서 그를 섬기고 따르며 그리스도의 충만함 속에 전적으로 삼켜져 완전히 성화되고, 신적이고 천상적인 순수함으로 순수해지는 것을 느꼈다는 것 외의 다른 말로는 도저히 표현할 길이 없었다.[11]

에드워즈는 하나님과 사랑스러운 관계에 빠졌다. 그 결과 달콤한 은혜와 사랑, 온유하고 부드러운 사랑을 맛보았을 뿐만 아니라 감격의 눈물을 쏟아놓게 되었다. 이는 하나님과의 초자연적인 사랑에 빠져 종교적 회심을 경험한 것이다. 그 결과 주체할 수 없는 눈물의 홍수 속에서 큰 소리로 울며 보낸 장면은 하나님께서 그의 감성을 어루만지셔서 감성적인 회심을 한 장면을 떠오르게 한다. 아울러, 에드워즈가 언급한 것같이 자신의 영혼이 비워지고 소멸하였다든지, 오직 그리스도만으로 충만해져서 거룩하고 순수한 사랑으로 충만하였다든지 하는 부분은 초자연적 사랑을 느끼고 자신이 근본적으로 정화됨을 경험하는 체험이므로 종교적, 지성적 회심이 복합적으로 나타난 순간이라고 할 수 있다. 따라서 이러한 체험은 에드워즈의 삶 속에서 지성적, 감성적, 종교적 회심을 경험한 통합 경험의 표지라고 볼 수 있다.

또한, 이러한 경험은 다시 한번 나타난다. 에드워즈는 1738년 정월의 어느 토요일 밤에도 유사한 체험을 했다고 적었다. 하나님의 마음에 맞는 일을 수행하는 것이 얼마나 달콤하고 축복된 일인가를 느낀 그는 한참 동안 큰 소리로 울었다. 일어나 방문을 걸어 잠그고는 큰 소리로 부르짖었다. "하나님 보시기에 옳은 일을 하는 자는 얼마나 복된가!" 하나님이 세상을 다스리시며 모든 일을 당신의 기쁘신 뜻대로 처리하는 것이 얼마나 합당하며 적합한가 하는 생각에 그의 가슴은 벅차올랐다. 그는 하나님이 통치하시고 그의 뜻이 이루어진다는 사실을 기뻐했다.[112] 여기서 우리는 로너간이 생애 말년에 언급한 감성적인 회심의 모습을 에드워즈의 생애를 통해 발견하게 된다. 그는 하나님의 은혜를 경험한 후 큰 소리로 울지 않고서는 견디지 못할 만큼 깊은 감동을 경험하였다. 그리고 이를 통하여 삶의 비전을 발견하게 되어 주어진 생애 동안 하나님의 영광을 위하여 살아가게 되었다.

d. 요약

독실한 청교도 가정에서 태어나 신앙 안에서 성장한 에드워즈는 자신의 회심에 대하여 어린 시절부터 고민하였다. 그 이유는 청교도의 아버지라고 하는 윌리엄 퍼킨스William Perkins, 1558~1602의 『양심의 사례case of conscience』에서 주장하는 "회심의 형태론 10단계"와 차이가 있었기 때문이다.[113] 하지만 이러한 계기로 에드워즈가 회심에 관하여 연구할 수 있는 계기가 되었고, 그로 인하여 다양한 회심 체험이 있음을 깨닫게 되는 결과를 가져왔다. 그러던 중에 아버지가 섬기는 교회에서 서너 차례의 부흥을 경험하고 하나님의 은혜를 체험하였지만, 여전히 죄와 내적인 투쟁을 하는 자신의 모습을 보며 낙담하였다. 그 후 에드워즈는 늑막염을 앓고 나서 죽음에 대한 경각심을 갖고 지내다가 성경을 읽는 중 하나님의 주권과 은총을 경험하고 종교적 회심을 하였다. 이는 곧 자신의 삶에 대한 도덕적 결단으로 이어지게 되고 회심 이후 천국에 대한 갈망이 깊어졌다. 그리고 존 로크의 책 등을 통해 지성적 회심을 경험하게 되었다. 또한, 모든 면에서 예수 그리스도의 본을 좇아 사는 삶을 추구하며 모든 일에 복음의 순수성과 축복된 규율을 따라 살고자 하는 거룩한 갈망으로 차고 넘쳤다.[114] 이를 위하여 강도 높은 영성 훈련을 시도하였으며 자신에 대하여 엄격한 삶을 살았다. 그는 천국에 대한 명상, 완전한 거룩함과 겸손 및 사랑 속에서 살고자 하는 갈망이 증대되었으며 천국에 대한 설교를 자주 하였다. 아울러 하나님께서 만드신 자연 만물을 관상하면서 하나님의 임재를 경험하는 일들이 잦아졌다.

에드워즈는 "회심으로 이루어지는 것은 다른 것이 아니라 하나님 영이 부여되는 것인데 하나님의 영은 영혼 안에 거하고, 그 안에서 삶과 행동의 새로운 원리가 된다."[115]라고 깨닫고 거룩한 실천의 삶을 통하여 성화되어 가도록 자신을 연단하였다. 아울러 에드워즈는 지적인 회심 이후 대부분 시간을 경건 생활 및 책을 집필하고, 설교 준비하는 일에 사용하여 목회자 지망생들과 성도들에게 훌륭한 역할 모델이 되었다. 그는 아울러 회심에 대하여 다음과 같이 언급했다.

진심으로 회심한 사람은 새로운 인간이다. 새로운 피조물이다. 겉과 속이 새롭다. 영과 혼과 몸이 완전히 성결하다. 옛것은 지나갔다. 모든 것이 새롭게 되었다. 새로운 마음과 눈과 귀와 혀와 손과 발을 가지고 있다. 대화와 행동이 새롭다. 새로운 삶을 살고 죽는 날까지 계속 새로워진다.[116]

그러므로 우리는 에드워즈의 생애 속에 나타난 그의 회심 체험을 통하여 일회적 회심이 아니라 지속적인 회심이며, 지성적, 종교적, 도덕적 그리고 감성적 회심이 연속적으로 또는 복합적으로 나타남을 볼 수 있다.

D. 이냐시오와 에드워즈의 회심 비교에 관한 함의

이냐시오와 에드워즈는 위에서 살펴본 바와 같이 서로 다른 전통을 갖고 있으며 서로 다른 시대적 상황에서 살았다. 하지만 이들을 로너간의 회심론에 따라서 비교해 보면 다음과 같은 유사점 및 특징을 발견할 수 있다.

첫째, 이냐시오와 에드워즈 모두 영적 독서를 통하여 지성적 회심을 체험하게 되었다. 이냐시오는 어린 시절 사제가 되기를 바라던 부모의 소망이 있었지만, 세속적 성공을 추구하던 젊은이에 불과하였다. 하지만 뜻하지 않은 부상으로 사경을 헤매다가, 회복 후 읽게 된 『그리스도의 생애』와 『성인들의 꽃』을 통하여 지적 회심을 체험하였다. 그 결과, 이냐시오는 가치관의 변화를 경험하고 자신의 죄를 속죄할 목적으로 순례의 길을 떠나고 만레사에서 또다시 종교적 및 지성적 회심을 경험하면서 인생의 전환점을 맞이하였다. 그 후 예루살렘 순례 후 스페인과 프랑스 파리에서 신학을 공부한 후 자신의 영적 체험과 그동안 공부한 신학을 바탕으로 『영신 수련』을 저술하여 많은 사람에게 영향을 끼치게 되었다.

한편 에드워즈는 청교도 가정에서 태어나 어린 시절부터 경건한 가정환경에서 철저한 신앙교육을 받았고, 대학 입학 후 다양한 서적들과 교육을 통하여 지적인 만족을 경험하였다. 그러던 와중에 로크의 『인간 오성론』을 통하여 큰 깨달음을 얻게 되었다. 하지만 에드워즈의 이러한 지적인 회심은 단지 로크의 이론을 받아들이는 것에 그친 것이 아니라 이를 자신의 개혁주의 신학 노선과 통합하여 새로운 뉴헤이븐 신학(New Haven Theology)을 만들어 내었다. 그래서 그의 지적 회심은 이후 에드워즈가 수많은 저작과 설교 그리고 묵상집을 저술하는 데 동기가 되었다. 에드워즈가 회심 후 남긴 그의 저술들은 오늘까지도 커다란 영적 유산이 되고 있다.

둘째, 이냐시오와 에드워즈 두 사람 모두 병상에서 죽음을 가까이 경험하고 나서 신앙에 관한 간절함으로 하나님을 찾고 인생을 진지하게 고민하다가 종교적 회심을 경험하게 되었다. 이냐시오는 어린 시절에 교회와 하나님을 알았지만, 하나님과 인격적인 관계를 맺지 못하다가 팜플로나 전투에서 부상당한 후 회복하는 과정에서 무료함을 달래기 위해서 읽은 책들을 통하여 지적인 회심을 경험하고 자신의 죄를 속죄하고자 떠난 순례의 길을 가는 동안 만레사에서 머물며 영적 훈련을 하는 가운데 삼위일체 하나님 체험을 하게 되었다. 카르도네르강 가에서의 체험은 극적인 체험이어서 그 평생에 잊을 수 없는 종교적 회심의 경험이 되었다.[117] 물론 그 이후에도 라 스토르타에서 동료들과 더불어 하나님을 만난 체험을 하게 되는데 이러한 종교적 회심의 경험을 통하여, 이냐시오는 영혼을 돕고자 하는 열성이 생겨 스페인과 프랑스에서 신학을 공부한 후 예수회 초대 총장으로서 세상을 수도원 삼아 교육과 선교를 통하여 하나님 나라 확장에 이바지하였다.

에드워즈 역시 목회자인 아버지 밑에서 체계적인 신앙교육을 받으며 자라면서 영적 부흥의 경험을 하게 되었다. 하지만 너무나 어린 나이에 그러한 경험을 한 경우라서 지·정·의로 이러한 것을 받아들이지 못하고 영적인 침체를 경험하였다. 그 후 대학 시절에 늑막염을 앓으면서 죽음의 문턱까지 가게 되면서 다시 한번 하나님을 찾게 되고 그 후 성경을 읽다가 하나님의 주권을 경험하게 되었다. 그는 이러한 종교적 체험 이후 새로운 영적 감각을 소유하게 되고, 하나님 나라를 위하여 대각성 운동을 일으키는 사역자가 되었다. 이들 모두는 강력한 하나님 체험을 통하여 회심한 후 공통으로 감성적 반응, 즉 눈물을 자주 흘린 것을 알 수 있다.[118]

셋째, 이냐시오와 에드워즈는 도덕적 회심을 통하여 이타적이며 경건한 삶 그리고 자연 만물에 대하여 관조하는 삶을 살아갔다. 이냐시오는 만레사와 라 스토르타에서 하나님을 체험한 이후 성인들을 본받아 금욕과 경건 실천에 애 썼으며 자주 금식하고 편태를 하여 몸이 상할 정도였다. 특별히 이들은 자연을 관상하며 하나님을 묵상하고 바라보는 시간을 가졌으며 금욕적인 삶을 살았다. 그러나 이들의 삶의 자리가 차이가 나기 때문에 에드워즈는 사목의 현장에서 결심문과 일기를 통하여 자신의 경건 생활을 유지하였고, 이냐시오는 세상에 나아가 이타적인 삶을 살아가면서 사도적 영성을 현장에서 실천해 나갔다.

한편 에드워즈는 평소에 내적 투쟁에 따른 죄의식이 자신을 사로잡고 있음 을 늘 고민하였다. 그러던 가운데 영적 독서를 통하여 회심하게 되면서 거룩함 을 사모하게 된다. 그래서 자신의 삶을 성찰하기 위해서 일기와 70가지 결심문 그리고 잡문 등을 작성하고 늘 경건한 삶을 추구하였다. 여기서 우리는 에드워 즈의 삶 속에서 책임감 있는 삶으로의 변화 그리고 가치관의 변화를 발견하게 된다. 아울러, 이냐시오와 에드워즈는 회심한 이후 변화된 삶을 통하여 하나님 나라 확장에 깊이 관여하였다. 비록 이들이 회심 후에도 여전히 선한 영과 악한 영 사이의 내적 갈등과 투쟁을 하였지만, 마음의 내적 감각과 영적 위안을 경험 한 이후 한 사람은 평생 목회자로서, 다른 한 사람은 수도자로서 세상을 수도 원 삼아 교육과 선교 그리고 이웃들을 섬기고 하나님 나라를 확장하는 일에 투 신하였다. 특별히 이들이 남긴 『영신 수련』과 『신앙 감정론』은 오늘까지도 영적 분별을 위한 귀한 지침서가 되고 있다.

이상에서 살펴본 바와 같이 두 사람의 회심 체험을 로너간의 회심론에 근거 하여 고찰해 보았다. 이들은 각자의 삶의 자리에서 회심을 통해 자기 통합의 경 험을 하였다. 아울러 이러한 회심 체험은 영혼을 돕고 섬기는 일 그리고 하나님 나라 건설하는 일에 긍정적 행동을 가져왔다. 그러므로 회심은 내적 변화와 더불어 행동과 삶의 양식 변화를 수반하며 이를 통해 세상을 변화하는 일에 투신하는 결과를 초래하였다. 이냐시오와 에드워즈 모두 회심의 결정적인 동기와 순간이 차이가 있지만 이러한 회심 체험들은 일회적인 것이 아니라 일평생의 과정에서 나타나는 지속적인 점에 있어서 공통 요소를 발견할 수 있다. 그리고, 로너간의 회심 이론에 따라 살펴본 바에 의하면 이들의 지성적, 종교적 그리고 도덕적 회심은 이냐시오와 에드워즈의 삶 속에서 다양하게 일어났으며 이로 인하여 이들의 지평과 하나님에 대한 앎의 차원이 깊어졌고 본인이 속한 공동체와 세상으로의 투신으로 승화되었음을 알 수 있다. 이처럼 회심은 하나님의 뜻을 분별하는 전제로서 필수적인 것으로 지성적 회심, 도덕적 회심, 그리고 종교적 회심을 경험하면서 한 인간은 인식의 지평과 하나님과의 관계성에 있어서 성숙하게 된다. 결국, 이러한 성숙과 하나님과의 친밀함은 곧 분별의 삶에 있어서 하나님의 뜻에 합당하고 올바르게 선택하고 결정하는 계기가 된다는 것을 알 수 있다.

제 3 장

이냐시오 로욜라의 영적 분별

제3장
이냐시오 로욜라의 영적 분별

A. 믿음

젊은 시절 세상의 헛된 영광을 추구하던 이냐시오는 회심 이후 십자가 앞에서 인간의 상태를 비참함, 죄스러움, 잔인함 그리고 세계사와 사람의 마음 그리고 자신의 운명에 대한 몰이해에 대하여 깊이 묵상하였다.[1] 그래서 그는 창조주며 구원의 주님이신 하나님께서 자신의 죄를 위하여 성육신하셔서 십자가에서 죽임당하심으로 구원의 길을 제시하였기에 이를 신뢰하는 것을 믿음으로 여겼다. 본 절에서는 이냐시오를 중심으로 영적 분별을 위한 매킨토시의 다섯 가지 요소믿음, 내적 충동, 선별력, 하나님의 뜻 그리고 조명 가운데서 믿음이라는 항목을 중심으로 고찰하고자 한다. 믿음이란 하나님의 역사에 대한 인간의 반응과 행동, 하나님에 대한 신뢰와 연합, 그리스도와의 교제, 하나님의 은총에 대한 반응 그리고 자기 포기라고 할 수 있다.[2] 이 경우 이냐시오의 삶 속에서 회심 이후 나타난 하나님에 대한 반응과 신뢰와 연합 그리고 자기 포기의 모습이 어떻게 나타났는 지를 중심으로 믿음에 관하여 탐구하고자 한다.

a. 영적 분별의 요소로서 믿음

이냐시오는 회심 이후 스페인에서 프랑스를 통과해서 예루살렘과 이탈리아 로마까지 이르는 영적 여정을 통하여 하나님의 사람으로 만들어져 갔다. 이 과정에서, 이냐시오는 하나님께서 자신을 어떻게 인도하였는가를 성찰하면서 후에 자신의 여정을 동료 예수회원에게 구술하였고 이를 바탕으로 한 '자서전'이 전해온다.[3] 이는 이냐시오의 자전적 고백으로 하나님의 은총에 대한 본인의 반응이요, 하나님에 관한 전적인 신뢰요, 하나님의 인도에 대한 감사의 표현이라고 할 수 있다.

하나님에 관한 신뢰와 확신은 이냐시오의 내면에 삼위일체 하나님을 더 알기 원하는 열망을 가져왔고, 이 열망의 불꽃은 그를 평생 하나님을 배우는 학습자로 살도록 내몰았다. 그의 앎을 위한 여정은 단순히 알칼라와 살라망카 그리고 파리에서 다녔던 학교에서의 배움에 국한되지 않았으며 인생의 모든 여정에서 지속되었다. 그는 영적 체험을 통하여 삼위일체 하나님을 알아 갔으며, 복음서에 나타난 예수를 인격적으로 대면함으로써 내적 인식의 폭과 깊이가 넓어지고 깊어졌다. 1965년부터 1981년까지 예수회 총장을 역임한 베드로 아루페Pedro Arrupe는 이냐시오를 소개하면서 "그에게 예수는 전부였다"라고 언급했다.[4] 이는 이냐시오 영성의 주요 틀인『영신 수련』에서 어떻게 예수 그리스도의 중심성이 나타나는지를 단적으로 표현하는 하나의 예라고 볼 수 있다.[5] 이러한 믿음의 고백을 이냐시오는 Suscipe로 표현하였는데 이는『영신 수련』의 마지막 부분에 있는 양도 혹은 내어드림의 기도prayer of surrender로 라틴어 의미는 "받으소서"라는 뜻이다. 이냐시오는 우리의 자유, 기억, 이해, 그리고 의지를 하나님께 양도하며 내어드린다고 매우 구체적으로 언급했다. 하나님께서는 우리에게 이러한 모든 것들을 주셨기 때문에 우리는 그분께 돌려 드리는 것이다. 우리는 단지 하나님의 은혜와 그를 사랑할 수 있는 능력만을 요청한다.[6] 이 기도는 이냐시오에게 있어서 믿음의 결단이며 고백이라고 할 수 있다.

> 받으소서 주님, 저의 모든 자유와 저의 기억과 지성, 저의 모든 의지와 제 모든 것을 받아 주소서. 주님께서 이 모든 것을 제게 주셨습니다. 주님, 이 모두를 돌려 드립니다. 모두가 당신 것이오니 당신 뜻대로 처리하소서. 제게는 당신의 사랑과 은총을 주소서. 이것으로 저는 족하옵니다.[7]

이 기도를 통해서, 이냐시오는 자신을 내어주신 하나님, 나를 위해 일하시는 하나님, 끊임없이 나누어 주시고 선사하시는 하나님께 자신을 내어드리는 투신과 자기 포기를 고백하고 있다.[8] 이러한 내어드림의 기도를 통하여, 이냐시오에게 있어서 믿음이란 하나님의 초대에 대한 반응이며, 투신이라는 것을 우리에게 보여주고 있다. 그러므로 믿음을 인간의 반응, 그리스도와 교제이며 연합 그리고, 자기 포기라고 할 때 이러한 모습이 이냐시오의 삶 속에서 구체적으로 나타났다.

b. 하나님과 사랑스럽고 신뢰하는 관계

매킨토시는 믿음을 "하나님과 사랑스럽고 신뢰하는 관계"로 설명하였다. 그러한 면에서 이냐시오의 경우, 하나님과 사랑스럽고 신뢰하는 관계를 형성하기 위한 근원은 바로 그리스도를 본받고 따르고자 하는 마음임을 알 수 있다.[9] 그는 당시 순례 전통을 좇아서 예수가 생활하고 사역하였던 성지에서 평생을 살고자 마음먹고 성지순례를 감행하였다.[10] 또한, 그는 근대 신심 운동의 영향을 받은 토마스 아 켐피스의 『그리스도를 본받아Imitatio Christi』를 평생 가까이하며 이를 묵상하고 그리스도를 본받기 위해 실천하는 삶을 살았다.[11] 아울러, 이냐시오는 수도자의 3대 서원이라고 할 수 있는 청빈, 정결, 순명하는 삶을 준수함으로 그리스도를 본받고자 하였는데,[12] 특별히 "청빈은 수도 생활을 지켜주는 견고한 성벽이므로 이를 사랑하고 하나님의 은총이 허락하는 한 순수하게 보전해야 한다"라고 언급하면서 이를 추구하였다.[13] 이냐시오에게는 '청빈' 그 자체가 목적이 아니었으며 '청빈'을 그리스도와 일치하는 수단이자, 보다 쉽게 하나님을 따르기 위해 스스로 자유롭게 하는 수단으로 보았다. 그래서 이냐시오의 영성이 담긴 회헌은 "자발적인 수도적 청빈은 겸손하고 가난하신 그리스도를 철저하게 따름으로써 모든 무질서한 애착으로부터 자유를 얻으려는 타락한 우리 인간들의 노력으로서 그 자유는 하나님과 이웃을 지극히 그리고 기꺼이 사랑할 수 있는 조건인 것"이라고 했다.[14] 따라서 청빈이야말로 예수가 사랑한 가난한 이들과 일치를 이루는 길이라고 여겼기에 이냐시오는 청빈한 삶을 통하여 그리스도를 본받아 이를 통하여 사도적 가치를 이루며, 하나님의 사업을 수행하고자 하였다.[15] 그리고 이냐시오는 '정결' 서원을 통하여 그리스도를 닮아가고자 하였는데 이는 단순히 육체적인 '정결' 차원을 넘어서 하나님과의 관계, 이웃과의 관계, 그리고 세상과의 관계 등 포괄적인 면을 담고 있다.[16] 또한, 이냐시오는 "순명하는 이는 장상들의 목소리를 마치 우리 주 그리스도께서 말씀하시는 것으로 받아들여 지존하신 하나님께서 온전히 기뻐하시도록 해야 한다"라고 지침을 주었다.[17] 이냐시오에게 '순명'이란 자신의 방식을 완전히 떠나서 하나님의 방식으로 들어가는 것으로 우리들의 뜻이 하나님의 뜻에 완전히 삼킨 바 되어 하나님의 뜻으로 변화되는 신비였다.[18] 그래서 1553년 3월 26일 포르투갈 관구의 예수회원에게 보내는 서신을 통하여 이냐시오는 다시금 '순명'의 중요성을 언급하였다.[19] 아울러 '순명'은 하나님의 뜻과 일치하는 길뿐만 아니라 하나님과의 연합을 위한 조건이다. 이냐시오 영성에서 '순명'은 위대한 자기 부인의 길이며 정화와 변화를 통해 자기의 뜻이 하나님의 뜻이 되게 하는 어두운 밤의 경험이므로[20] 순명 서원을 통하여 교회 안에서 하나님의 더 큰 영광을 위하여 영혼들을 돕는 그리스도의 적합한 도구가 되는 것이다.[21] 이냐시오는 『영신 수련』에서 "모든 판단을 버리고 모든 일에 있어서 우리 주 그리스도의 진정한 배필이며 우리의 거룩한 어머니이신 교계 교회에 기꺼이, 즉시 순명하는 마음을 지녀야 한다"[22]라고 언급하며 순명을 통하여 그리스도를 본받고 따르고자 하는 그의 결단을 표현하였다.

한편, 이냐시오에게 있어서 그리스도를 본받음은 예수 그리스도의 인성을 묵상함으로 나타난다. 중세 후기 영성은 그리스도의 인성을 새롭게 발견함으로 하나님을 관상하고 그리스도를 닮아가는 것을 추구하는 경향이 있었다.[23] 당시 시대적 흐름에서 볼 때 불가시적인 하나님을 가시적인 영역에서 가져오기 위한 매개체가 바로 그리스도의 인성이었다. 이는 스콜라 신학이 절정기에 달한 13세기 서방교회에서 지성과 사변적 활동을 강조하던 흐름에 대한 반동으로 나타난 것으로 이러한 흐름은 근대 신심 운동으로 지속되었다. 이냐시오는 이러한 흐름의 영향으로 복음서 사건 속에 등장하는 예수를 오감을 통하여 묵상하였고 이를 통하여 그리스도를 닮아가고자 하였다. 이는 이냐시오의 영적 여정을 살펴보면 잘 알 수 있는데 그는 회심 후 몬세라트를 방문하여 베네딕도회 수도자의 영적 지도를 받았다. 이때 그는 시스네로스의 『영적 생활을 위한 수련서』에 영향을 받은 것으로 추정된다.[24] 이는 근대 신심 운동의 영향으로 그리스도인들 스스로 개인적 성경 묵상을 하여 성경의 가르침을 내면화하는 것으로 그리스도를 인격적으로 만나는 것이며 친밀하게 아는 것을 추구하였다. 이러한 영향은 추후 『영신 수련』에 반영되었는데,[25] 예수 그리스도를 점점 내면으로부터 인식하기 위해서, 이냐시오는 복음을 관상하기를 권하였으며, 복음서의 장면을 내적으로 상상하고, 동시에 자신이 등장인물이 되어 활동하면서 그 장면 안으로 깊숙이 들어가 보도록 권면하였다. 이 경우를 이냐시오는 "영혼을 풍족하게 하고 또 만족시키는 것은 풍부한 지식이 아니라 사물의 내용을 깊이 깨닫고 맛보는 것"이라고 언급하였다.[26] 이냐시오는 이처럼 성경에 나타난 인격적인 그리스도를 관상함으로 예수를 본받고자 하였으며 그렇게 함으로써 하나님과 사랑스럽고 친밀한 관계를 형성하였다.

이와 더불어 이냐시오에게 있어서 하나님과 사랑스럽고 신뢰하는 관계를 형성하기 위한 수단으로서 그리스도를 본받고 따르고자 하는 열심은 수덕적 실천으로 구체화되었는데 이를 위한 전제조건은 '불편심'indifference이다.[27] 이는 지나치게 자기 욕심에 집착하는 것에서 벗어나는 행위로 무질서한 욕망이나 애착으로부터 자유로워진 상태를 뜻한다. 무질서한 애착에서 벗어난다는 것은 하나님께 나아가는 데 걸림돌이 되는 여러 성격적인 약점, 신학적 편견, 자기중심적으로 치우친 편파적 이상 등에서 벗어나 하나님과의 진정한 통교가 가능하도록 통로를 정리하는 것이다.[28] 따라서 『영신 수련』은 모든 무질서한 애착들을 없애고 개개인의 영적 여정이 정화, 조명, 그리고 일치로 나가도록 영혼을 준비하게 하는 훈련이다. 만일 사람이 무엇인가에 애착을 갖거나 기울어진다면 그는 영적 자유를 누릴 수 없으므로 "불편심"은 수덕 실천의 전제조건이 된다. 또한, 이냐시오는 건강보다는 질병을, 부보다는 가난을, 명예보다는 불명예를, 그리고 장수보다는 단명을 추구하는 삶을 선택하였는데 이러한 선택은 결국 겸손한 삶과 연결되며 그리스도를 본받고 따름의 열매로 나타나게 된다. 이상에서 살펴본 바와 같이 이냐시오는 그리스도를 본받고 따름을 통하여 하나님과 사랑스럽고 신뢰하는 관계를 형성하였는데, 이는 청빈, 정결, 순명하는 삶을 준수함으로, 예수 그리스도의 인성을 묵상함으로, 그리고 수덕을 실천함으로 구체화되었다는 것을 알 수 있다.

c. 하나님과의 친밀감 형성에 있어서 다양한 방법

이냐시오의 하나님 체험과 하나님과의 친밀감 형성은 아래와 같이 다양한 방법을 통해 이루어졌다. 첫째, 이냐시오는 매일의 기도 즉, '양심 성찰'을 함으로써 하나님과의 친밀감 형성을 이루었다.[29] '양심 성찰'은 돌보시는 하나님 창16:13 앞에 하루의 삶과 체험을 지닌 채 나 자신을 되돌아보는 행위로써 하나님께서 자신을 바라보는 것이 자기가 스스로 자기 자신을 통찰하는 것보다 더 중요한 문제임을 의식할 수 있게 하는 것이다.[30] '양심 성찰'은 현존, 감사, 분별, 화해, 예견 등 늘 깨어있는 가운데에서 사는 것을 배우는 것으로 매일 하는 일종의 짧은 『영신 수련』으로 이해할 수 있다.[31] 따라서 '양심 성찰'은 모든 것 안에서 하나님을 알아보는 이냐시오 영성의 핵심으로써 정오 무렵 혹은 하루를 마치고 잠자리에 들기 전에 각각 짧게 시간을 내서 하루를 어떻게 보냈는지, 그리고 나의 하루가 온전히 하나님을 지향하여 통합되었는지 순서에 따라서 돌아보는 것이다.[32] 양심 성찰은 주로 다음의 5가지 요점을 따라서 진행되는데 이러한 과정으로 이냐시오는 하나님과 매일 친밀감을 형성하였다.[33]

1) 우리 주 하나님께 받은 모든 은혜에 대해 감사드린다.
2) 나를 비추어 주시도록 성령의 도우심을 청하여 죄를 깨닫고 이를 떨쳐버릴 은총을 구한다.
3) 이 부분이 핵심으로 하루 동안 일어난 사건들을 돌아본다. 내 삶의

어디에 하나님께 현존하셨는지 그리고 내가 하나님을 멀리한 곳은 어디인지를 본다. 생각이나 말, 행동 혹은 실행하거나 실행하지 못함으로 인해 지은 죄들과 그런 죄스러운 행동의 뿌리, 혹은 경향을 보는 것이다.

4) 내 슬픔을 표현하면서 잘못에 대해 하나님의 용서와 사랑을 청한다.[34]

5) 나를 온전히 사랑하시는 하나님께 더욱 온전히 내어드릴 수 있도록 은총을 구한다.[35]

이처럼 양심 성찰은 이냐시오에게 있어서 하나님과 친밀감을 맺는 방법으로 그의 『영신 수련』에 언급되었는데 이는 나 자신의 진정한 복음화를 위한 기도라고 할 수 있다. 양심 성찰 기도는 영적 감수성을 일깨우고 우리가 성령을 좇아서 사는 법을 배워 마침내 모든 것 안에서 하나님을 발견해 주는 방법이기에 이냐시오는 이를 평생 실천하였으리라고 본다.[36]

둘째, 이냐시오는 사랑의 실천을 통하여 하나님과의 친밀감 형성을 이루었다. 이냐시오의 영성은 세상을 긍정하며 세상을 하나님의 밭으로 보고 하나님과 더불어 일하는 영성이다. 그래서 세상을 떠나서 세상으로부터 물러나서 관상적인 삶을 추구하는 당시의 전통적인 수도회와는 다른 양상을 보여 왔다. 즉 세상 속으로 들어가 다양한 사목활동을 통하여 하나님과 더불어 일하면서 그 속에서 함께 하시는 하나님과의 친밀감을 형성하였다. 이러한 사랑의 실천은 학교와 병원, 고아원, 그리고 소외된 이웃이 있는 곳이면 어디든 이루어졌다. 인간이 고통받는 곳이면 어디에나 그리스도의 자비와 함께 이냐시오의 마음과 손이 따랐으며, 그는 자신이 묵상하였던 그리스도의 사랑을 전할 수 있다면 어떤 희생도 치를 수 있었고, 어떤 고통과 가난도 마다하지 않았다. 곤경에 처한 사람을 위해 일하는 사랑의 실천을 통하여, 이냐시오는 하나님과의 친밀함을 누렸다.[37] 이에 대하여 베드로 아루페Pedro Arrupe는 다음과 같이 말했다.

사랑의 실천봉사은 이냐시오 카리스마의 주된 사상이다. 이 사상은 이냐시오의 삶과 영성에서 감동적인 힘으로 완전히 실현되었다. 그것으로 이냐시오는 조건 없고 무한한 봉사, 그리고 넓은 마음의 겸손한 봉사를 하게 하였다. 그의 신비적 삶을 풍성하게 하는 삼위일체적인 빛들도 이냐시오를 수동적이고 관상적인 침묵으로 이끌기보다는 큰 사랑과 존경으로 관상하는 하나님을 위해 봉사하도록 재촉하였다.[38]

이냐시오는 "사랑은 말보다 행동으로 나타나야 한다"라고 역설하면서 세상을 향한 사랑의 실천을 강조하며 우리를 활동 중 관상으로 초대하였다.[39] 이처럼 이냐시오는 철저히 그리스도께 중심을 둠으로써, 그리고 이웃을 향한 사랑을 실천함으로써 하나님과 친밀감을 형성하였다.

셋째, 이냐시오는 교회에 대한 충성을 통하여 하나님과 친밀감 형성을 이루었다. 이냐시오에게 있어서 교회는 부르심을 받은 하나님의 백성들이 모인 거룩한 공동체이며, 예수의 사랑을 눈에 보이게 해 주는 공동체이다. 그리고 교회는 성도들이 하나님께 이르는 길을 제시하는 매개체이며, 인간에 대한 하나님 사랑의 상징 그 자체이다. 또한, 교회는 그리스도 안에서 지금 실재가 되는 하나님의 구원 의지의 역사적 구체화이다.[40] 그러므로 교회를 향한 이냐시오의 헌신은 영혼을 위하여 일하고자 하는 열망에서 나온 것이었다. 이냐시오는 당시 수많은 시대적 난제들과 도전들로 교회가 안과 밖으로 어려움에 처해 있다는 것을 알았지만 교회에 대한 충성심이 흔들리지 않았다.[41] 교회가 비록 정도를 벗어났다 해도 교회는 하나님 말씀의 전령이고 하나님 백성의 종인 동시에 신자들의 공동체이며 하나님 사랑의 표지로서 세상을 섬기는 하나님의 손이라고 확신하였기 때문이다.[42] 따라서 이냐시오에게 있어서 교회는 비판의 대상일 뿐만 아니라 함께 울고, 함께 기뻐해야 할 대상이며 교회의 근심, 관심, 두려움 그리고 희망을 함께 나누며 배우고 나의 문제로 삼아야 할 대상이었다.[43] 이냐시오도 아홉 번이나 교회 법정에 섰으므로 교회 주변에 있는 고통을 잘 알고 있었다. 그래서 그는 교회의 문제를 끌어안고 고민하였고 건설적인 교회 비판을 통하여 교회발전을 도모하였다. 여기서 우리는 이냐시오의 교회에 대한 충성심을 발견할 수 있게 된다.[44]

한편 카를 라너 Karl Rahner 는 이냐시오가 현시대 교회를 보고 동료들에게 다음과 같은 언급을 했으리라 추측하였다.

> 나는 역사 안에서 당신 아들의 육신에 대한 하나님 사랑의 실현으로서의 교회를 사랑했다. 하나님과 교회 사이의 신비로운 일치 안에서 교회는 나에게 있어 하나님께 이르는 길이었으며 지금도 그러하다. 그리고 영원한 신비와 나와의 형언할 수 없는 관계를 맺는 장소이기도 하다. 그리스도인과 교회 당국 간에 아무런 분열 없이 모든 결정과 신조가 자동으로 통합되어야 한다는 원칙은 없다. 교회는 무한하고 불가해한 하나님 영의 교회이며, 교회의 완전한 일치는 이 세상에서 아주 다양한 양상으로 반영될 수 있을 뿐이다. 궁극적으로 완전한 교회의 일치는 하나님이시고 그 외 아무것도 아니다.[45]

이냐시오에게 있어서 교회는 그 안에 갈등이 존재함에도 여전히 하나님의 뜻과 선을 만나는 근본적인 장소라고 확신하였다. 또한, 이냐시오의 경우, 만레사 체험을 통해 복음의 본질을 깨닫게 되었고 그로 인하여 감사하는 자세로 교회를 바라볼 수 있게 되었다.[46] 감사는 그에게 있어서 하나님 앞에서 "사랑받은 죄인"인 자신의 정체성을 깨닫게 하는 소중한 원동력이었다. 따라서, 이냐시오는 감사하는 마음으로 하나님을 추구하며, 예수 그리스도의 형상, 복음, 그리고 함께 믿는 성도의 희망의 공동체를 위해 매진하였다. 결국, 이냐시오는 교회를 믿음의 어머니로 여기고 교회에 대한 깊은 사랑과 믿음을 가지고 있었다. 그래서 교회 지도자들의 약점을 보았음에도 불구하고 그는 복음 정신 안에서 교회의 쇄신을 위해 꾸준히 노력하면서 교회의 충실하고 참된 아들로 남았다.[47] 이 처럼 이나시오에게 있어서 교회에 대한 충성심은 하나님과 친밀감을 형성하는 소중한 방법이었다.

이상에서 살펴본 바와 같이 우리는 이나시오가 첫째, 매일 양심 성찰을 함으로써 둘째, 사랑의 실천 즉 영혼을 도움으로써, 셋째, 교회를 위한 충성을 통하여 하나님과 친밀감을 형성하였다는 것을 알 수 있다.

d. 요약

이나시오는 세상의 헛된 영광을 추구하던 젊은 시절 전쟁에서 부상당한 후 로욜라 성에서 영적 독서를 통하여 회심을 경험하게 된다. 그 이후 자신을 하나님께 투신하고 "하나님의 더 큰 영광을 위하여" 살게 되는데 그 과정에서 다양한 경험을 통하여 하나님과 친밀함을 경험하게 된다. 특별히 만레사에서 체험은 그의 생애에 있어서 잊을 수 없는 중요한 영적 체험으로 추후 『영신 수련』을 저술하는 데 뼈대를 이루게 되었다. 이나시오의 생애를 되돌아보면 그는 회심 이후 한평생 그리스도를 본받기 위한 삶을 살았는데, 수도자의 3대 서원, 즉 청빈, 정결, 순명하는 삶과 수덕적 실천이 그 예이다. 또한, 이나시오는 그리스도의 인성을 묵상함으로 그리스도를 닮아가는 삶을 추구하였다. 아울러 이나시오는 매일 양심 성찰을 함으로써, 영혼을 돕는 사랑의 실천을 함으로써, 그리고 교회에 관한 충성을 함으로써 하나님과 친밀한 관계를 형성하였다. 이러한 하나님과 사랑스럽고 친밀한 관계는 하나님의 뜻을 올바로 알 수 있는 기초가 되었다. 그래서 이나시오에게 있어서 영적 분별의 출발점이 되어 매킨토시가 언급한 5가지 움직임의 다음 단계인 내적 충동으로 발전하여 하나님의 뜻을 올바로 선택하고 결정하는 근거가 되었다.

B. 내적 충동

이냐시오는 인간의 마음을 내적인 싸움이 일어나고 있는 전쟁터로 여기며 내적 충동impulse이 이끄는 방향에 주목하여 그 원인에 대하여 주의를 기울였다.[48] 인간이란 영적이고 인격적인 세계와 접하면서 살고 있으므로, 한쪽에서는 탐욕과 연루된 악한 영이 유혹을 수단으로 하여 사람을 악한 목적으로 이끌려 하며, 다른 한쪽에서는 하나님과 착한 영이 사람들에게 영감을 주고 도움을 베풀면서 더욱 풍요로운 영성 생활로 이끌려 하고 있다.[49] 그래서 이냐시오에게 있어서 인간이란 그리스도의 진영과 루시퍼의 진영으로 나누어져 서로 침투하여 싸우는 전투 현장에 서 있는 병사와 같다. 이 두 진영이 완전히 갈라진 것은 아니며 두 진영은 서로 침투하고 있으므로 영성 생활은 근본적으로 대립과 갈등이라는 역동성이 존재하는 것이다.[50] 따라서 허버트 스미스Herbert F. Smith에 따르면, 참된 그리스도인은 잡다한 감정, 느낌, 자극, 감성, 정신적이고 감정적인 상태와 성향, 행동 지향적인 사고, 우리 삶의 양태와 방향에 영향을 미치려는 모든 것과 관련된 혼합물을 분류해서 하나님과 그분의 뜻으로 이끄는 것으로 자리하게 하고 강화하며 하나님에 대한 우리의 투신을 오염시키거나 희석하는 행동을 억누르거나 적어도 거부하는 것이다.[51] 이에 따라 본 연구에서는 이냐시오의 신학적 인간론에 초점을 맞추어 고찰하고자 하는데, 이는 매킨토시의 5가지 역동성의 요소 중 두 번째인 (내적) 충동에 해당한다.[52]

a. 이냐시오의 인간 이해

이냐시오의 인간관은 그의 독특한 하나님 체험과 더불어 학습기에 습득한 히에로니무스St. Hieronymus, 아우구스티노, 그리고 그레고리오Gregory the Great 같은 교부의 신학과 더불어 토마스 아퀴나스Thomas Aquinas, 보나벤투라Bonaventure, 그리고 베드로 롬바르도Pietro Lombardo 등의 신학에 영향을 받았다.[53] 또한, 알칼라에서 공부하는 동안 르네상스 시대 인본주의 사상의 영향을 일부 받았으리라 추정한다. 그 가운데서 이냐시오의 인간 이해는 특별히 토마스 아퀴나스의 사상에 기초하고 있는데 아퀴나스는 물질적 영혼관을 부인하며 영혼은 육체의 실체적 형상임을 강조한다. 이는 아리스토텔레스를 따라 인간 본성의 통일성과 영혼 및 몸의 밀접한 상관성을 강조한 인간 이해를 바탕으로 한다. 아리스토텔레스는 물질과 영을 별개의 두 실체로 보지 않고 형상과 질료라는 두 형이상학적 원리가 연합하여 하나의 실체를 구성한다고 보았다. 형상과 질료는 각기 다른 것 없이 홀로 존재할 수 없다는 것인데 아퀴나스는 아리스토텔레스의 질료와 형상 이론을 받아들이고 영혼을 몸의 형상으로 보았다.[54] 그리고 인간은 내세에서 몸으로부터 분리된 채로 영혼으로 존재하며 종말의 때에 부활의 몸과 영혼으로 이루어진 온전한 인격체로 존재한다고 주장했다. 따라서 아리스토텔레스처럼 인간 본성의 실체적 통일성을 강조함으로써 인간에 대한 전인적이고 통전적인 설명을 하는 아퀴나스의 인간 이해를 이냐시오가 수용하였음을 알 수 있다.

한편, 이냐시오의 인간 이해는 고도의 신학적 통찰이나 사변적인 내용을 통해서라기보다는 자신의 경험, 즉 팜플로냐의 전투에서 입은 심한 부상, 투병 생활 그리고 이러한 일련의 과정을 통하여 느낀 인간의 연약함과 피조성에서 출발하였다.[55] 따라서 이냐시오 자신이 경험한 하나님은 한 분이시며 동시에 삼위이신 창조주 하나님이시다. 그리고 그 하나님은 모든 피조물에 끊임없이 사랑을 베푸시고 인간을 용납하시고 은혜를 베풀어주시는 분이시다. 이러한 하나님과 인간의 사랑의 관계성은 이냐시오 인간관의 가장 근본적인 기초라고 할 수 있다.[56] 그러므로, 이냐시오는 이러한 엄위하신 하나님, 창조주 하나님과의 관계에 있어서 자신의 피조성을 깊이 느끼게 되었는데 이러한 인식은 『영신 수련』 곳곳에서 찾아볼 수 있다.[57] 이와 더불어 『영신 수련』의 23번에서는 다음과 같이 언급하고 있다.

> 사람은 우리 주 천주를 찬미하고 공경하고 그에게 봉사하며 또 그렇게 함으로써 자기 영혼을 구하기 위하여 조성된 것이다. 그 외에 땅 위에 있는 모든 것들은 다 사람을 위하여, 즉 사람이 조성된 목적을 달성하는 데 도움이 되기 위하여 창조된 것이다.[58]

이는 인간 실존의 전통적인 교리 요약이며 앞으로 전개될 구원 진리의 객관적인 지평이 제시된 것으로 인간의 하나님과의 관계, 동료 인간과의 관계, 그리고 세상 사물과의 관계가 명확히 객관적인 지평에서 제시되었다.[59] 이냐시오가 인간이 하나님을 찬미하고 봉사하는 것을 "더"magis 라는 단어와 연결하여 더 큰 봉사, 더 큰 찬미, 또는 하나님의 더 큰 영광을 말한다면, 이는 인간의 행위 이전에 먼저 거저 베푸신 하나님의 자비와 사랑에 대한 경험을 바탕으로 가능한 것이다.[60] 이 모든 것은 하나님의 창조와 구원의 은총에 따른 인간의 영적인 응답으로 이루어진다. 그래서 이것을 인간을 향한 하나님의 사랑과 하나님을 향한 인간 응답의 역동성으로 묘사하기도 한다. 하나님께서 인간에게 자신의 사랑을 선사함으로써 인간은 하나님을 사랑할 수 있게 되고 인간은 이를 통해서 자신의 고유한 행위와 자신의 고유한 책임 그리고 자유를 갖게 된다. 그러므로 인간이 하나님의 형상으로 존재하고 행동함으로써 하나님은 자신의 영광과 목적에 도달하게 되는 것이다.[61] 이처럼 이냐시오에게 있어서 인간이란 자유를 누리는 존재로서 성부를 향한 우주의 여정에서 책임 있는 존재로서 하나님의 구원 사역에 있어서 협력자로 초대받았다고 여겼다.[62] 아울러 이냐시오는 특별한 부르심을 받은 인간이 하나님의 창조, 구속, 영광의 사역 안에서 교회 안에서, 그리스도와 함께 일하는 존재로 이해했다.[63] 이러한 관계는 자신을 드러내고 나눠 주시는 하나님의 부르심에 대하여 인간 주체의 전인격적인 응답 사건으로 서로의 관계를 규정한다. 이를 통해 우리는 이냐시오의 인간 이해에 있어서 하나님과 인간의 중단 없는 상호 지향적 사랑의 역동 관계를 엿볼 수 있다.[64]

결국, 하나님과의 친교의 초대에 역동적인 사랑의 응답을 통하여 반응하는 인간은 하나님과 이웃과 자신에 대하여 더 투신하는 존재라고 할 수 있으며, 인간은 죄성을 지닌 존재지만 하나님의 부르심에 자유로이 응답할 수 있는 존재, 즉 "사랑받는 죄인"임을 알 수 있다.[65] 따라서 피조물로서 인간의 최종목적은 오로지 하나님을 높여드리는 것이며 인간은 그 목적을 위하여 창조물들을 사용할 수 있는 존재라는 것을 알려주고 있다. 아울러 이냐시오에게 있어서 인간의 구원은 영·육 이원적인 관점에서 영혼의 구원을 뜻하는 것이 아니며, 전인격적인 구원을 뜻하며 이는 이냐시오의 인간에 대한 이해는 단편적인 것이 아니라 통전적 이해임을 알 수 있다.[66] 그러므로 이러한 이냐시오의 인간 이해는 중세 교회 전통과 인문주의 사상, 그리고 그의 고유한 하나님 체험이 복합적으로 이루어진 이냐시오만이 소유한 독특한 인간 이해임을 알 수 있다.

b. 움직임의 근원으로서 정서

이냐시오는 자신이 경험한 영적인 체험을 체계화하고, 추후 학습의 시기에 습득한 신학적 지식을 기초로 하여서 『영신 수련』이라는 지침서를 만들어 논리적이고 도식적인 영성 훈련 자료를 제시하였다. 그는 또한 자신의 영적 삶에 있어서 나타나는 다양한 영향들을 알아차리고 인식하여 자신의 경험을 요약하였는데 이를 "마음의 학교"school of the affections라고 하였다.[67] 이냐시오의 경우 영들의 분별에 있어서 중요한 것은 수련자 개인의 내적 움직임인데 이냐시오는 이를 다음과 같이 묘사하였다.[68] "이것은 영혼에 일어나는 여러 가지 움직임들을 깨닫고 또 분별해서 좋은 것은 취하고 나쁜 것은 버리기 위한 규범이다."[69] 이러한 규칙은 수련자의 내면 안에 있는 마음의 움직임에 초점을 맞춘 것으로, 각자가 움직임들을 알아차리고 그것들이 무엇인지 인식하고 올바르게 대응하도록 돕는 것이다. 결국, 이냐시오 규칙은 내적 움직임으로부터 흘러나오는 명백한 외적 행동보다 그 근저에 있는 내적, 개인적 사건들, 개별적으로 분별하는 사람 자신의 이성과 마음에서 일어나는 움직임에 관심이 있는데 그 움직임들이 자연스레 흘러나온 것이든 의지적 선택에 의한 것이든 중요하지 않다.[70]

이 과정에서, 이냐시오는 마음의 움직임을 분별에 있어서 판단의 주요 증거로 삼았으며 이를 마음 깊은 성향으로 보았다. 하나님의 임재는 직접적인 조사에 의해서 탐지되는 것이 아니라 주로 정서라는 징표들에 근거해서 추론되는 것이다.[71] 이냐시오의 영의 분별 규칙은 두 개의 묶음으로 구분되는데 첫 번째 묶음은 주로 첫 주간에 해당하는 것으로 주로 정화와 관련되며 자기 자신의 영적 안내, 타인의 영혼을 돌보기 위한 목적과 관련된다. 이는 주로 유혹과 황폐를 다루고 있어서 어려움을 받는 영혼이 이들로부터 도움을 받게 된다.[72] 영의 분별 규칙 두 번째 묶음은 우리를 움직이고 영향을 주는 여러 영을 성찰하고 주의하는데, 도움을 주며 특별히 우리가 영 그 자체를 알고 분별하는 일에 도움을 준다. 그러나 일반 신자나, 영적 생활의 초보자에게는 영적 지도자의 특별한 도움 없이 이 규칙만으로 영을 분별하기는 어렵다.[73]

한편, 이냐시오의 영의 분별을 깊이 있게 연구한 마이클 버클리Michael J. Buckley에 의하면 하나님께서는 인간의 삶을 인도하신다고 주장하며 세 가지 요소를 언급했는데 그것이 바로 초자연적인 영향preternatural influence, 지적 작용의 과정

process of intellection, 그리고 정서적 이끌림attraction of affectivity이다.[74] 이러한 버클리의 주장은 매우 타당성이 있으므로 좀 더 설명하고자 한다. 먼저, 인간은 초자연적인 존재를 경험하거나 그 존재의 안내를 통해 하나님을 발견하거나 경험하게 되어 하나님께 이끌리게 된다. 역사적으로 볼 때 잔 다르크Joan of Arc는 신의 음성을 들음으로써, 소크라테스는 그의 수호신을 봄으로써, 그리고 성 안토니는 악마를 목도함으로써 초자연적 현상을 경험하였다.[75] 이러한 초자연적인 경험은 각자의 삶을 송두리째 바꾸어 놓았으며 이는 하나님께서 그들을 이끄시는 방법이라고 할 수 있다. 다음으로 냉철한 지성의 사용을 통해 하나님께서는 인간을 이끄신다. 보나벤투라의 『하나님께 나아가는 영혼의 순례』는 지성주의 전통을 대표하는 작품이다. 인간은 사물의 참된 본질을 이해함으로써 하나님과의 연합을 향해 나아간다. 이처럼 하나님께서는 지성을 통해 우리를 이끄시기도 한다.[76] 마지막으로 인간은 정서와 감정의 파고surge를 통하여 하나님께로 이끌려 갈 수 있다. 윌리엄 제임스는 "감정이 종교의 더 깊은 원천"이라고 언급했으며,[77] 무지의 구름의 저자도 "사랑을 통해서 하나님을 얻는다. 그러나 사고를 통해서는 결코 얻을 수 없다"[78]라고 했다. 이처럼 앞에서 언급한 세 가지 요소인 초자연적인 영향, 지성의 사용, 그리고 정서적인 이끌림은 하나님의 인도하심을 발견할 수 있는 다양한 방식을 형성한다. 따라서 버클리는 이 세 요소가 중요한 위치를 차지할 수 있는 구조를 만들었는데 이 구조에서는 그것들 가운데 어떤 것도 배제되지 않았으며 그것들 사이의 조합을 통해 효과의 상승이 이루어지며, 우리는 그 조합을 인식하여 응답하는 법을 알 수 있다는 것이다. 이 점이 다른 어떤 것보다 중요한 이냐시오의 공헌이며 고유한 가치라고 할 수 있는데 이는 이냐시오 자신의 삶과 종교적 경험을 통해서 얻은 것이라고 버클리는 설명한다.[79]

또한, 버클리는 '정서'와 '감정'은 양심이 가책이나 죄의 유혹과 죄의 지속을 가능하게 하는 감각적 쾌락 중 하나이며, 영과 이성과 정서의 영향들은 본질적으로 서로 연결되어 있다고 주장한다.[80] 아울러 그는 대적이 상상력을 통해서 감각적 유혹을 일으킨다고 하였으며, 이냐시오의 경우 이를 삼행 이열로 구성된 구조를 제시하였다고 했다. 즉, 첫 번째 원리에서는 그 방향이 초자연적 영향으로부터 시작하여 인간의 상상력과 이성의 작용을 거쳐서 정서적 상태에 이르는 아래로의 움직임이다.[81] 이를 정리하면 다음과 같다.[82]

선한 영	악한 영	(초자연적: preternatural)
↓	↓	
이성의 판단	상상력	생각들(지적 작용: intellection)
↓	↓	
양심의 가책	감각적 쾌락	(정서: affectivity)

위에서 살펴본 바와 같이 초자연적 영역인 선한 영과 악한 영들의 영향으로 우리의 생각이 영향을 받고 이를 통해서 정서에 영향을 준다는 것이다. 이냐시오에 의하면 인간의 기능faculties 을 통하지 않고서는 사단은 영혼을 건드릴 수 없는데 사단은 인간의 '상상력'imagination 이나 '오성'understanding 을 사용하여 인간의 영혼 안으로 들어오는 행위를 한다는 것이다.[83] 이처럼 이냐시오는 '정서'를 분별의 중요한 요소로 규정하고 '정서'의 움직임에 주의를 기울였으며 이를 기초로 자신의 분별 규칙을『영신 수련』에서 언급하고 있음을 알 수 있다.

c. 영적 위로(spiritual consolation)와 영적 황량(spiritual desolation)

이냐시오는 앞에서 언급한 바와 같이 우리의 마음은 서로 다른 영들이 전투하는 전쟁터와 다름없다고 설명한다. 이로 인해서 우리 내면에 영들의 움직임에 대한 정서가 남게 되는데 이때 그 정서나 생각에 대한 도덕적 판단보다는 그 움직임들의 근원이 하나님과 선한 영에 의한 것인지 아니면 악한 영에 대한 것인지를 파악하는 것이 중요하다. 그 결과 서로 반대되는 두 영의 움직임에 의해서 '영적 위로'와 '영적 황량'이 발생하며 이로 인해 하나님의 뜻을 발견할 수 있다고 한다.[84]

이냐시오는 영적 위로와 영적 황량이라는 두 가지 개념을 사용하여 정서의 다양한 형태를 통합시킨다. 영적 위로의 표시로는 영혼이 창조주 하나님에 대한 사랑으로 불타오르며 또한 자기 죄나 그리스도의 수난으로 인해 눈물을 흘리게 되며, 믿음, 소망, 사랑이 자라서 모든 내적 기쁨을 포함한다. 영적 위로는 하나님으로부터 유래한 내면에 있는 정서의 움직임을 통하여 하나님께로 인도된다. 이러한 내면의 정서 중 가장 중요한 것은 사랑이다.[85] 사랑이야말로 회개의 눈물, 믿음과 소망과 사랑의 증대, 하나님 안에서의 고요와 평화를 가져다주는 기쁨을 모두 다 포함한다. '위로'와 '황량'이 정서적 상태인 것은 분명하나, 그것들은 감각적 만족을 의미하는 것이 아니라 방향과 종착지를 의미한다.[86] 따라서 내적 움직임이 어느 방향으로 향하며 움직이는가 하는 것은 이냐시오에게 매우 중요한 개념이다.[87] 위로는 그 원인과 상관없이 하나님을 향한 인간 감각의 움직임이라고 할 수 있다. 이냐시오는 『영신 수련』에서 다음과 같이 표현한다. "영혼이 창조주이신 우리 주님을 향한 사랑으로 불타오르기 시작하며 그 결과로 지상에 있는 피조물들을 그 자체를 위해서가 아니라 오직 창조주를 위해서만 사랑하게 된다."[88] 이에 대하여 마우린 콘로이Maureen Conroy는 '위로'의 표지를 네 가지로 요약하였는데, 첫째, 하나님과 생생하면서도 총체적인 정감의 일치로 이를 "불타오름"inflame이라는 단어로 묘사하였고, 둘째, 하나님의 사랑을 경험함으로, 더 깊은 하나님의 사랑으로 이끌어주는 강력한 감정적인 반응을 유발하는 것으로 "눈물을 흘림"shedding tears으로 설명하였으며, 셋째, 믿음과 소망과 사랑의 향상과 관련된 것으로 언급하였고, 마지막으로 우리를 하나님의 삶으로 이끌어주는 더욱더 깊은 내부에서 나타나는 느낌, 즉 내면의 기쁨이라고 설명하였다.[89]

반면에, '황량'은 이와 정반대의 개념이다. 믿음이 감소하고, 희망이 사라지게 되고, 사랑의 부재를 경험하게 된다.[90] 또한, 영혼이 어둡고 혼란스럽고 현세적이며 불안과 불신이 팽배하게 된다. 이로 인해 게으르고 냉담하며 슬픔에 빠져서 하나님으로부터 격리되어있는 것처럼 생각되는 상태이다.[91] 위로가 황량에 반대되는 것과 같이 '위로'에서 나오는 생각들도 '황량'에서 나오는 생각들과 반대가 된다.[92] 이냐시오는 우리에게 '영적 황량'을 경험하는 3가지 원인을 다음과 같이 설명한다. 첫째, 우리가 『영신 수련』에서 염증을 내거나 게으르거나 소홀히 하기 때문이며, 둘째, 하나님께서 우리를 시험하기 때문이고, 셋째, 하나님께서 우리에게 영신 사정에 대한 진실한 이해와 인식을 주시기 위함인데 이는 참된 자기 이해와 더불어 자신의 영적 상태를 인식함으로 겸비하기 위해서이다.[93] 따라서 우리가 '영적 위로'를 경험하고 있다면 '영적 황량'이 올 것을 대비하여 힘을 비축하여야 하며, 가능한 최대로 겸손해야 한다.[94] 이처럼 이냐시오는 자신의 영적 체험을 기초로 '영적 위로'와 '영적 황량'의 원인과 사례를 구체적으로 기술하고 있음을 알 수 있다.

d. 속임수

영적 분별의 전통에 있어서 '속임수'에 관한 전승은 오리게네스, 히에로니무스, 아우구스티누스, 카시아노, 베르나르도 그리고 쟝 제르송 등을 거쳐서 이냐시오에게 전달되었다. 이냐시오는 속임수를 언급하면서 악한 영은 우리의 다양한 강점과 약점들을 잘 알고 있다고 믿었다. 그래서 시험을 통해서 우리의 약점을 공격하고자 시도하므로, 만일 우리가 마귀의 전략을 안다면 우리는 예상된 공격에 대하여 우리 자신을 준비할 수 있다고 했다.[95] 원인 없는 위안은 하나님께서만 주시는 것이므로 이러한 종류의 위안은 속임수로부터 자유롭다.[96] 그러나 이냐시오의 경우, 모든 위안이 하나님에게서 온 것이 아니라는 것을 잘 인식함이 중요하다. 원인이 선행된다면, 선신과 악신 모두가 영혼에 위안을 줄 수 있지만 서로 다른 목적이 있다. 악신의 특성은 자기를 광명의 천사처럼 가장하고서 영혼에 들어갈 때는 열심을 가지고 들어가서 나올 때는 제 모습으로 나오는 것이다.[97] 악신은 선신으로 가장하여서 영혼을 잘못 인도하여 영혼이 하나님에게서 멀어지게 한다. 이냐시오는 악신을 규명하는 표징으로써 아래와 같이 설명한다.

> … 그러나 한 가지 일을 생각하다가 도중에 악한 것, 탈선된 것, 또는 전에 행하기로 결심한 것보다 덜 좋은 것으로 기울어지거나 전에 영혼이 갖고 있던 평화와 안정과 안식을 빼앗음으로써 영혼을 약하게 하고 요란스럽게 하고 당황하게 한다면 그것은 분명히 그러한 생각들이 우리의 영신적 진보와 구령의 원수인 악마에게서 오는 표시인 것이다.[98]

선한 천사는 우리를 주님께로 인도해 가며, 마치 물이 스펀지에 스며드는 것 같이 조용하게 작용한다.[99] 반면에 악한 천사로 비롯된 거짓 위안은 마치 물이 바위에 떨어지는 것과 같이 격렬하게 작용하므로[100] 그것이 선한 신에게서 온 것인지 아니면 변장한 악한 신에게서 오는 것인지 그 근원과 원인을 잘 분별하는 일이 중요하다. 아울러, 거짓된 체험은 보통 가짜 겸손을 동반한다. 자신을 속이는 것이 바로 거짓된 겸손의 본질이다. 거짓된 신앙 감정은 일반적으로 그 감정을 체험한 사람이 자신에 대해 자만하게 만드는 경향이 있는 것으로써, 이에 관해서, 이냐시오는 3가지 겸손을 언급하며 설명하고 있다. 그리스도를 닮기 위하여 선택하는 좁은 길을 세 번째 단계의 겸손, 즉 가장 완전한 겸손으로 묘사한다.[101] 더 나아가 위선자들의 감정들에는 보통 조화와 균형이 없으며 한쪽으로 크게 치우치며 감정을 왜곡시키는 방향으로 나타나기도 하므로 이를 잘 분별하는 지혜가 요구된다.

한편 매킨토시는 『분별과 진리』라는 그의 저서에서 속임수를 과장과 왜곡, 거짓 지식, 그리고 낙담과 의심 등 3가지 부류로 나누어 다음과 같이 정리하였다.[102] 첫째, 과장과 왜곡의 경우, 이냐시오는 이미 광명한 천사로 위장한 악한 영이 영혼을 어떻게 파괴하는지 경고하였다.[103] 이에 대하여 토너는 적극적이며 영감을 받은 그리스도인들이 과장과 왜곡으로 망가질 수 있다는 가능성에 대해 얼마나 염려하는지 언급했다.[104] 둘째, 거짓 지식의 경우로 이냐시오는 "하나님과 그 천사들은 영혼에 감동을 일으켜서 진정한 즐거움과 영적 기쁨을 주며, 원수가 빠뜨리는 온갖 슬픔과 혼란을 없앤다"라고 했다.[105] 반면 원수가 "그럴싸한 이유와 교묘하고 한결같은 속임수로써 이런 즐거움과 영적 위로를 없애려고" 애쓰기 때문에[106] 앞선 원인 없는 위안을 받은 시기와 그 이후를 잘 살피고 분별해야 한다. 토너는 그러한 경우 사악한 영은 진실의 균형을 유지시키는 것으로부터 고립을 일으키며 그리하여 희생자를 파괴적 강박관념으로 이끈다고 했다.[107] 그 결과 영적 위로로부터 시작된 과정이 복잡하게 얽힌 과정을 통해 한 개인을 잘못된 결론으로 이끌 수 있기 때문에 주의해야 한다.[108] 셋째, 낙담과 의심이다. 신자로 하여금 낙담하도록 하는 일은 사탄의 주요 전략이다. 사악한 영은 우리를 낙담으로 이끌며 마음속에 의심을 불러일으켜서 우리가 기도하지 못하도록 만들며 더 나아가 두려움을 가져다준다.

그러므로 반짝이는 것이 다 금이 아니듯 신자에게는 속임수를 분별하는 능력이 요구된다. 분별은 신자들의 삶 속에서 일어나는 열망, 성령의 움직임, 부활의 신비 등 다양한 움직임과 관련되므로 만일 신자들이 자신에게 일어나는 진정한 열망을 알아차리고 인식의 왜곡에서 벗어날 수 있다면, 하나님의 뜻을 올바르게 판단하는 분별에 조금 더 깊어질 수 있을 것이다.

e. 영들의 분별 및 사례

영들을 분별하는 일은 성경적인 은사이며_{고전 12:10} 교부적인 덕목이다. 그 목적은 소정의 인간적인 행위 안에서 하나님의 임재나 부재를 확인하는 것이다. 영이란 한 사람의 내면에 존재하는 감정적인 움직임들로서 "그의 열매로 그들을 알지니"_{마 7:16}라고 한 복음서의 원리에 따라 그것들이 지향하는 방향에 의해서 평가된다. 따라서 영들을 분별하는 것은 성령의 임재나 부재를 분별하기 위한 수단이다. 전통적으로 그러한 움직임의 근원은 하나님이나 마귀로서, 궁극적으로 천사나 마귀와 같은 외적 행위자를 통해서 또는 인간의 내면에 있는 영의 원리나 육의 원리를 통해서 활동한다.[109] 영들을 분별하는 일은 사변적으로 묘사되는 것이 아니라 삶의 선택에 대한 실질적인 판단과 결정이기 때문에 분별의 과정은 경험적이고 귀납적이며, 학문이라기보다는 지혜와 관련된다.[110]

이냐시오는 자신의 영적 경험을 정리한 『영신 수련』에서 '영들을 분별하기 위한 규칙들'이라는 부분을 만들어 이러한 움직임들을 두 부류로 구분하여 제시하였다.[111] 첫째 부류는 『영신 수련』 첫째 주간에 있는 수련자에게 적합하다고 언급하였는데 이는 시간적 단계보다는 영적 수준을 의미하는 것으로 주로 초심자들을 위한 것이다. 주로 마음에 떠오르는 여러 움직임을 어떤 식으로든 느끼고 알기 위한 규범들이다.[112] 둘째 부류는 『영신 수련』 둘째 주간에 있는 수련자에게 적합한 것으로 조금 더 성숙한 자들을 위한 것이다. 이는 영들을 더욱 분명하게 분별하는 효과를 얻기 위한 규범들이다.[113] 따라서 이 과정 가운데는 선을 가장한 유혹이 존재하므로 악한 영의 전략과 전술을 알고 악한 영에 의해서 야기되는 내면의 움직임의 특징을 아는 것이 필요하다.

먼저, 첫째 부류의 규칙들에서 '심정의 여러 변화'로 표현된 마음의 움직임을 파악하는 것이 중요하다.[114] 이는 "하나님과 자아 및 세상에 관한 판단들, 추론 과정, 연상, 환상, 계획 등의 생각들과 사랑, 미움, 열망, 두려움, 희망 등의 정서적인 반응들과 평화, 혼란스러움, 따스함, 차가움, 부드러움, 쓰라림, 메마름, 유쾌함, 부담스러움, 우울 등의 정서적인 느낌들이 포함된다."[115] 영적으로 퇴보하는 사람은 마음에서 일어나는 움직임의 방향이 하나님에게서 멀어지고, 그 반대로 영적으로 성장하는 사람은 움직임의 방향이 하나님께로 가까이 가는 경향이 있다. 그러므로, 이냐시오는 앞 장에서 언급한 영적 위로와 영적 황량의 경우를 언급하며 이 경우 해야 할 것과 하지 말아야 할 것, 그리고 영적 황량을 경험하게 되는 이유를 설명하고 있다.

그래서 토너Jules J. Toner는 이상에서 언급된 사항을 다음과 같이 정리하였다. "첫째, 자신을 알되 자신의 강점과 약점을 잘 알도록 한다. 둘째, 공격을 받으면 과감한 반격을 가한다. 셋째, 유능한 영적 지도자에게 열린 자세로 상의한다."[116] 이러한 일련의 과정을 통하여 악한 영이 우리를 속이는 전략들에 잘 대처해 나가야 한다고 권면하고 있다. 우리는 이러한 과정을 통하여 하나님의 뜻을 분별하는 선별력을 계발할 수 있다.

다음으로, 둘째 부류의 규칙들은 영적 생활에 더 진보된 영혼들에 해당하는 것인데 여기에서 두 가지 종류의 영적 위안에 기초한 두 가지 속임수들을 언급한다.[117] 둘째 부류의 규칙들은 세 단계가 있다. 먼저, 이 규칙들의 목적과 주제를 다루고 있다. 그 후, 이냐시오는 선행원인에 따라서 주어지는 위안과 선행원인 없이 주어지는 위안을 설명하면서 각각의 기원이 무엇인지를 언급한다. 그후 각각의 위안들에서 올 수 있는 속임수와 그에 대한 대비책을 서술하고 있다. 둘째 주간을 위한 영적 분별에서 적의 전략과 전술은 더욱 교묘해진다. 천사의 탈을 쓰고 광명의 천사로 위장하므로 이를 분별하는 혜안이 필요하다. 선행원인 없는 위안은 하나님만이 줄 수 있지만, 선행원인 있는 위로는 선한 천사 혹은 악한 천사 모두가 줄 수 있다.[118] 그러나 그 목적은 서로 정반대이다. 선한 천사는 선에서 더 큰 선으로 성장시키기 위해서 위로를 주지만 악한 천사는 정반대로 나쁜 의도와 사악함으로 끌어가기 위해서 위로를 준다.[119] 이러한 맥락에서 매킨토시는 영적 분별이 작동하게 되는 과정을 중심으로 다음과 같이 정리하였다.

> 먼저, 하나님께서 인간을 창조하시고, 사랑하셔서 자기 뜻을 알려주셨다. 이 계시를 받은 인간은 하나님의 사랑에 반응하며 이 초대에 응답하게 될 때 하나님의 사역에 참여하게 된다. 이러한 일련의 과정을 통하여 분별을 경험하게 되는데 이는 내면의 움직임을 그리스도께 맞춰서 조율함으로 삶 속에서 자신의 소명에 대한 하나님의 부르심 혹은 하나님의 뜻을 분별할 수 있게 한다. 이 과정은 전 우주 속에서 나 자신에 관한 하나님의 사랑을 점점 더 깊이 인식하게 되는 과정이며 이를 통하여 선택과 결정의 과정에 이르게 된다.[120]

이러한 과정이 바로 영적 분별의 전 과정이 작동하게 되는 것이다. 만일 우리가 분별을 지혜의 영역으로 본다면 이 영역은 그리스도인 개개인이 계발하고 발전시켜 나아가야만 하는 부분이다. 만일, 영들을 올바르게 인식하지 못한다면, 성령의 인도에 대한 인식을 방해하거나 혹은 아무것도 없는 곳에서 성령의 인도가 있는 것처럼 사람들을 착각하게 할 수 있기 때문이다. 수련자는 무의식적으로 부정적인 충동에 영향받지 않고 확실한 성령의 소리를 더 쉽게 인식하고 응답하도록 내면에서 일어나는 충동의 원천과 기원에 대해 감수성을 계발해야만 한다.[121] 결국, 이러한 영적인 감수성은 하나님의 뜻을 올바로 분별하는 원천이 될 수 있기 때문이다. 이외에도 이냐시오의 영적 일기[122]와 회헌,[123] 그리고 편지[124]에서도 분별에 관한 언급이 간헐적으로 등장하는데 이를 통해서도 교훈을 얻을 수 있다.

한편, 편지의 경우, 이냐시오는 약 7,000통의 편지를 썼는데 이는 동시대 다른 영적 지도자와 비교하여 꽤 많은 분량임을 알 수 있다. 이는 그가 새롭게 세워진 수도회의 총장으로서 많은 행정업무를 감당하는 과정에서 저술한 것으로 그 대상도 교황, 추기경, 왕, 평신도 등에 이르기까지 무척 다양하며, 그 주제역시 영적인 측면과 더불어 훈화, 완덕, 분별, 현실적 문제들, 그리고 예수회의 법률적 처리 및 후원회원에 대한 감사 등 다양하게 나타난다.[125] 요셉 뮤니타이즈Joseph Munitiz와 필립 엔딘Philip Endean은 이러한 편지로 이냐시오의 4가지 형태의 모습, 즉 영적 지도자로서의 모습, 교사로서의 모습, 사업가로서의 모습, 수도회 장상으로서의 모습을 볼 수 있다고 언급한다.[126] 이냐시오의 편지는 스페인어와 이탈리아어로 쓴 편지가 전체의 약 70%, 프랑스어로 쓴 편지가 전체의 약 10%, 라틴어로 쓴 편지가 전체의 약 10%, 포르투갈어로 쓴 편지가 전체의 약 10% 정도로 구성되어 있다. 그는 기록의 중요성을 인식하여 숙고하여 작성하였는데 편지의 주된 목적은 지리적으로 떨어져 있지만, 동료들과 함께 있음을 인지하고 마음과 정신의 일치를 위한 의사소통의 한 방편으로 사용하였다.

특별히 영적 분별에 해당하는 것은 데레사 레하델Teresa Rajadell 수녀와 주고받은 편지에서 이를 발견할 수 있다. 데레사 수녀는 13세기에 창설한 바르셀로나의 성 클라라 수녀원의 덕망 있는 수녀이다. 데레사 수녀는 1525년에 이냐시오와 서로 알게 되었는데 그녀의 집안은 카탈루냐의 명문가로서 15~16세기 바르셀로나와 만레사에서 인정받는 실력자였다. 이 서신은 이냐시오가 집필한 『영신 수련』에 나오는 선신과 악신을 분별하는 규범과 세심증에 대한 주의들을 주석하고 응용한 것으로 간주되어 왔다.[127] 그 내용은 아래와 같다.

> …우리 주님께서 주시거나 허락하시는 두 가지 분별을 간단하게 요약해 드리겠습니다. 그중 하나는 그분께서 주시는 것이고 다른 하나는 그분께서 허락하시는 것입니다. 첫 번째는 모든 불안을 쫓아버리고 주님의 완전한 사랑으로 이끄는 내적 위로입니다.… 하나님의 위로가 나타나면 모든 시련은 즐거워지고 모든 지루함은 잦아듭니다.… 이 위로는 우리가 따라야 할 길을 알려주고 열어주며 피해야 할 길을 알려줍니다. 그런데 위로가 없을 때는 다른 분별이 나타납니다. 옛 원수가 우리가 들어선 길에서 벗어나게 하려고 온갖 장애물을 놓습니다. 그는 우리를 짜증 나게 하기 위해서 온갖 술수를 쓰고 그러면 첫 번째 분별에 있는 것들이 모두 바뀝니다. 우리는 이유 없이 슬퍼하는 자신을 발견합니다. 온 마음을 다해 기도할 수도 관상할 수도 없으며 내적인 맛이나 흥미로써 하나님의 일을 말하거나 들을 수조차 없습니다. 그뿐 아니라 이런 해로운 생각으로 우리가 약해지고 풀이 죽은 것을 그 원수가 알게 되면 하나님께서 우리를 완전히 잊으셨다고 속삭이면서 우리가 하나님에게서 완전히 떨어져 나왔으니 우리가 하는 모든 것과 바라는 모든 것이 가치가 없다고 여기게 만듭니다. 그리하여 우리를 아주 의기소침한 상태로 이끌려고 안간힘을 쓰는 것입니다. 우리는 두려움과 나약함을 유발하는 것이 무엇인지 알 수 있습니다. 그것은 그런 시기에 자신의 비참함을 너무 오랫동안 바라보는 것입니다. 우리 스스로 우리를 잘못 이끄는 것들에 의해서 넘어지도록 내버려 두는 것입니다. 이런 이유로 우리는 우리의 적을 알아볼 필요가 있습니다. 즉, 위로중일 때는 자신을 낮추고 겸손하게 처신하며 이제 곧 유혹의 시련이 닥쳐오리라는 것을 생각해야 합니다. 그리고 유혹과 어두움 혹은 슬픔이 덮칠 때는 우리 안의 불쾌한 느낌들에 얽매이지 말고 오히려 그것을 거슬러서 우리 주님의 위로가 모든 불안을 쫓아내도록 인내심을 가지고 희망해야 합니다… 마지막으로 거룩하신 성 삼위께서 우리가 하나님의 거룩한 뜻을 알고 완전하게 행할 수 있는 은총을 풍성하게 주시기를 청합니다.[128]

이 서신에서, 이냐시오는 다음과 같은 영적 지침을 주었다. 먼저, 사단이 하나님을 섬기는데 진보하기 시작한 사람을 유혹하는 확실한 수법은 거짓 겸손과 허영심을 부추기는 일이다. 따라서 이러한 상태에 있는 사람이 취해야 할 전술은 다름이 아니라 역습으로 대처하는 것이다. 즉 적이 낙담시키면 참된 신앙과 희망에 굳건히 머물고, 칭찬하면 자기 자신이 얼마나 무력한 존재인지를 생각해야 한다. 그 후에는 훨씬 교만한 유혹이 오게 되는데 그때 느슨해진 사람의 양심을 더욱 느슨하게 하고, 소심한 사람의 양심을 더욱 단단히 조이게 한다. 따라서 이러한 상태를 발생시키는 원인과 이에 대처하는 방법으로 누가 공격해 오는가를 끝까지 지켜보고 위로 중에 자기를 비하하고 고독과 싸우는 것이다. 아울러, 영혼의 내면에서 하나님과의 친밀함, 숭고한 활동, 하나님의 위로가 사라졌을 때 주의해야 할 일은 적의 지극히 교묘한 기만에 대하여 경계하는 것이다.

이처럼 이냐시오는 편지를 통하여 구체적인 영적 조언을 줌으로써 데레사 수녀가 당면한 문제를 직면할 수 있도록 하였다. 당시 데레사 수녀의 공동체는 전환기를 겪고 있어서 데레사는 매우 불안하였으며 이러한 상황에서 하나님의 뜻을 구하는 방법을 문의하였다. 이냐시오는 편지에서 그녀에게 매일의 삶 속에서 성령의 진정한 움직임을 인식함으로써 선신과 악신의 활동을 감지하도록 지침을 주었다. 이는 이냐시오 자신의 영적 경험에 기초한 것으로 데레사 수녀가 분별의 능력을 향상하는 일에 중요한 역할을 하였다. 이를 통해 이냐시오가 내적인 충동에 대하여 어떻게 이해하고 있는지 알 수 있는 계기가 되었다.

f. 요약

이상에서 살펴본 바와 같이 본 절에서는 이냐시오의 신학적 인간론에 대한 이해와 더불어 움직임의 근원으로서 정서 그리고 영적 위로와 영적 황량을 고찰해 보았다. 이냐시오는 인간을 분리된 이원론적 사고로 보지 않고 하나의 통일체로 보았던 아퀴나스의 인간 이해를 수용하였다. 그 외에도 르네상스 인문주의 사상과 자신의 하나님 체험을 통하여 이냐시오가 마음의 움직임에 관심을 가졌다는 점을 알 수 있다. 그래서, 이냐시오는 그 근원으로서 정서를 중요하게 여겼으며, 인간 마음의 전쟁터에서 이러한 움직임의 근원이 하나님에게서 온 것인지 혹은 마귀에게서 온 것인지에 따라 영적 위로 혹은 영적 황량으로 명명하였다. 아울러 그가 보낸 편지는 이러한 구체적인 사례를 보여주는 것이다. 이냐시오의 이러한 인간론적 사고와 영적 움직임에 대한 개념의 통찰은 현대인들이 영들의 분별을 이해하는 데 도움을 주었다.

C. 선별력

고든 스미스Gordon T. Smith는 "무슨 일을 사리에 맞도록 판단하는 일, 그리고 선과 악을 구별하며, 좋은 것과 더 좋은 것을 구별하는 능력을 선별력이라고 할 때 이는 지혜의 영역이므로 개개인의 수련을 통해서 함양되는 영역이다"라고 주장했다."[129] 그래서 이 선별력은 매킨토시에 따르면 앞에서 언급한 분별을 위한 5가지 요소 가운데 가장 실천적인 부분이어서 지식과 판단력뿐만 아니라 뛰어난 식견과 더불어 실천적 지혜 그리고 건전한 실천적 판단이 필요하다. 연이어서 고든 스미스는 『예수의 음성: 성령의 증거와 영적 분별』에서 분별discernment이란 말이 세 가지 다른 개념을 함축한다고 했다.

> 첫째, 분별은 통찰력insight이란 개념을 포함한다. 통찰력이란 무엇인가를 분명하게 볼 수 있는 능력, 즉 현상을 인식할 수 있는 날카로움이다. 둘째, 분별은 선별력discretion이란 개념을 포함한다. 그것은 좋은 것과 더 좋은 것뿐만 아니라 선과 악을 구별할 수 있는 능력이다… 셋째, 판단력judgement이라는 개념을 포함한다. 분별력 있는 사람이 된다는 것은 좋은 평가를 할 수 있고, 지식과 이해에 기초하여 판단할 수 있는 지혜로운 사람이 된다는 것을 의미한다. 사람은 규칙적으로 분별력을 발휘하여, 지혜가 자라며 이 지혜는 선택하는 능력에서 분명하게 드러난다.[130]

이 절에서 다루고자 하는 것은 스미스가 언급한 두 번째 선별력에 관한 것으로 좋은 것보다는 더 좋은 것, 그리고 선과 악을 구별할 수 있는 능력이다. 따라서 본 절에서는 이냐시오가 자신의 생애 속에서 이론과 학문이 아니라 자신의 체험을 통하여 선별력을 배워 나갔으며 실천적 지혜와 건전한 판단력을 통해 분별력 있는 사랑discerning love이 나타났는지 만레사 이전, 만레사 시기 그리고 만레사 이후로 나누어 살펴보고자 한다.

a. 만레사 이전

이냐시오의 자서전은 그의 영적인 여정에서 일어난 분별의 과정에서 지속적인 발전과 성장을 볼 수 있는 최고의 원천이다. 이곳에서, 이냐시오는 자신에게 일어난 분별의 경험에 대하여 자세히 기록하고 있다. 이 시기 동안, 이냐시오는 성령의 진정한 움직임을 인식하는 능력에 있어서 점점 성장하였고, 로욜라 성에서 회복기에 하나님의 은혜에 대한 각성을 발견하였다. 그는 영적 독서를 하면서 내면에서 일어나는 서로 다른 감정과 움직임을 인식하게 되었는데 이것은 서로 다른 원천에서 비롯되었음을 깨달았다. 즉, 하나는 그리스도의 생애나 다양한 성인들의 삶에 관한 독서를 할 때 일어나는 거룩한 열망이며, 다른 하나는 궁정에서 공주를 섬기는 기사로서의 꿈을 상상했을 때 일어나는 세속적인 소망과 열망이었다. 이러한 두 가지 내용을 상상할 때 이냐시오에게 큰 기쁨을 주었지만, 이후에 이것들을 성찰한 결과 둘 사이의 차이를 심각하게 깨닫게 되었다. 세속적인 기쁨과 소망은 오래 지속되지 못했고, 나중에 메마르거나 불만족스럽게 되는 한편 다른 움직임은 그 반대의 결과를 가져왔다. 어느 날 그의 눈은 열렸으며, 그는 두 가지 영들의 서로 다른 움직임을 인식하게 되었는데 하나는 선한 영으로부터, 다른 하나는 악한 영으로부터 온다는 것을 인지하게 되었다. 자서전에서, 이냐시오는 다음과 같이 언급하였다.

> …세상사를 공상할 때는 당장에는 매우 재미가 있었지만 얼마 지난 뒤에 곧 싫증을 느껴 생각을 떨치고 나면 무엇인가 만족하지 못하고 황폐해진 기분을 느꼈다. 그러나 예루살렘에 가는 일, 맨발로 걷고, 초근목피로 연명해 가는 성인전에서 본 고행을 모조리 겪는다고 상상해 보면 위안을 느낄 뿐만 아니라, 생각을 끝낸 다음에도 흡족하고 행복한 여운을 맛보는 것이었다.… 그러다가 그는 차츰 눈이 열리면서 그 차이점에 놀랐고 곰곰이 따져보기 시작했으며 드디어 앞의 공상은 쓸쓸

한 기분을 남기는데 다른 공상은 행복감을 준다는 사실을 경험으로 깨달아갔다. 그는 서서히 자기를 동요시키고 있는 두 영의 차이를 깨닫기에 이르렀으니 하나는 악마에게서 오는 영이고 다른 하나는 하나님에게서 온다는 사실이었다.[131]

이냐시오는 이러한 서로 다른 두 가지 내적 움직임을 통하여 자신 안에서 존재하는 두 가지 영의 원천에 대하여 생각하게 되었고 그 흐름에 관하여도 차츰 인식하게 되었다. 이 두 가지 서로 다른 원천과 방향성은 결국 서로 다른 영향과 결과를 가져오게 된다는 것을 이냐시오는 체험을 통해 인식하게 되었다.

b. 만레사에서

이냐시오는 하나님을 섬기고자 하는 뜨거운 열정이 있었지만, 영적인 일에 대하여는 거의 지식이 없었다. 점진적으로 하나님께서 그를 더 큰 경험을 이해하는 곳으로 이끄셨다. 이냐시오는 이를 가리켜서 하나님께서는 학교 선생님이 학생을 다루듯이 그를 다루셨다고 회상하였다.[132] 그 과정에서, 이냐시오는 영들의 움직임과 그 원천에 대한 인식을 확실하게 갖게 되었다. 그는 과거 죄에 대한 속죄의 실천, 고통스러운 걱정, 카르도네르강 가에서 신비적 경험을 통해 영적으로 성장하게 된다. 아울러 신적 조명의 경험들로 인해 선별력을 키우게 되었다. 이러한 과정을 통하여, 이냐시오는 영혼 안에서 충돌하는 움직임들이 서로 다른 원천에서 비롯되었다는 것을 알게 되었다. 그것들은 하나님의 뜻을 계시하려는 하나님에게서 온 표지들signs 이다. 즉 악한 영으로부터 오는 것들은 우리를 속여서 하나님의 뜻으로부터 멀어지게 만든 반면 선한 영으로부터 오는 것들은 하나님께로 가까이 가도록 했다. 그 결과, 이냐시오는 점진적으로 이러한 내적 움직임을 규명하고 구분하는 법을 깨닫게 되었다. 이러한 경험은 이냐시오가 기독교 영성 전통에서 이야기하는 정화의 과정을 겪고, 조명의 단계까지 경험한 시간이었다. 이 기간 동안, 이냐시오는 악한 영의 공격으로 어려움을 겪기도 하고, 세심증을 경험하기도 했다. 이냐시오는 자서전에서 다음과 같이 설명하고 있다.

> …그의 고해 사제는 단식을 당장 그만두라고 명하였다. 자신은 아직도 체력이 왕성하다고 생각했지만, 그 사제의 말에 복종하였고, 그래서인지 그날과 이튿날은 세상에서 자유로워진 느낌을 받았다. 그렇지만 사흘째 되는 화요일에 기도를 바치고 있노라니 자기의 죄가 하나하나 다시 되살아나기 시작하여 그는 과거에 지은 죄들을 하나씩 따지게 되었고 드디어 죄를 다시 고백해야 한다는 생각에 이르렀다. 그리고 그런 생각들에 연이어서 지금 자기의 삶에 강한 혐오감이 느껴지고 이 모든 것을 포기해 버릴까 하는 생각이 떠오르기까지 했다. 주님께서는 이런 방식을 거쳐 그가 꿈결에서 깨어나기를 원하셨던 것이다. 하나님이 허락하신 가르침을 통해 그는 드디어 영들의 다양성에 관해서 몇 가지 경험을 했다.[133]

이냐시오는 이러한 경험을 거치면서 자신을 성찰하여 악한 영들의 다양한 공격의 형태를 파악하게 되었고, 사막의 수도사인 오노프리우스처럼 살았던 극단적인 금욕주의를 버리고 윤리적 삶에서 드러나는 실천적인 모습으로 변화되었다.

c. 만레사 이후

이러한 선별력을 습득하는 과정은 이냐시오가 만레사를 떠나고 나서도 지속되었다. 이냐시오는 예루살렘 성지순례 이후 그곳에 머물고자 했지만, 그곳을 담당하는 프란체스코 관구장에게 허락을 받지 못하여 스페인으로 돌아오게 되는 과정, 그리고 영혼을 돕기 위하여 학업을 시작하는 과정이 그러한 예였다. 이냐시오는 바르셀로나와 파리에서 라틴어 공부를 할 때마다 새로운 영적 위로를 느껴 공부에 집중하지 못했다. 이냐시오는 이에 대해 그의 자서전에서 다음과 같이 언급하였다.

> …다시 바르셀로나로 돌아온 그는 부지런히 공부를 시작하였다. 그런데 한 가지 귀찮은 일이 생겨났다. 문법 공부를 시작하자면 암기하는 일이 필수인데 하필이면 그때 영적 사정에 관한 새로운 깨달음과 새로운 희열이 덮쳐 와서 도무지 암기할 수 없을뿐더러 아무리 애를 써도 그것들을 떨쳐버리지 못했다.[134]

이냐시오는 새로운 깨달음과 희열로 인하여 공부에 집중하지 못하게 되자 이것이 시험임을 깨닫게 되었다. 그래서 그는 선생님을 찾아가 "연명할 빵과 물을 얻을 수 있다면 앞으로 2년간 선생님의 강의를 빼놓지 않고 다 듣겠다"라고 약속함으로 자신의 결심을 이어갔다.[135] 이냐시오는 감정과 이성 그리고 의지를 사용하여 적이 공격하는 방법을 습득하였고, 이로써 그의 영적 통찰력은 더욱 깊어지게 되었다.

이상에서 살펴본 바와 같이 이냐시오의 생애 속에서 나타난 선별력의 사례를 통해 그가 어떻게 실천적 지혜와 건전한 판단력 그리고 영적 감각을 습득하게 되었는지 잘 알 수 있다. 이냐시오의 선별력 사례는 본인의 경험을 정리한 것으로, 우리는 이 사례에서 사변적인 이론을 확립한 것이 아니라 경험을 통해 습득한 것이며 이로 말미암아, 이냐시오는 그의 삶 속에서 실천적 지혜가 드러난 분별력 있는 사랑을 취하게 되었다.

d. 요약

이냐시오는 그의 전 생애 동안 하나님의 뜻을 분별하는 삶을 살았다. 회심 기간 동안 『그리스도의 생애』와 『성인 열전』을 읽으면서 귀부인을 섬기는 기사로 살고자 하는 열망과 그리스도를 섬긴 성인처럼 살고자 하는 열망 사이에서 갈등하며 선별력을 발휘하였다. 또한, 만레사에서 이냐시오는 평생 은둔자와 참회자로 사는 카르투시오 수도원보다는 보속 순례자로서 사도적 영성을 실천하는 자로 살기로 선택하였고 이러한 일련의 과정 역시 영적 분별의 과정으로 선별력이 필요한 시기였다. 그리고 학업 중에 그는 위로의 시기에 선한 영과 악한 영을 구별하는 방법을 배우기 시작하였는데 이 모두 영적인 면에서 실제적 지혜와 건전한 판단력이 요구되었다. 이냐시오의 선별력은 이론적 학습을 통한 배움보다는 삶 속에서 경험으로 터득한 것으로써 윤리적 삶의 실천으로 잘 드러났다. 그러므로 이냐시오 분별의 가르침은 개별적인 사건에 관한 판단에 국한된 것이 아니라 전체 인생의 변화로 인도하는 문제이다. 따라서 이냐시오의 생애에 나타난 선별력은 영적 분별에 있어서 좋은 길잡이 역할을 하였다는 것을 알 수 있다.

D. 하나님의 뜻이라는 보편적인 진리의 지평에서 바라본 분별

하나님의 뜻을 좇아 그 뜻에 합당한 삶을 산다는 것은 영성 생활에 있어서 중요한 요소인 동시에 영적 분별에 있어서 핵심이라고 할 수 있다. 하나님의 뜻은 전통적으로 모든 사람에게 공통으로 적용되는 보편적 의미와 각각의 개인에게 해당하는 개별적인 뜻으로 구분된다.[136] 보편적인 하나님의 뜻은 인간의 이성, 신적 계시 그리고 정당하게 구성된 합법적 권위를 통해서 드러나지만, 개별적인 하나님의 뜻이라고 할 수 있는 성소나 부르심 등은 한 개인 혹은 한 공동체에 국한되는 것으로 성령께서 각자 혹은 각 공동체 안에서 활동하시면서 하나님 나라를 위해 보다 나은 선택을 하도록 이끌어주시며 알려주신다.[137] 따라서 참된 그리스도인은 하나님과 친밀한 관계를 통하여 영적 민감성을 키워 내면의 움직임에 적극적으로 반응하여 각자 혹은 각 공동체에 원하시는 하나님의 뜻이 무엇인지 알고 실천하기 위해 애써야만 한다.[138]

그러한 면에서 예수는 하나님의 뜻을 찾고자 하는 모든 이의 모범이 될 수 있다. "나를 보내신 분의 뜻을 이루고 그분의 일을 완성하는 것이 내 양식이다."요 4:34라는 요한복음 말씀에서 우리는 하나님의 뜻을 알고 그 뜻에 합당한 삶을 살아가려는 예수의 모습을 발견하게 된다. 이처럼 복음서에 나타난 예수의 모습은 하나님의 뜻을 위해 자신의 안락함, 애착, 생명을 포기했으며, 늘 하나님의 뜻을 우선순위에 두고 생활하였다.[139] 우리는 예수의 삶과 사역을 통하여 하나님의 뜻을 추구하고 분별하는 일이 무엇인지 알 수 있다. 비록 인간이 죄로 말미암아 영적인 눈이 가려져 하나님의 거룩한 뜻을 확실히 알 수 없는 존재이지만 겸손한 마음으로 자신을 성령께 개방할 때 조금씩 하나님의 뜻을 발견하고 이를 좇아 살아가게 된다. 그런데 여기서 우리는 하나님의 뜻을 단지 개인을 향한 하나님의 구체적인 뜻으로 국한하여 이해해서는 안 된다. 왜냐하면, 한 개인이 교회라는 공동체 안에 속한 구성원이므로 하나님의 뜻은 교회라는 공동체의 지평에서 바라본 하나님의 전체적인 섭리 안에 표현된 것으로 이해되어야 하기 때문이다. 각 개인을 향한 하나님의 뜻은 하나님의 전체적인 섭리 안에서 하나의 역사적 소명으로 존재하며, 개인은 그 소명을 따라 거룩한 역사에 참여하게 되며 이 연관성 아래 하나님의 뜻은 이해되고 해석될 수 있다. 그러므로 본 절에서는 영적 분별의 네 번째 요소로 하나님의 뜻이라는 (보편적인) 진리의 지평에서 바라본 분별을 고찰해 보고자 한다. 이를 위하여 교회 공동체, 하나님의 더 큰 영광, 모든 것 안에서 하나님의 뜻 발견하기를 핵심 개념으로 삼아 논지를 전개하고자 한다.

a. 교회 공동체라는 지평에서 바라본 분별

기독교 영성은 상호적이며 공동체적이고 실천적이다. 그 이유는 한 개인이 회심하여 그리스도를 자신의 구세주로 영접하여 세례라는 예식을 거치면서 하나님의 자녀가 될 때 이 사건은 한 개인이 새로운 피조물로 탄생하여 그리스도의 몸인 교회라는 공동체의 한 일원이 되기 때문이다. 따라서 개인이 하나님의 뜻을 추구하는 데에서 분별하는 과정은 단순히 개인의 결정에 한정되는 것은 결코 아니다. 이는 분별과 결정의 과정이 상호연관되어 있고, 나의 결정은 필연적으로 다른 이들에게 영향을 미치게 될 수 있음을 암시한다. 또한, 다른 이들이 한 선택도 나의 결정에 영향을 미치게 되므로 그리스도인의 분별은 공동체라는 맥락에서 고찰해야 한다. 특별히 하나님의 뜻이라는 주제는 모든 사람에게 계시되기도 하지만 때로는 감추어져 있으므로 분별하는 개인뿐만 아니라 그가 속한 공동체 안에서 구성원들의 지혜와 조언이 필요하다.[140] 이와 관련하여 사이몬 찬Simon Chan은 다음과 같이 언급하였다.

> 분별은 하나님과 깊은 관계를 누리는 삶을 통해 개발된다. 하나님 안에
> 있는 이러한 삶은 세례를 통해 형성된 구속적 공동체에 뿌리를 두고 있
> 다. 우리는 교회라고 부르는 유기체 안에서 우리의 진정한 정체성을 발
> 견하게 된다. 그러므로 분별은 우리에게 나 자신이나 타인과 세계에 관
> 해 특권적인 정보를 제공하는 어떤 사적인 계시에 기초하는 것이 아니
> 라, 우리의 정체성을 형성하는 공동체의 실재에 기초하기 때문에, 궁극
> 적으로 신앙공동체의 일이다. 요약하면 하나님의 뜻이 실제로 교회를 통
> 해 계시되기 때문에, 교회가 모든 분별의 중심지라는 것이다.[141]

이처럼 교회 공동체의 지평에서 우리는 혼자 고립되어 분별하지 않으며, 공
동체 안에서 분별한다. 우리가 서로에게 줄 수 있는 가장 놀라운 선물은 선택을
잘 할 수 있는 시간과 장소, 격려이다.[142] 그러한 맥락에서 라킨E. Larkin은 이 과정
을 다음의 네 가지 단계로 명시한다. "즉 자기 인식, 자기 수용, 자아의 통합 그
리고 공동체의 확인이다. 공동체에서 개인은 선생, 상담가, 그리고 영적 지도자
로 이루어진 더 큰 그리스도인 공동체와 상호작용을 한다."[143] 이처럼 그리스도
인 개개인은 자신에게 주어진 하나님의 뜻이라는 주관적인 진리와 교회 공동체
라는 객관적인 진리를 통해서 이중으로 검증하는 과정을 통해 올바른 분별을
하게 된다. 매킨토시 역시 그의 저서 『분별과 진리』에서 한 조각가의 예를 들고
있다. 경험이 많은 노련한 조각가는 작품을 만드는 과정에서 전체 큰 그림을 상
상하고 각 부분을 조각하듯이 하나님의 원대한 비전과 넓은 지평에서 하나님의
뜻을 바라보고 분별해야 함을 언급하고 있다.[144] 그러므로 하나님의 뜻을 찾는
개인의 분별이 비록 개인의 삶의 자리에서 이루어진 결정이지만 그 개인은 공
동체의 한 구성원이므로 교회라는 공동체적 지평에서 바라보아야 함을 알려주
고 있다.

특별히, 이냐시오의 경우 하나님의 뜻을 분별할 때 늘 교회를 염두에 두고 결정하였다는 것을 알 수 있다. 1537년 11월 로마와 가까운 라 스토르타에서 영원하신 성부 아버지께서 환시를 통해서 이냐시오와 그의 동료들에게 약속하셨다. 라 스토르타 체험에서 "나는 로마에서 너희에게 호의를 베풀겠다Ego ero vobis Romae propitious ero."[145] 이 약속은 그리스도가 공동체적이고 교회적인 지평 위에서 부각된 것으로 여기서 이냐시오와 그의 동료들은 그리스도의 동반자로서 그리스도에 대한 봉사를 교회에 대한 봉사라는 차원으로 승화하였다고 할 수 있다.[146] 그래서 그에게 있어서, 교회는 하나님 백성에 대한 예수의 사랑을 눈에 보이게 해 주며 하나님께 이르는 길이고, 인간에 대한 하나님 사랑의 상징 그 자체이기도 하다.[147] 이냐시오는 그 시대의 인간적인 문제들이 교회를 둘러싸고 있다는 사실을 모르는 것은 아니었지만 교회에 대한 충성심이 흔들리지 않았으며, 교회가 비록 정도를 벗어났다 해도 하나님의 뜻을 추구하는 일에 있어서 교회와 일치하기 위하여 노력했다.[148] 그러한 면에서 조지 간즈George E. Ganss는 이냐시오의 교회에 관한 생각을 다음과 같이 부연 설명하였다.

> 이냐시오는 호교론이나 신학의 언어가 아니라 사랑의 언어를 기록하고 있다. 어떤 참된 인간이라도 자기 어머니에게서 인간적인 결함을 볼 수 있다. 하지만 그는 가능하다면 어머니를 존중하면서도 요령껏 그분의 결함들을 고쳐드림으로써 또 납득할 수 없고 지나치게 성급하거나, 또는 비판을 위한 비판으로부터 그분을 보호함으로써 여전히 어머니를 사랑하고 돕고자 하는 마음에 차 있다. 교회에 대해서도 마찬가지이다. 하지만 교회의 모든 결함에도 불구하고 여전히 자신의 어머니로서 그리스도의 배우자로서 교회의 사랑을 바라보는 사람만이 이 규범들 속에 흐르는 정신 또는 사고의 방향을 파악할 수 있다.[149]

이처럼, 이냐시오는 "교회의 정신과 일치하는 사고방식"에서 교회 공동체에 대한 깊은 신앙과 사랑의 표현을 나타내었다. 이는 하나님 나라를 건설하는 그리스도의 사명을 교회라는 인간 공동체 안에서 구현되었으며, 이러한 태도는 교회에 대한 개인적인 사랑의 깊이에 의해 형성되며 믿음에 뿌리를 두고 있다. 이는 결국, 이냐시오는 교회의 일치를 지키고 건설하는 방향으로 나아가게 되었음을 알려주고 있다.[150] 그러므로 하나님의 뜻을 분별하는 차원에서, 이냐시오는 교회 공동체라는 관점에서 고찰하였는데 이는 본인의 결정이 본인이 속한 공동체뿐만 아니라 전 교회적으로 볼 때 적합한지 혹은 유익이 되는지를 고려하였음을 알 수 있다. 그러므로 분별에 있어서 교회 공동체라는 지평에서 바라보는 것은 매우 중요한 요소임을 발견하게 된다.

b. 하나님의 더 큰 영광

하나님의 뜻이라는 (보편적인) 진리의 지평에서 바라본 분별이란 궁극적으로 '하나님의 더 큰 영광'Ad Maiorem Gloriam Dei을 추구하는 것에 부합하는지 혹은 그렇지 않은지에 따라 결정된다. 즉 공동체적 지평에서 바라볼 때 하나님의 뜻이란 결국 하나님의 더 큰 영광을 위한 삶이라고 할 수 있다. 앞에서 살펴본 바와 같이 이냐시오 삶의 여정의 핵심 주제는 '하나님의 더 큰 영광'이었다. 그는 헛된 영광과 하나님 영광 사이에서 갈등하며 26세 때까지 헛된 영광을 추구하는 삶을 살았다고 고백했다.[151] 회심한 이후 그의 삶은 헛된 영광과 하나님 영광 사이의 갈등 속에서 투쟁하였는데 영적인 체험을 통하여 두 가지 영들 사이의 충돌을 분별하여 '하나님의 더 큰 영광'을 위한 삶이 곧 하나님의 뜻임을 알고 이를 추구하였다.[152] 이냐시오는 영적 체험 이후 하늘의 아름다움에 매료되었고 식물과 잎사귀, 꽃, 심지어 조그마한 벌레 안에서도 하나님을 볼 수 있음에 대해 놀라워했다. 그에게 있어서 모든 것들은 하나님의 영광의 빛나는 불을 투영

하는 것이었다. 이냐시오는 결코 하나님의 영광이 의미하는 것을 설명하지 않았음에도 불구하고 하나님의 영광이라는 용어의 사용은 이냐시오의 저술에 스며들어 있었다. 하나님의 영광이란 하나님의 힘이며 아름다움, 빛 그리고 광채와 선함이 드러난 것이다. 그것은 세상에 대한 하나님의 자기 계시이다. 하나님은 그의 영원한 영광을 모든 피조물과 공유하셨다. 모든 것들은 하나님의 이미지와 영광의 표현이다. 그것은 모든 것 안에 존재하며 모든 것에 스며들어 있는 것이다. 그리하여 모든 것들은 그 자체로 하나님께 영광을 돌린다.[153]

한편, 하나님의 영광은 하나님 사랑의 구원행위를 위한 하나님의 임재 혹은 현존이다. 하나님 사랑의 구원행위를 위한 현존의 절정은 예수 그리스도이며 이는 곧 하나님의 영광이다.[154] 예수 그리스도의 인격과 삶 그리고 십자가의 죽음과 부활을 통해 하나님의 영광은 온전히 드러난다. 따라서 하나님의 영광은 그리스도를 따라 고난받는 십자가의 길을 걸어갈 때 밝게 빛나게 된다.[155] 하나님께서는 그의 백성들을 이 거룩한 초대에 초청하시어 하나님의 영광으로 가득 찬 창조의 세계를 보존하고 가꾸는 영혼의 정원사로 부르셨다. 이에 응답하여 인간이 하나님의 협력자로서 '하나님의 더 큰 영광'을 추구한다면 이를 통하여 하나님의 뜻이 이루어지게 되는 것이다. 이냐시오에게 있어서 십자가는 헛된 영광과 자기 영광이 죽고 동시에 하나님의 영광이 빛을 발하는 장소였다. 하나님의 영광은 고행이나 여타 다른 외적 행위를 수행함으로써 얻어지는 것이 아니라 고통 가운데 십자가에 못 박히신 그리스도를 섬기고 따름으로 이루어진다는 것을 이냐시오는 깨달았다. 이는 추후 이냐시오의 『영신 수련』에서 언급한 그리스도 왕국 묵상에서 실현되었다. 만레사 신비체험 이후, 이냐시오는 그의 삶의 새로운 여정을 보았는데 그의 관심은 더 이상 위대한 외적 행위를 실행하는 것이 아니라 내적으로 변화되어 그리스도와 함께 수고하고, 하나님의 봉사에 참여하는 것이다. 왜냐하면, 그곳은 하나님의 영광이 빛나는 곳이기 때문이다. 특별히, 카르도네르강 가에서 체험은 신비적 조명 사건을 통하여 이나시오가 삼위일체 하나님의 영광, 모든 피조물 안에 있는 하나님의 영광, 그리고 그리스도의 영광이 그리스도를 통하여 통합될 수 있는 사건이었다.

이나시오는 구원을 위한 신적 영광의 순환 운동을 인식했는데 이는 위로부터 하강하는 것으로, 모든 피조물 안에 거하는 것이며, 하나님의 영광으로 그것들을 되돌리기 위하여 일하는 것이다.[156] 하나님께서는 모든 인간과 우주를 하나님의 영광 안에 들어가게 부르셨다. 그리고 하나님으로부터 비롯된 모든 피조물이 어떻게 하나님께 돌아가는지를 파악하게 되었다. 모든 피조물이 하나님께 올라가 하나님 영광의 충만한 중재자인 그리스도를 통해 하나님의 영광으로 들어간다.[157] 위로부터 아래로 하강 운동에 있어서 하나님의 영광은 하나님의 일에 동참하는 것이며 하나님과 더불어 일치됨에 의해서 창조된 삶의 변화를 뜻한다.[158] 피조물 안에서 하나님의 현존은 하나님의 영광을 위해 인간의 협력이 필요하다.[159] 인간은 하나님의 영광의 수여자일 뿐만 아니라 창조 안에서 하나님의 영광을 성취하는 일에 있어서 하나님과 더불어 일하는 동역자이다.[160] 따라서 하나님의 동역자로 부름을 받은 인간에게 있어서 하나님의 뜻이라는 (보편적인) 진리의 지평에서 바라본 분별이란 개인이나 공동체의 결정이 '하나님의 더 큰 영광'을 위하여 한 것인지 혹은 그렇지 않은지 이것이 중요한 분별의 기준이 된다고 할 수 있다.

c. 모든 것 안에서 하나님을 발견하고 진리를 찾는 것으로서 분별

하나님의 뜻이라는 (보편적인) 진리의 지평에서 바라본 분별은 모든 것 안에서 하나님을 발견하고 진리를 찾는 것과 연관된다. 이나시오의 관점에서 진리란 예수 그리스도의 사건 안에서 계시되고 실현된 하나님의 사랑이라는 구원의 신비를 의미한다. 이러한 구원의 지식이 다가오는 것은 우리 자신을 예수 그리스도의 신비 안으로 놓아야만 가능하다. 이것은 예수 그리스도 삶의 신비를 관상하는 과정과 급진적인 회심 경험 두 가지와 연관되어 있다.[161] 인간은 관상하는 대상을 닮아가기 때문에 관상하는 대상이 예수 그리스도라면 그분을 닮아가며 그분의 뜻을 좇아 살아갈 수밖에 없다. 그래서 이냐시오는 『영신 수련』에서 예수 그리스도의 생애를 관상하는 것을 강조하고 있다. 하지만 인간은 많은 경우 자기 개방성의 부족, 자기중심적 태도, 교만함 그리고 성령의 인도하심에 대한 무지 등으로 일상에서 하나님의 뜻을 인식하지 못하곤 한다.[162] 따라서 모든 것 안에서 진리를 찾는 것으로서 분별을 위해서는 이러한 장애물을 극복하는 열린 태도가 필요하며 우리의 생각을 뛰어넘어서 운행하시는 성령의 활동하심을 인정하고 성령께서 역사하시도록 공간을 남겨놓을 필요가 있다. 그렇게 될 때 우리는 만물이 하나님과의 의사소통을 위한 매개물이라는 사실을 알게 되며, 모든 것 안에서 모든 것을 통해서 하나님을 보게 된다.[163] 그로 인하여 우리는 모든 것 안에 계시는 그분을 사랑하게 되고, 하나님의 뜻을 분별하게 된다.

또한, 모든 것 안에서 하나님의 뜻을 찾는 실천적인 지혜로 영적 분별의 기술은 회심과 밀접히 연결되어 있다. 이는 각 사람의 내면에서 일어나는 영적인 움직임들을 파악하여 하나님의 뜻을 알아차리고 올바른 결정을 하는 과정을 거치게 되기 때문이다. 따라서 회심은 앞 장에서도 언급한 바와 같이 삶의 여정에서 일어나는 일회적인 사건이 아니라 지속적으로 하나님을 향하여 나아가는 원추형 나선 운동임을 암시한다.[164] 즉 회심한 영혼은 내면에서 일어나는 움직임을 감지하여 성령께서 역사하시는 것이면 순종하며 따르고 악령이 역사하는 것이면 거절하는 것을 통해 하나님의 뜻을 좇아가야 한다. 사도시대 이후로 사람들은 예수 그리스도 안에 계시된 하나님의 뜻을 찾기 위하여 다양한 형태의 노력을 해왔다. 이를테면 물질에 관한 관심보다는 비물질적인 면에 관심 갖는 일을 추구하였는데 구체적으로, 성욕을 성적으로 표현하는 것보다는 금욕을, 부유함보다는 자발적인 가난을 선호하였다. 이처럼 하나님의 뜻에 자신의 삶을 일치하고자 하는 사람들에게는 몇 가지 공통된 요소가 있다.

> 첫째 요소는 기도이다. 기도는 하나님과 개인 사이의 의사소통 방식으로 간주되어 왔으므로 이들은 기도하는 삶을 통하여 하나님의 뜻을 추구하였다. 둘째 요소는 이웃사랑이다. 이것은 하나님 사랑에 부수되는 것이 아니라 그 나름대로 고유한 사랑으로 간주되어야 한다. 따라서 중세시대의 영성은 환대를 강조했고 종교개혁 시대의 영성은 사업에서의 공정한 거래를 강조했고 현대 영성은 모든 집단에 대한 조직적인 억압을 인식하게 하는 이웃사랑의 개념을 강조하기 시작했다. 셋째 요소는 자기 초월을 통한 내면성의 계발이다. 이를 통해 하나님의 뜻에 자신의 삶을 일치하고자 하였다.[165]

이처럼 기도, 이웃사랑, 자기 초월을 통한 내면성 계발을 통해 하나님의 뜻을 추구하는 그리스도인들은 일상의 삶 속에서 하나님의 현존과 더불어 그분의 뜻을 찾고자 노력했다. 특별히, 이냐시오의『영신 수련』은 "하나님은 모든 사물과 사건 안에 계시면서 작용하기 때문에 하나님을 모든 사물과 사건 안에서 찾을 수 있다"라는 기본 관점을 갖고 있다.[166] 즉, 하나님께서 모든 곳에 존재하시며 정의로운 세계를 건설하시기 위해 언제나 능동적으로 일하시면서 그 사업에 동참하도록 우리를 초대하신다는 영감을 제시한다.

그래서, 이냐시오는 세상을 하나님의 밭으로 보고 사도적 영성을 추구하며 모든 것 안에서 하나님을 발견하는 삶을 살았다. 그에 따르면 하나님께서는 저 피안의 세상에 존재하는 분이 아니라 매일 항상 어디에서나 우리의 일상 속에서 만나고 찾을 수 있다고 생각했다. 따라서 '모든 것 안에서 하나님 찾기'와 하나님의 뜻을 추구하는 삶을 산다는 것은 세상 안에 임재하시고 운행하시는 하나님의 손길을 발견하고 선한 방향을 향해 실천적으로 나아가는 것이다.[167] 이는 각 사람을 세상에서 그리스도의 제자로서 사도직을 수행하며 일상의 삶에서 하나님의 뜻을 찾아 살아가도록 이끌어준다. 그러므로, 이냐시오는 모든 것 안에서 하나님을 찾고 발견하며 그곳에서 하나님의 뜻을 찾고자 하였다.[168] 이것은 곧 하나님의 뜻이라는 개념이 결코 각자의 삶의 자리와 유리된 것이 아니라 일상의 삶 속에서 하나님과 동행하며 하나님의 현존과 임재를 경험하고 그와 더불어 하나님의 뜻을 추구하는 것과 일맥상통한다. 결국, 모든 것 안에서 진리를 찾는 것으로서 분별이란 우리 일상의 모든 상황에서 하나님을 찾으며 교회 공동체라는 객관적인 검증을 통해서 하나님의 뜻을 추구하는 것이라고 할 수 있다.

한편, 오말리는 그의 저서 『초창기 예수회원들』에서 "이냐시오의 하나님 체험은 다른 인간 존재들에게도 그들의 몸과 영이 필요로 하는 것을 얻어다 주는 일에 헌신하게 했으며, 사랑을 얻기 위한 관상은 사랑은 말보다 행동으로 나타나야 한다는 가르침과 함께 수련자 한 사람 한 사람을 세상으로 파견했다"라고 언급한다.[169] 여기서 우리는 이냐시오가 하나님의 뜻을 분별하는 일에 있어서 세상에서의 봉사를 얼마나 중요하게 생각하고 있는지 발견할 수 있다. 그래서 이냐시오와 초창기 동료들은 병원에서 봉사 활동을 했으므로 성무일도를 공동 영창 할 수 없었다. 이외에도 초창기 베네치아에 가난하고 병든 이들에게 도움을 줄 복잡하고 다양한 네트워크가 있었음을 볼 때 예수회와 이냐시오가 하나님의 뜻을 분별하는 일에 있어서 세상에서의 봉사에 집중하고 있음을 알 수 있다.[170] 아울러 병원과 감옥은 예수회원들의 주된 활동무대였다. 그곳에서 예수회원들은 죽음을 앞두었거나 사형선고를 받은 사람들과 자주 마주쳤으므로 이들을 위한 사목활동에 집중하였다. 그리고 매춘여성들을 위한 사목 역시 중요한 사역이었다. 1543년, 이나시오는 로마에서 성 마르다의 집을 세웠고 다른 지역에 있는 예수회 회원들은 다양한 방식으로 여성 사목에 참여하여 보조를 맞추었다.[171] 이와 더불어 매춘여성의 딸과 고아들 역시 사목의 대상이 되었다. 그동안 이들은 방치되어서 대를 이어서 매춘하는 암울한 현실에 직면할 수밖에 없었는데 예수회원들은 이들을 대상으로 돌봄과 교육을 하여 이들에게 새로운 희망을 심어 주었다.[172] 이상에서 살펴본 것처럼 예수회 회원들의 태도와 활동의 세 가지 특성을 살펴보면 다음과 같다.

> 첫째, 예수회 회원들은 예수와 그의 제자들의 사목활동을 모방하려면 육신의 치유를 포함하거나 어떤 방식으로든 그것을 재현해야 한다고 생각했다.… 둘째, 예수회원들은 자선활동의 경우 신약성경에 영감을 받았지만, 기본법에서 눈에 띄게 자주 등장하는 단어인 "공공선"에 공헌해야 할 의무는 중세철학과 교회법에서 배웠다.… 셋째, 예수회 사회 사목은 흔히 기근이나 홍수 혹은 전염병과 같은 일시적 재난으로 인해 고통을 겪는 사람들에게 물품이나 돈을 주어 직접 돕는 형태를 취했다.…하지만 더 흔한 방식은 병원, 감옥, 고아원, 어려움에 있는 여성들을 위한 보호소 그리고 형제회 같은 기관을 통해서 자선활동을 하였다.[173]

이처럼 이나시오와 예수회는 복음의 기동성을 앞세워 나달[Jernimo Nadal]이 표현한 대로 "온 세상은 우리의 집이다[Ay missiones, que es por todo el mundo, y es nuestra casa]"[174]라는 정신으로 하나님의 뜻을 분별하는 일에 있어서 세상에서의 봉사로 하나님 사랑을 이웃들에게 실천하였고,[175] 활동 중에 관상[contemplation in action]을 통해 모든 것 안에서 하나님의 뜻을 분별해 나갔다.

d. 선택으로서의 분별

사막교부들은 분별에 관한 가르침을 발달시켰으며 안토니, 카시안, 요한 클리마쿠스와 같은 사람들이 그러한 가르침을 체계화했고, 후일 이냐시오 로욜라가 구조화하였다. 그리스도교 역사 속에서 분별에 관한 구조와 해석을 체계적으로 정리한 이냐시오는 초창기에 영적 지도자를 위해 피정 시 필요한 메모 형태로 『영신 수련』을 작성하였다.[176] 이 책은 영혼 안에서 일어나는 상반된 움직임들을 이해하며 또 인정해야 할 선한 움직임들과 거부해야 할 좋지 못한 움직임들을 분별하는 데 사용할 규칙들을 정리한 것이다. 이는 당대에 잘 알려진 다양한 영성 훈련 전통을 모아서 이냐시오 고유의 체험과 신학을 기초로 하여 만들어진 영적 실천을 위한 지침서라고 할 수 있다. 자비에르 멜로니 Javier Melloni 는 그리스도교 전통 속에서 분별의 전승사를 초대 교회로부터 이냐시오에 이르기까지 일목요연하게 도표로 정리하였다.[177] 이냐시오는 특별히 시스네로스의 『영적 삶의 수련서』와 토마스 아 켐피스의 『그리스도를 본받아』의 영향을 많이 받았다. 『영신 수련』에는 회심,[178] 삶의 개선,[179] 하나님과의 신비적 연합,[180] 영적 자유,[181] 원래 하나님의 목적에 맞게 의사결정을 하는 것[182]등 다양한 목적이 존재한다. 하지만 무엇보다 『영신 수련』의 핵심은 주로 신분 선택 election 이며, 하나님의 뜻을 분별하는 것이라고 할 수 있다. 『영신 수련』에서, 이냐시오는 수련자가 다양한 내적 움직임을 경험할 것을 기대하였다. 그는 분명히 수련자가 맹목적으로 이러한 움직임에 의해 인도되는 것을 기대하지 않았다. 반대로 그는 수련자가 내적 움직임을 성찰하기 원했고, 선한 것인지 혹은 악한 것인지 규정하고 그것들을 통해 부적절한 애착으로부터 자신을 정화하고 순수하게 하나님의 뜻을 찾고자 했다. 이냐시오는 분별이 매일의 삶에서 하나님의 뜻을 찾고자 애쓰는 사람들의 삶 속에서 나타나는 지속적인 과정이기를 기대했다. 로욜라 성에서 하나님께 회심한 이후, 이냐시오는 지속적으로 다른 사람들이 그들의 삶 속에서 하나님의 뜻을 찾는 것을 돕기 위하여 애써왔다.

한편, 선택은 『영신 수련』의 두 번째 주에 주로 언급되지만,[183] 『영신 수련』 전체에 걸쳐서 편만하게 나타나고 있다. 『영신 수련』 21번에서 언급한 바와 같이 인간의 궁극적인 목적은 하나님을 찬미하고 섬기는 것, 그리고 우리의 영혼을 구하는 것이다. 그러한 측면에서 선택은 바로 그 목적을 달성하기 위한 수단이라고 할 수 있다.[184] 먼저 『영신 수련』 첫 번째 주에서 수련자는 자신의 내면을 점검함으로써 자기 영혼의 상태를 들여다보며 스스로 선택의 준비를 하도록 설계되었다. 그래서 수련자 스스로 죄인임을 깨닫도록 고안되었는데 이는 죄에 대하여 민감하면 할수록 더 하나님 은혜의 필요성을 간구하도록 고안되었다.[185] 첫 번째 주에서 수련자는 선택을 위한 두 가지 준비를 한다. 그것은 성찰의 기도와 내적 움직임을 파악하는 일인데 이는 선한 영과 악한 영에 관하여 분별하는 능력을 준비하는 일이다. 이를 통하여 올바른 선택을 할 수 있는 내적 준비를 하게 되며 두 번째 주를 거치면서 선택의 과정은 절정에 이르게 된다.[186] 이 과정을 통해서 수련자는 제자로서 그 대가를 치르도록 요구받게 되는데 특별히 그리스도 왕국으로 부르심, 두 개의 깃발, 세 종류의 사람들, 그리고 세 가지 종류의 겸손이 그 예이다.[187] 이러한 과정을 통해 수련자가 하나님의 뜻을 인식하고 선택하는 능력을 배양하도록 의도되었다. 이러한 묵상을 통하여 수련자는 참 자아를 발견하게 되며 내주하시는 성령님과 연합의 기회를 얻게 되어 궁극적으로는 그리스도와 일치되는 반응을 하게 된다. 『영신 수련』에서 선택의 위치는 우연히 배치된 것이 결코 아니다. 이냐시오는 수련자가 성령의 사역과 더 친숙하게 됨에 따라 그리스도의 삶과 더 친밀함을 느끼게 된다고 확신하였으며 바로 그 순간 선택하도록 『영신 수련』을 고안하였다.[188]

이냐시오는 우리가 변경할 수 있는 선택과 사제직이나 혼인같이 변경할 수 없는 선택을 구별한다. 아울러 좋은 선택을 위한 세 가지 시기를 제시한다.[189] 첫 번째 시기는 하나님의 직접적인 인도와 관련된 것으로 사도 바울이나 마태의 경우와 같이 주님의 부르심에 즉각적으로 응답하는 경우이다. 두 번째 시기는 서로 다른 영들의 작용으로 야기된 마음의 움직임으로 영적 위로와 영적 황량이 교차하여 나타나는 경우로 영적 분별은 이 경우에 해당한다. 세 번째 시기는 인간 본성의 기능 즉 이성, 상상, 기억, 의지, 통찰력을 총동원하여 합리적 탐구와 성찰을 거쳐서 선택하는 경우이다. 이러한 과정은 분별이라는 차원에서 이냐시오가 『영신 수련』에서 경험한 분별의 예라고 할 수 있다.

이상에서 살펴본 바와 같이 하나님의 뜻에 합당한 선택을 잘하기 위해서 다음의 4가지 구성요소인 인간의 갈망에 대한 이해와 성찰, 내적 자유, 상상력을 통한 영적 창의성을 증대하는 일, 분별의 훈련을 고려해야만 한다.[190] 이를 구체적으로 살펴보면, 첫째, 인간의 갈망에 대한 이해와 성찰이 필요하다. 인간은 근본적으로 하나님의 형상으로 창조된 존재로서 영원을 향한 갈망과 영적인 것에 관한 갈망을 품고 있다. 따라서 그 갈망의 근원과 방향을 올바로 파악해야 혼탁한 시대 속에서 하나님의 뜻을 알아차리고 올바른 선택을 할 수 있다. 둘째, 분별을 위한 전제조건은 내적 자유이다. 즉 무질서한 애착을 떨쳐버리지 않는 한 영혼의 구원을 위해 삶을 질서 짓는 일에서 하나님의 뜻을 찾고 발견하는 것은 불가능하다. 따라서 불편심indifference을 통한 영적 자유를 극대화하는 방향으로 나아갈 때 하나님의 뜻에 합당한 올바른 선택을 할 수 있다. 셋째, 상상력을 통한 영적 창의성이다. 하나님이 주신 이성과 상상력 등을 사용하여 오감으로 그리스도의 생애를 묵상할 뿐만 아니라 수난과 십자가 그리고 부활 사건에 대한 인격적인 인식이 필요하며, 그렇게 될 때 올바른 선택을 할 수 있게 된다.

넷째, 분별의 훈련이다. 매일의 일상 속에서 영적 지도를 병행함으로써 하나님의 뜻에 합당한 선택을 하게 된다. 그래서 양심 성찰과 더불어 정기적인 영적 지도를 통하여 자신의 영적 감수성을 증진시킬 필요가 있으며 이러한 4가지 구성요소는 하나님의 뜻을 선택하는 과정에서 중요한 요소라고 할 수 있다.

한편, 하나님의 뜻을 찾는 것으로서의 분별은 전인격적이어야 하며, 그것은 한순간의 사건이나 현상이라기보다는 여정journey이며 과정process이다.[191] 이를 좀 더 설명하자면, 먼저 하나님의 뜻을 찾는 과정으로서의 분별이 전인적이라는 의미는 하나님의 뜻을 추적하는 일이 이성, 감정, 직관, 그리고 상상력과 같은 다양한 요소가 요구될 뿐만 아니라 인간의 경험은 내면적interior/개인 내적intrapersonal이며, 상호관계적interpersonal이고, 조직적systemic/구조적structural이며, 환경적environmental/자연적natural인 면을 포함하는 다층적이라는 의미이다.[192] 다음으로, 하나님은 초월자인 동시에 우리 가운데 내재해 계시는 분이므로 하나님의 뜻은 분명하게 우리에게 계시되기도 하지만 때로는 희미하게 나타나기도 한다. 따라서 분별의 과정은 하나의 사건이라고 보기보다는 평생의 여정이며 과정으로 받아들여야 함을 의미한다.[193] 앞에서 언급한 분별의 4가지 구성요소와 전인격적이며 여정이며 과정이라는 분별의 특징을 인지한다면 수련자는 자신의 욕망이 아니라 하나님의 뜻에 합당한 결정을 할 수 있게 되리라고 본다.

e. 요약

영적 삶을 산다는 것은 선택하는 일이다. 각자는 매일의 삶의 중요한 전환점에서 선택하게 되는데 우리가 행한 선택은 우리의 삶을 형성한다. 그러한 맥락에서 분별은 우리에게 삶의 실제적인 방식을 제공한다. 매일의 삶에서 분별은 기도의 틀 안에서 매일 일어난 사건을 정기적으로 성찰하는 일이며, 성찰의 결과 우리는 하나님의 뜻에 합당하다고 생각되는 것을 선택하게 된다. 따라서 하나님의 뜻을 찾고 이를 행하는 일은 모든 그리스도인의 평생의 과업이며 여정이다. 특별히, 이냐시오의 일생은 하나님의 뜻을 찾고 이를 이루기 위하여 매진하였다고 해도 과언이 아니다.[194] "모든 것 안에서 하나님을 찾고 발견하기, 영의 분별, 선택, 순명, 봉사, 파견, 영혼의 열정," 이 모든 단어는 이냐시오의 생애를 통해서 하나님의 뜻을 찾는 핵심 단어들이다.[195] 이냐시오는 개인의 분별과 결정이 결코 교회 공동체와 분리되어서는 안 된다고 생각했으며 교회 공동체라는 지평에서 하나님의 뜻을 바라보는 관점을 잃지 않았다. 또한, 그는 '하나님의 더 큰 영광'이 하나님의 뜻을 분별하는 중요한 기준이라고 보았을 뿐만 아니라 '모든 것 안에서 하나님의 뜻을 찾는다'라는 것을 중요한 요소로 여겼다. 이는 우리 일상의 삶이 하나님과 그분의 뜻을 만나고 찾는 소중한 공간이라는 것을 알려주고 있다. 그래서 성스러운 것과 일상을 구분하기보다는 매일의 삶 속에서 하나님을 만나고 그분의 뜻을 찾고 이루어 가는 과정으로 여겼다. 그리고 하나님의 뜻을 선택하기 위하여 인간의 갈망에 대한 이해와 성찰, 내적 자유, 상상력을 통한 영적 창의성을 증대하는 일, 분별의 훈련을 고려해야 하며 분별은 전인격적이어야 하며, 여정이며 과정임을 인지해야만 한다. 결론적으로 하나님의 뜻이라는 (보편적인) 진리의 지평에서 바라본 분별이란 먼저 하나님을 추구하고자 하는 열망과 민감성을 가지고, 개인의 삶의 자리와 더불어 교회 공동체라는 지평에서 하나님의 뜻을 바라보아야 하며, 하나님의 더 큰 영광이라는 관점에서 그리고 모든 것 안에서 하나님의 뜻을 찾는다는 측면 그리고 분별의 구성요소를 잘 인식하고 접근해야 함을 알 수 있다. 그 결과 각 사물이 지은 바 그 목적대로 사용되어 행복한 사회와 아름다운 공동체를 이루게 됨을 알 수 있다.

E. 지혜의 관상으로서 분별: 조명

이냐시오는 순례자로, 사제로, 수도회의 총장으로, 예수회의 설립자이며 성인으로, 그리고 가톨릭 개혁자로서 다양하게 묘사될 수 있다.[196] 그는 실제로 종교·사회·문화적 격동기에 세상을 수도원 삼아 사도적 활동을 강조한 예수회를 설립하여 많은 대학과 교육기관을 세웠을 뿐만 아니라 선교 활동을 통하여 '하나님의 더 큰 영광을 위하여' 애쓴 인물로 알려졌다. 하지만 무엇보다 이냐시오는 만레사에서 신적 조명의 경험을 통해 하나님 체험을 한 신비주의자로서 그리스도교 영성사에 기여하였음을 기억해야 할 것이다.[197] 따라서 본 절에서는 분별의 역동성에 있어서 다섯 번째 요소인 지혜의 관상적 측면에서 본 분별 즉 조명에 대하여 다루고자 한다. 이는 가장 관상적인 단계로써 이냐시오가 영적 조명을 받아 세상과 하나님에 대한 아름다움을 깨닫고 가치관의 변화가 생기며 더 나아가 신적 신비에 대한 깊은 통찰을 통해 하나님의 뜻을 잘 분별하는 과정을 의미한다. 이냐시오의 생애 속에서 경험한 사건들을 통하여 그의 조명 사건 즉, 신비주의에 대하여 설명하며 이러한 경험이 어떻게 분별과 연관되었는지 언급하고자 한다.[198]

a. 모든 종류의 진리의 지식을 가능하게 하고 빛나게 하는 조명

모든 종류의 진리의 지식을 가능하게 하고 빛나게 하는 신적 조명divine illumination이란 기독교 전통에서 삼위일체 하나님의 자기 소통이며 계시의 의식적 경험이다. 이 경험의 수여자, 즉 신비가는 하나님과 사랑스러운 연합으로 이끌려간다. 그리고 이 연합에 의해 주입된 지식 혹은 하나님에 대한 직접적 지식을 수여 받게 되는데 이 지식은 하나님에게서 온 전적인 선물이며 총체적으로 모든 인간의 능력을 넘어선 것이다. 그래서 신비적 조명은 하나의 신비적 사건으로 생각될 수 있으며 하나님의 계시와 자기 소통의 신비적 경험이라고 할 수 있다.[199]

하나님을 향한 영혼의 여정을 묘사한 기독교 영성 고전이 많이 있지만, 여기서는 잠시 보나벤투라의 『하나님께 이르는 여정Itinerarium Mentis In Deum』을 기초로 신비적 조명에 대하여 살펴보자. 보나벤투라에 의하면 영혼은 일련의 단계를 거쳐 조명을 향해 나아간다고 주장했는데 우리 자신의 외부적인 세상extra nos, 우리 자신의 내부적인 영혼intra nos, 그리고 우리 자신의 초월적인 존재supra nos가 그것이다. 이를 뵈너Böhner는 다음과 같이 정리하였다.[200]

시편본문 (Pasm text)	우리의 활동 (Oportet nos:)	우리와의 관계	대상들 (Objectum)
신의 길로 인도된다 (deduci im via Dei)	흔적을 횡단한다 (transire per vestigium)	우리 밖에 (extra nos)	물질적-일시적 (corporalia, temporalia)
진리 안으로 들어간다 (intredi in veritate)	영혼(형상)속으로 들어간다 intrare in mentem(image)	우리 안에 (intra nos)	정신적-영원적 (spiritulia, aeviterna)
하나님을 인식하고 그의 존엄을 경외하는 데서 기뻐한다(laetari in Dei notitia et reverentia Majestatis)	영원으로 상승한다 (trascendere ad aeternum)	우리 위에 (supra nos)	완전히 가장 영적이고 영원하다(spiritualissimum, aeterna)

무엇보다도 먼저, 우리 자신의 바깥을 볼 때 창조된 세계 속에서 조명이 온다. 창조된 사물들은 그 자체를 넘어 하나님의 성품을 알려주는 '자취'와 '상징'으로써 그 역할을 하게 되는데 우리의 감각은 이를 통해 하나님의 아름다움을 보게 된다. 둘째, 우리 자신의 내면을 볼 때 조명이 온다. 하나님께서 만드신 인간 내면의 기억, 이해, 의지는 모두 그 자체를 넘어 하나님의 삼위일체적 본성을 지향한다. 그러므로 우리는 자신의 내면을 향함으로써 삼위일체 하나님을

만나게 된다. 셋째, 우리의 눈을 들어 우리 위에 있는 것을 볼 때 조명이 온다. 하나님의 존재는 "가장 완전하고 가장 광대하며 궁극적으로 하나이지만 모든 것을 내포한다."[201] 이러한 조명은 완전한 무아경과 황홀경으로 이어지며, 영혼은 하나님께로 가서 하나님과 연합하게 된다.

이러한 전승을 이어받은 이냐시오의 경우 그는 자신의 삶 속에서 5가지 조명을 언급하는데 이는 앞 장에서 이냐시오의 회심 체험을 설명하면서 그의 신비적 변화를 약술하였다. 그는 도미니코회 수도원의 성당 계단에 앉아 있는 동안 경험한 조명으로부터 신비적 체험을 하게 되었는데 이는 삼위일체 하나님의 체험이라고 할 수 있다.[202] 그는 이 조명의 경험을 무작위로 선별하지 않았는데 여기에는 명료한 패턴이 있으며 발전적인 경향을 나타내기도 한다. 또한, 서로 독립된 사건이나 경험들이 아니라 서로 긴밀하게 연관된 것과 같은 특징을 드러내기도 하며 오히려 하나로 통합된 전체의 일부라는 느낌을 주고 있다.[203] 이냐시오의 5가지 조명은 요약하자면 다음과 같다. "첫째, 삼위일체 신비와 영광, 둘째, 창조의 신비, 셋째, 성찬에 임재한 그리스도, 넷째, 예수 그리스도의 인성, 다섯째, 카르도네르강 가에서 신비적 조명"이다.[204]

이를 구체적으로 살펴보면 먼저, 이냐시오는 삼위일체 신비와 영광에 관한 체험을 통해 삼위의 관계에 관한 신비뿐만 아니라 세상의 창조와 구원과 관련된 삼위일체 사역의 신비를 깨닫는다. 둘째, 이냐시오는 하나님께서 어떻게 그리스도를 통하여 세상을 창조하셨는가를 깨닫는다. 셋째와 넷째 경험을 통하여, 이냐시오는 그리스도께서 모든 만물 가운데 거하여 계시고, 그리스도만이 모든 만물을 하나님께로 되돌릴 수 있는 유일한 중보자라는 것을 깨닫는다. 마지막으로 카르도네르강 가에서 신비체험은 이후에 조금 더 자세히 설명하겠지만 이냐시오가 경험한 다양한 체험을 체계적으로 통합하게 한 신비적 조명이었다.

이러한 영적 조명의 체험을 통하여, 이냐시오는 새로운 시각을 갖고 삼위일체적 차원으로 창조 안에서 모든 것을 보게 되었다. 그는 창조된 모든 것을 함께 통합하여 볼 수 있었다.[205] 그리하여 이냐시오가 모든 것 안에서 하나님을 발견하고 본다고 말할 때 그것은 삼위일체 하나님으로부터 직접 흘러나오면서, 그것들의 원천의 수준에서 모든 것들을 보는 감각을 의미한다. 그래서 카를 라너는 이냐시오의 조명 사건을 통한 신비경험을 창조 안에서 삼위일체 생명의 즉각적 인식으로 간주하였다.[206]

b. 관상적 지혜

이냐시오는 회심 이후 다양한 신비체험들을 경험하였는데 이는 그의 인식의 지평이 확장되고 그의 세계관이 통합되며 관상적 지혜를 경험하는 계기가 되었다. 특별히 이냐시오는 만물이 그리스도의 피로 씻김을 받는 것같이 느꼈는데[207] 이를 통하여 그는 이 세상의 그 어떤 것도 그리스도로부터 자신을 분리할 수 없다고 확신하는 계기가 되었다. 후고 라너는 이를 다음과 같이 언급했다.

> 그리스도론이 이냐시오 신학과 신비의 가장 깊은 핵심을 이루는 것은 분명한 사실이다. 그리스도는 그의 삶의 태양이신 것이다. 그의 영적 체험에 바탕을 두고 있는 이러한 그리스도 중심의 영성에 있어서 최고 정점은 바로 십자가를 지신 예수가 그에게 나타나 "나는 네가 우리에게 봉사하기를 바란다"라고 말한 라 스토르타에서의 체험이다.[208]

또한, 그의 내면의 눈은 여러 차례 어떻게 그리스도께서 복된 성만찬에 임재하고 계시는지 보았다.[209] 그리고 많은 경우 이냐시오의 신비적 경험은 미사 중에 일어났으므로 이냐시오는 성례전의 중요성을 인식하였다. 그리고 이냐시오의 저술은 성령과 그의 신비적 소통 communication 으로 풍부하였다. 성령의 강한 방문은 이냐시오에게 신비적 눈물과 강렬한 위로를 선물로 주었다.[210] 그래서, 이냐시오의 일기에는 눈물이라는 단어가 175회나 언급되었고, 다양한 종류의 눈물을 언급하고 있다.[211] 이냐시오의 경우 종종 천상의 언어 loquela 를 언급하는데 천상의 언어와 눈물은 하나님의 뜻을 찾고자 하는 이냐시오의 방법 가운데 하나였다.[212] 이러한 경험들은 이냐시오가 인식의 지평을 확장하도록 만들었고 신비한 하나님의 역사하심을 감지하는 인식 기능의 확장을 초래하도록 하였다.

한편, 이냐시오의 신비적 경험은 관상적 지혜의 습득에 머무르지 않았다. 다시 말하자면 그는 내면적 만족이나 황홀경에 머무르지 않았고 이웃을 돕고 섬기는 실천적 행동 즉, 사도적 영성을 추구하였다. 그는 삼위일체 하나님을 전통적인 기독교 영성에서 나타나는 정화, 조명, 일치의 과정을 통해서 경험하였지만, 그는 이러한 신비적 경험을 개인의 신비체험으로 머무르지 않았고 사도적 섬김으로 승화하였다. 이러한 독특한 특징은 이냐시오의 모든 저술에서 두드러지게 나타난다.[213] 이냐시오는 하나님을 구하고 찾는 일에 몰두하였는데 그러한 추구는 관념 속에서 있었던 일이 아니라 모든 현실 속에서 일어났으며 이는 정치·사회적 영역에서도 나타났다. 그래서, 이냐시오는 내적인 삶과 외적인 환경 모두에서 하나님의 뜻을 분별하고 수행하는 법을 배워야만 했다. 그리고 그는 다른 이들의 영혼을 도움으로써 하나님께 향한 섬김에 철저하게 순종하고자 했다. 그래서 우리는 이냐시오의 일기에서 그가 어떻게 하나님의 뜻을 추구하고 분별하였는지 그 과정을 자세히 알 수 있다. 이냐시오는 결코 신비적 경험을 추구하지 않았지만, 그는 신비적 경험을 (하나님의) 거룩한 뜻이 계시된 것으로 보았으며, 이를 통해서 하나님의 뜻을 확증하였고, 그것을 강력히 수행하였다.[214] 특별히 예수회가 고정적인 수입을 가지는 것이 옳은가 하는 분별의 문제는 이냐시오가 어떻게 하나님의 뜻을 알아 갔는가 알려주는 대표적인 예라고 할 수 있다.

이러한 섬김의 사도적 영성은 그의 『영신 수련』에 영향을 미쳤다. 앞서 언급한 바와 같이 원리와 기초에서 『영신 수련』의 목적이 하나님을 찬양하고 경배하며 섬기기 위함이라고 말하고 있다. 수련자는 자신이 받은 것들에 대한 인식을 토대로 감사가 넘치게 되며 모든 것 안에서 하나님을 사랑하고 섬겨야 한다.[215] 이냐시오의 섬김의 영성은 이 세상 안에서 그리고 이 세상을 통하여 하나님을 섬기도록 하는 그의 열망의 표현이었다. 따라서 이는 긍정의 길 via positiva 전통을 좇아 관상적 지혜로 하나님의 뜻을 추구하였다고 할 수 있다. 이처럼 이냐시오의 영적 체험은 여러 가지 다양한 측면에서 신비주의적 특성을 발견할 수 있다. 이러한 경험들은 이냐시오에게 심오한 평화를 가져다주었고, 그가 관상적 지혜를 통하여 하나님의 뜻을 분별하는 일에 도움을 주었다고 할 수 있다.[216]

c. 신적 신비에 대한 깊은 통찰

이냐시오에게 있어서 신적 신비에 대한 깊은 통찰은 앞에서 언급한 바와 같이 카르도네르강 가에서의 경험으로 절정에 이르게 되었다. 이냐시오는 카르도네르강 가에서 신비적 조명을 경험하였는데 이는 그의 생애에 있어서 가장 중요한 체험이라고 할 수 있다. 그곳에서 이냐시오의 오성의 눈이 열리고, 믿음과 세상의 지식에 관한 배움, 이 두 가지가 통합되어 이와 관련된 많은 일이 이해되었다. 그는 다음과 같이 고백하고 있다. "62년 동안 살아오는 삶의 과정에 있었던 것을 다 모으고 하나님으로부터 이 기간에 받은 은총과 알게 된 것을 모두 다 모은다 해도, 카르도네르강 가에서 한번 체험한 것에 미치지 못한다."[217] 이 체험은 이냐시오에게는 최고의 신비적 경험이라고 할 수 있다. 그는 이 체험을 구체적으로 진술하지 않았지만 이를 통하여 새로운 인식의 능력을 부여받았다.

> 그가 그곳에 앉아 있었을 때 그의 지성의 눈이 뜨이기 시작했다. 이것
> 은 하나의 환시 같은 것을 체험한 것이 아니라 영적 삶과 현세적 삶에
> 관련된 많은 것들에 대한 새로운 이해력이 그에게 주어졌다는 것이다.
> 이러한 체험 이후로 그는 모든 것을 새로운 지성의 빛으로 보고 이해
> 하게 되었다.[218]

이 체험은 이냐시오가 이제껏 받은 모든 영적 인식과 체험들이 결합해서 한 결정체를 이루는 것으로, 지성적 인식의 통합적 체험으로 카르도네르강 가의 체험을 만레사 체험의 집약이라고 볼 수 있다.[219] 이처럼, 이냐시오는 영적 조명이 너무 압도적이어서 새로운 지성으로 새로운 사람처럼 되었다고 묘사했다. 그의 경험은 명확하게 표현하기에는 불가능한 것이므로 묘사할 단어들을 찾을 수 없었다. 영적 조명의 신비적 경험은 하나님 체험에 대한 일이므로 수동적이며 압도적인 감정의 경험이라고 할 수 있다. 그래서 카를 라너는 다음과 같이 언급했다. "나는 진실로 하나님을 만났다. 살아계시고 진정한 하나님을… 하나님 그 자체를, 인간의 말로 그를 묘사할 수 없는… 내가 알기로는 하나님과 자유는 그에 대한 통합적인 일부분이다."[220]

따라서 카르도네르강 가에서 위대한 비전을 갖게 된 이냐시오는 새로운 눈을 가지고, 그가 배웠던 모든 것을 보기 시작했다. 이 체험은 앞서 경험한 일련의 조명들의 정점을 이루는 것으로, 하나님의 본성과 성 삼위의 일치에 관한 것이라고 할 수 있다. 이는 삼위일체 하나님의 밖으로의 활동, 즉 창조와 강생에 대한 심오한 지식이다. 이냐시오는 구원 경륜적 삼위일체 하나님을 강하게 경험하였는데 이러한 체험은 내재적 삼위일체 하나님의 생명 안에만 머물지 않고 인류의 구원을 위해 활동하는 것으로 승화되었다. 그 결과 모든 것이 그에게

새롭게 보였다. 이 사건은 그의 나머지 삶을 조명할 수 있었던 일이었으며 그의 영성에 유대감과 힘을 주었고, 이전의 모든 경험이 조명을 통하여 (지식체계의) 통합을 가져왔다.[221] 이냐시오는 오성의 기능에 하나님께서 직접 부어 주시는 지적인 광선을 은혜로 수여받게 되었으며, 그것에서 그는 가장 높은 관상의 방법을 소개받게 되었다. 이냐시오는 감정과 지성 그리고 기도하는 방법뿐만 아니라 전체적인 인격에 있어서 영향을 받게 되었다. 이는 인식의 지평에 있어서 심오한 영적 각성이라고 할 수 있는데 그 이유는 이 사건 이후 이냐시오가 하나님 그분 자신과 모든 피조된 세계와 현실을 전적으로 새로운 빛 안에서 이해하게 되었기 때문이다.[222]

삼위일체 하나님께서 갑작스럽게 그리고 급진적으로 이냐시오의 삶에 개입하시는 것으로 후고 라너는 그것을 '신비적 침입'mystical invasion 이라고 묘사하였는데 이것은 이냐시오가 하나님을 선택한 것이 아니라 압도적인 감각으로 하나님께 사로잡힌 바 된 것이다.[223] 이냐시오는 더 이상 자신의 눈으로 세상을 바라보는 것이 아니라 하나님의 시각으로 세상을 바라보게 되었다.[224] 이러한 지식은 인지적 지식이 아니라 내적 감각, 즉 궁극적으로는 느끼는 지식felt knowledge이라고 부르는 것이다.[225] 결국, 만레사에서 이냐시오가 받은 은혜는 그를 내면적인 체험에서 그치게 한 것이 아니라 거룩한 삶과 사랑으로 이끌었으며, 궁극적으로 세상에서 하나님 나라를 위하여 행동하게끔 이끌었다.[226] 그래서, 이냐시오는 만레사 사건 이후 종종 다음과 같이 행동하였다고 한다.

> 그 후, 이냐시오는 자주 공동체 건물의 옥상에 올라가서 고개를 들어 밤하늘을 바라보곤 했다. 그는 옥상에 놓인 의자에 앉아 고요 안에 아주 깊은 정적 안에 머물렀다. 그는 모자를 벗고 경건하게 고개를 들어 오랫동안 하늘을 응시하다가 무릎을 꿇고 하나님께 깊은 경배를 드리곤 했다. 때로는 마치 시냇물처럼 눈물을 쏟아내곤 했다. 하지만 그 분

위기가 너무나 고요하고 감미로웠기 때문에 어떠한 흐느낌이나 탄식의 소리를 들을 수도 작은 미동을 느낄 수도 없었다.[227]

결론적으로 만레사에서 경험한 하나님 체험은 이냐시오가 세상을 향한 그리스도의 마음을 느끼도록 만들었고, 새로운 눈과 새로운 지성으로 그리스도의 마음을 취하여 그리스도의 열망을 가지고 사도적 삶을 살아가도록 만들었다. 이냐시오의 신비적 지평은 예수와 더불어 적극적이고 사랑스러운 교제 안에서 살아있는 마음의 감각을 느끼도록 하였으며 이것은 궁극적으로 그가 사도적 영성을 세상에서 실천할 수 있는 귀한 밑거름이 되었다.

d. 요약

신비주의자로서 일컬어지는 이냐시오는 결코 세상과 동떨어진 황홀경에만 몰입한 신비주의자가 아니라 세상으로 나아가 하나님 나라를 이루기 위하여 세상을 섬기는 섬김의 신비주의를 지향하였다.[228] 또한, 그는 다양한 영적 경험을 통하여 하나님의 계시와 자기 소통을 알아차리게 되었으며 이로 인하여 성령과의 신비적 소통을 하게 되었다. 특별히 이냐시오는 카르도네르강 가에서 신적 신비에 관한 깊은 통찰을 하게 되어 지성과 영성이 하나가 되는 통합을 경험하게 되었다. 이는 그가 새로운 눈으로 세상을 보게 했고, 세상을 향한 그리스도의 마음을 느끼게 했으며 하나님의 아름다움을 늘 관상하며 하나님과 깊은 친밀함을 추구하게 했다. 결론적으로 신적 조명을 통하여, 이냐시오는 새로운 인식의 지평으로 삼위일체 하나님의 생명 구원 계획에 참여하게 되었다. 그리고 그는 하나님 나라에 초대받은 자로서 하나님과 생명의 춤을 추는 아름다운 조화를 이루어 하나님의 더 큰 영광을 위하여 그분의 뜻을 올바로 분별하는 삶을 추구하였다고 할 수 있다.

제**4**장

조나단 에드워즈의 영적 분별

A. 믿음

매사에 하나님의 뜻을 분별하여 그분의 의도대로 사는 일은 실천적이며 영
적 지혜라고 할 수 있다. 그러한 면에서 분별이란 우리 안에서 일어나는 내적
움직임을 성찰하여 이것이 하나님에게서 온 것인지 아니면 사탄에게서 온 것인
지를 구별하여 하나님의 뜻이라 판단되는 것을 선택하고 실천하는 의사결정의
행위이다. 우리가 살아가고 있는 현대 사회는 과학과 기술 그리고 이성의 발달
로 다양한 측면을 고려해야 하므로 어떠한 일을 선택하고 결정하는 것은 결코
쉬운 일이 아니다. 그래서 그리스도인들이 하나님의 뜻을 찾아서 실천한다는
것은 많은 수고와 노력이 필요하다. 그러므로 영적 분별을 위하여 지적인 신중
함, 도덕적 판단, 구체적 상황의 평가 그리고 하나님의 초대에 적절히 반응하는
것을 결정하는 능력 등 다양한 요소가 필요하다.[1] 과거에는 이러한 분별 능력을

일부 특별한 사람에게 주어진 은사로 생각했지만 현대 사회에서는 모든 사람에게 주어지고 훈련을 통해 습득 가능한 덕으로 이해하는 경향이 있다. 또한, 이러한 분별의 행위는 분별의 다중적 측면이 지시하는 것처럼, 단순한 사건이 아니라 복잡한 발전적인 과정이므로 지속적인 성찰이 요구된다. 따라서 분별은 단순한 일회적 사건이 아니므로 분별의 행위는 정확한 상황적 평가와 연관되며, 분별하는 과정에 있어서 통찰력 있는 자기 이해가 필요하다.[2]

a. 영적 분별의 요소로서 믿음

칼뱅은 "믿음이란 우리를 향한 하나님의 자비를 아는 확고하고 확실한 지식이며, 이 지식은 그리스도 안에서 값없이 주어진 약속에 기초하고, 성령을 통한 우리 지성에 계시되고, 우리 마음에 인침을 받은 것"이라고 언급했다.[3] 그래서 믿음에는 3가지 요소, 즉 앎knowledge, 동의assent, 맡김 곧 신뢰trust가 있다. 예수 그리스도가 주님이시라는 것을 알고, 동의하고, 그분께 삶을 맡기는 것에는 지성과 감성과 의지가 모두 개입되며, 따라서 예수 그리스도를 믿는다는 것은 온몸과 마음이 개입된 행위라는 것을 알려주고 있다. 또한, 정평이 있는 신학 대사전의 하나인 *Sacramentum Mundi* 에서 믿음을 다음과 같이 정리하고 있다.

> 먼저, 하나님께서는 성자로서 육신의 몸을 입고 사람들에게 그 자신을 나타내셨다. 이것을 계시라고 하는데 계시는 영원하신 말씀Word이 인간의 언어word로 사람들에게 가까이 가도록 이끄는 하나님의 신비이다. 따라서 그리스도 안에서 자신을 계시하시는 하나님에 대한 인간의 반응을 "믿음"이라 부른다. 그러므로 믿음은 계시만큼이나 초자연적인 것이며, 그리스도 안에서 사람과 하나님과 상호 만남의 신비를 이룬다.[4]

위에서 언급한 바와 같이 믿음이란 하나님의 객관적 역사에 대한 인간의 주관적 반응이라고 한다면, 하나님의 주도적 행동에 따르는 인간의 반응을 뜻한다고 할 수 있다. 또한, 믿음이란 하나님에 대한 인격적 신뢰라고 할 수 있다. 그래서 독일의 신학자 카를 바르트K. Barth는 다음과 같이 언급했다. "오직 하나님만이 신실하시다. 따라서 믿음이란 우리가 그분을, 그분의 약속과 인도를 붙잡을 수 있음을 신뢰하는 것이다. 하나님을 붙잡는다는 것은 하나님이 나를 위해 거기 계신다는 사실을 의지하는 것이며 이러한 확신 가운데 사는 것이다."[5] 그러므로 믿음은 약속이며 그 약속을 지키시는 하나님을 신뢰하는 것이라고 할 수 있다. 그리고 믿음은 우리를 믿음의 대상 즉 삼위일체 하나님과 연결해 주는 닻과 같다. 이처럼 하나님의 약속에 대한 믿음은 하나님의 명령에 대한 순종으로, 그리고 사랑과 정의의 삶으로 구체화된다. *Sacramentum Mundi* 에서 믿음에 대하여 조금 더 자세히 언급한다.

> 사람은 거룩한 계시의 절대적 요구에 대하여 자유롭게 응답하도록 결단한다. 그래서 믿음은 하나님의 선물이며, 인간의 행동이고, 은총이며, 자유이다. 믿음은 많은 다른 양상의 압축된 행동이다. 이는 구원하는 사건에 대한 지식을 포함하며, 하나님의 말씀에 대한 확신이고, 인간의 겸손한 항복submission이다. 그리고 하나님에 대한 자기 포기이며, 그리스도와 더불어 생명 안에서 교제하는 것이며, 무덤을 넘어 그리스도와 더불어 완전한 연합을 갈망하는 것이다. 결론적으로, 믿음의 행동은 하나님에 대한 인간의 완전한 포기이며 그리스도는 (믿음의) 중심이며, 근원이고, 최종 목표이다.[6]

이처럼 믿음은 다양한 양상을 지니고 있지만, 하나님의 역사에 대한 인간의 반응과 행동, 하나님에 대한 신뢰와 연합, 그리스도와의 교제, 하나님의 은총 그리고 자기 포기 등으로 묘사될 수 있다.[7]

한편, 에드워즈는 1728년 시작하여 1756년까지 길고 짧은 149개의 묵상록을 남겼는데, 그의 저서에서 믿음을 다양하게 정의하며 설명하고 있다.[8] 먼저, 에드워즈는 "믿음은 한 증언에 대한 신념 즉 진리에 대한 동의"살후 1:10이며, "신실하신 하나님을 향한 영혼의 적절한 행동"롬 3:3~4이고, "영광과 탁월성에 대한 감각으로부터 나오는 혹은 최소한 그런 감각과 함께하는 진리에 대한 신념"엡 4:15이라고 주장했다.[9] 아울러 그는 "믿음의 대상은 예수 그리스도이며, 믿음은 그리스도를 받아들이는 것"요 1:12; 히 11:19; 골 2:5~7이며, "그리스도를 신뢰하는 것"시 2:12; 엡 1:12~13; 딤후 1:12이고, "그리스도께 우리 자신을 헌신하는 것"딤후 1:12[10]이라고 설명했다.

또한, 에드워즈는 믿음이란 "마음으로 그리스도와 연합하는 것"[11]이라고 주장하며, 단순히 이해 속에서 이루어지는 동의만을 말하는 것이 아니라[12] 구원에 이르게 하는 믿음은 "본질적으로 신적인 사랑을 함축한다"요일 5:1[13]라고 지적했다. 그렇다면 이 믿음을 어떻게 가질 수 있는가? 에드워즈는 신적이며 거룩한 복음의 빛이 비쳐야 믿을 수 있다고 본다. 즉 스스로 힘으로 믿거나 믿기로 결단할 수는 없는 것이며, 성령의 조명 없이 자신의 의지만으로 믿음을 가질 수 없다고 주장한다.[14] 그러므로 신령한 조명 없는 믿음은 거짓 믿음이므로 이에 현혹되지 말아야 한다. 따라서 인간은 하나님께서 허락하신 은총에 따라 신령하고 거룩한 빛을 비춤 받음으로 하나님을 알 수 있고 믿음을 갖게 된다.[15] 요약하자면 믿음은 하나님께서 주시는 신령한 빛을 받아야만 신령한 지식을 습득할 수 있는 것이며, 회심의 과정에서 필수적인 요소로서 하나님의 계시 사건을 이해하는 열쇠인 동시에 하나님의 선물이며 은총이다. 또한, 믿음은 하나님의 자기 계시에 대한 인간의 인격적인 응답이라고 할 수 있으므로, 인간의 관점에서 볼 때 믿음이란 하나님께서 주도권을 가지고 행사하시는 철저히 수동적인 사건으로 분별의 과정에서 회심과 더불어 필수적인 선행 요소라고 할 수 있다.

매킨토시는 그의 저서 『분별과 진리』에서 믿음을 "하나님과 사랑스럽고 신뢰하는 관계"라고 언급하였다.[16] 그래서 본 장에서는 하나님에 관한 신뢰와 사랑스러운 관계, 하나님과의 친밀감 형성 그리고 그리스도와의 연합[17]을 믿음에 있어서 중요한 핵심용어들로 보았는데 이 핵심어를 중심으로 에드워즈의 생애 속에서 나타난 사건을 고찰하고자 한다.

b. 하나님과 사랑스럽고 신뢰하는 관계

에드워즈는 회심 후 하나님과 남다른 친밀한 관계를 유지하며 신비적 체험을 경험하였다. "나는 샤론의 수선화요, 골짜기의 백합화로구나"아가서 2:1 같은 말씀이 늘 그에게 함께 있었으며 초자연적이며 신적인 빛으로 인한 "마음의 새로운 감각"new sense of the heart을 통해 달콤함을 향유하였다. 이를 조금 더 자세히 살펴보면 다음과 같다.

> 말로 표현할 수 없는 영광스러운 위엄과 하나님의 은혜에 관한 달콤한 감각이 내 마음에 일어났다. 하나님의 위엄과 온유함이 함께 연결된 달콤한 결합 가운데 있는 것을 보았다. 그것은 달콤하고 부드럽고 거룩한 위엄이었고, 또한 위엄 있는 온유함, 두려운 달콤함, 높고 위대하고 거룩한 온유함이었다.[18]

"달콤함"sweetness이란 기독교 영성사에서 하나님과의 관계에 있어서 신비적인 체험을 한 성인들이 공통으로 체험하고 느끼는 경험이다. 에드워즈 역시 본인이 회심한 이후 하나님과의 교제를 통해서 누리는 기쁨을 표현한 용어이며 본인의 체험을 구체적으로 나타낸 것이다. 에드워즈는 빛과 사랑의 원천이신 하나님과의 대화를 즐겼고 많은 시간을 보냈다. 그리고 그는 진정으로 그리스도와 진실하고 생생한 연합을 추구했다.[19] 에드워즈는 하나님을 사랑하고 그분과의 친교를 갈망했기 때문에 더욱 근본적으로 하나님을 찾았다. 그리스도와의 연합은 그의 최고의 기쁨이었다.[20] 에드워즈는 다음과 같이 그 체험을 표현하였다.

> 나는 그리스도의 탁월한 충만함과 그분만이 구세주이심을 자주 느꼈다. 그리하여 무엇보다도 그분은 나에게 만왕의 왕이셨다. 그리고 그의 피와 속죄가 그리고 그의 의로우심이 감미롭게 느껴졌다. 이것은 언제나 영혼의 열심을 동반했다. 그리고 입 밖으로 낼 수 없는 마음의 갈등과 한숨과 고민이 내게서 사라지고 그리스도 안으로 빠져들어 갔다.[21]

사역 초기 에드워즈가 그리스도와의 친밀한 연합을 체험하면서 가장 중요한 충격은 역설적으로 개인적인 죄의식이 커지는 것이었다. 이는 마치 선지자 이사야가 성전에서 거룩하신 하나님의 영광을 바라보면서 '나는 입술이 부정한 자'라고 고백하였던 것과 동일한 현상사 6:5-6이며, 갈릴리 호수에서 예수를 만난 베드로가 "나는 죄인이로소이다. 나를 떠나소서"눅 5:8라고 고백한 것과 흡사한 것이다. 에드워즈 역시 거룩하시고 존귀하신 하나님을 만나 뵙고 죄로 가득한 자신을 발견하며 체험적으로 깨달은 것이다. 하나님의 아름다움과 거룩하심이 돋보이면서 그는 새로운 빛 가운데서 자신의 죄를 보기 시작했다. 그는 겸손했으며 그 체험을 다음과 같이 설명하였다.

> 나는 이곳으로 이사 온 이후부터 종종 나의 분명한 죄악과 사악함을 보고 느꼈다. 아주 종종 나는 크게 울기도 했고, 때로는 많은 시간을 그렇게 보냈기 때문에 입을 막아야 했다. 나는 나 자신의 죄악에 대해 더 크게 느끼게 되었고 내가 회심한 이래 경험했던 어떤 순간보다 가장 나쁘다고 느꼈다. 만약 하나님께서 나를 조사하신다면 내가 세상이

처음 시작한 이래로 가장 나쁜 사람으로 드러날 것이고 지옥에서 가장 낮은 곳에 살아야 할 것처럼 생각되었다.[22]

자신의 부패에 대한 에드워즈의 체험적 지식은 그가 결국 하나님의 주권에 복종하고, 그리고 그것을 수호하게 하였다. 자신의 지독히 사악한 마음의 밑바닥을 응시하면서 그는 하나님의 자유롭고 주권적인 은혜가 없다면 구원에 이를 수 없음을 깨닫게 되었다. 이처럼 에드워즈는 회심 이후 하나님과 사랑스러운 관계를 형성하고 친밀함과 달콤함을 향유하였지만, 동시에 자신의 연약함을 발견하고 죄로 인한 내적 투쟁을 경험하는 계기가 되었다.

그렇다면 에드워즈는 하나님과 사랑스럽고 신뢰하는 관계를 어떻게 유지하며 발전시켰으며 그리스도와 연합의 단계까지 나갔는지 조금 더 구체적으로 살펴보도록 하자. 즉 그는 하나님 말씀 묵상과 신학 공부, 기도, 독거 생활, 금식, 그리고 결심문을 통하여 하나님과 사랑스럽고 친밀한 관계를 형성하였고 이는 서로 신뢰의 관계로 발전했으며 결국 그리스도와의 연합을 향유하는 데 이르렀다. 다음의 각 절에서 이에 대하여 자세히 살펴보겠다.

c. 다양한 방법을 통한 하나님과의 친밀감 형성

첫째, 에드워즈는 회심 후 그리스도의 제자가 된 이후 말씀을 묵상하는 일을 습관화하여 하나님과 친밀감을 형성하였다. 그는 평소 거룩한 성경 읽기의 방법으로 말씀을 묵상하였지만, 에드워즈가 베네딕도 수도원 전통의 "거룩한 독서"lectio divina 모델을 따라서 묵상하였다는 언급은 없다. 하지만 그가 성경의 의미론이나 어의론에 집착하기보다는 실천에 영향을 주는 단락에 집중하였다는 것을 알 수 있다.[23] 에드워즈는 "은혜의 수단 중에 으뜸은 하나님의 말씀, 곧 하나님이 자신의 마음과 뜻에 대하여 세상에 주시는 영속적 계시인데 하나님의 말씀은 말하자면 모든 은혜 수단의 총합이다"[24]라고 강조했다. 또한, 에드워즈는 하루에 13시간 이상씩 하나님의 말씀을 연구하는 삶을 지속하였는데 이는 그가 세상을 떠나는 날까지 평생 지속되었다. 그는 성경 구절마다 매우 찬란한 광채가 비치고 신선한 양식들이 넘쳐나는 듯이 보일 때가 많아서 계속해서 읽어 내려갈 수 없을 정도였다고 한다. 그 속에 있는 온갖 놀라운 진리를 발견하기 위해 한 말씀을 오랫동안 묵상한 적도 많았다. 거의 매 구절 놀라운 진리들로 충만해 보였다."[25]라고 했다. 그리고 에드워즈는 홀로 산책하거나 휴식 혹은 여행을 위해 말을 타고 가면서 말씀 묵상하는 일을 좋아했다.

> 성경을 읽고 있노라면 그 속의 모든 언어가 내 마음을 두드리는 것처럼 느낀다. 나는 달콤하고 강력한 말씀이 내 마음속의 무언가와 아름다운 하모니를 이루는 것을 느끼곤 한다. 말씀 속 각각의 문장들이 내게 비춰주는 그 강력한 빛에 빠져들 때면 더 이상 읽어나가지 못한 채 그 문장에 멈춰서 그 안에 담겨있는 경이로 말미암아 입을 다물지 못하고 만다. 물론 성경의 모든 문장 속에 이와 같은 놀라움이 담겨있음은 두말할 여지가 없다.[26]

이처럼 에드워즈가 가장 열심히 몰두한 일은 성경 연구와 하나님의 말씀을 전하는 일이었다. 이를 통해 하나님과 사랑스럽고 친밀한 관계를 유지하였다. 한편, 에드워즈는 그의 설교 "신학 공부의 필요성과 중요성"에서 다음과 같이 언급하고 있다.

> 하나님이 인간에게 이성을 주신 것은 신학 공부를 하기 위함이며, 신학지식은 최고의 보물이다. 또한, 신학 공부는 모든 성도가 해야 하는 것이며 하나님의 특별계시를 공부하는 것이다. 신학 공부의 교과서는

성경이며 영원히 졸업이 없다. 신학 공부를 하는 것은 하나님의 뜻이다. 또한, 신학 공부는 시간을 유익하게, 고상하게 그리고 재미있게 보내는 방법이다. 아울러 성도의 삶에 가장 큰 유익을 주며 기독교 진리를 변호하는 데 최고의 방법이다.[27]

에드워즈는 성경을 열심히 읽고, 그 의미를 파악하며 신앙 서적과 더불어 읽으라고 권면하며, 그리고 기도하며 공부하고, 실천하며 공부하라고 한다.[28] 이는 에드워즈 자신이 하나님과의 친밀함을 누리는 비결이고 그리스도와의 연합으로 가는 과정이었다.

둘째, 에드워즈는 기도 생활에 열심이었으며, 이를 통하여 하나님과의 친밀감을 형성하였다.[29] "기도는 마치 호흡처럼 자연스럽게 느껴지는데 내 마음속의 열기는 기도를 통해 발산되었다"[30]라고 말했다. 그는 기상하자마자 개인 기도를 했고, 아침 식사 전에는 온 가족이 기도했다. 기도는 매 식사 시간의 일부였다. 그는 저녁에도 가족 기도회를 가졌다. 서재에서도 기도했고 산책하면서도 기도했다. 조지 마즈던George M. Marsden은 에드워즈의 기도 생활을 다음과 같이 묘사했다.

> 그는 겨울철에 촛불을 켜 놓고 개인 기도로 하루를 시작한 뒤 가족 기도까지 했다. 또 매번 식사 때마다 가족 모두 경건의 시간을 가졌고 매일 하루를 마무리하는 시간에는 사라가 그의 서재로 와서 함께 기도했다. 에드워즈는 은밀히 기도하라는 예수님의 말씀을 따라 그 외의 개인적인 경건의 시간에는 혼자 은밀히 기도했다. 하루 종일 그의 목표는 어렵더라도 하나님의 앞에서 살고 있음Coram Deo을 끊임없이 의식하는 것이었다. 그뿐 아니라 은밀히 금식하며 평소보다 더 많이 기도하는 날도 많았다.[31]

그의 기도의 삶은 목회자인 아버지와 그의 가족들의 영향으로 형성되었는데 어린 시절 하루에 다섯 번씩 기도하였으며, 다른 친구들과 신앙적인 이야기를 하며 많은 시간을 보냈고, 그들과 함께 기도하기 위해 모임을 가졌다고 언급한다.[32] 특별히, 결심문 29번에서 그는 "하나님 마음에 맞는 기도를 해야 한다"라고 하였는데, 이는 하나님이 응답해 주시길 바랄 수 없는 기도는 기도로 여기지 않으며, 하나님이 받아 주시길 바랄 수 없는 고백을 고백이라 생각하지도 않는다고 하였다. 또한, 에드워즈는 "이 세상에서 하나님과 인간 사이의 대화는 하나님 편에서는 자신의 말씀으로 우리에게 이야기하시고 자신의 마음을 우리에게 표현하신다. 우리는 기도로 하나님께 이야기하고 하나님께 우리 마음을 표현한다"[33]라고 언급하였다. 아울러 기도는 하나님을 꾀어서 우리 편으로 만들거나 겟세마네에서 예수님께서 하신 기도와는 반대로 우리가 바라는 형태의 삶을 보장하는 방향으로 하나님의 도움을 끌어들이려는 시도로 채워지기 쉽다. 그러나 기도는 하나님 자신을 구하는 것이지, 하나님이 주고자 하시는 것이 아니라고 했다. 그는 기도의 지향과 본질을 분명히 알았으며 매일 기도하는 삶에 있어서 본이 되었다는 것을 알 수 있다. 에드워즈는 기도를 통하여 하나님과 사랑스럽고 신뢰하는 관계를 형성하였으며 깊은 기도의 단계로 들어가서는 그리스도와의 연합을 경험하였다.

셋째, 에드워즈는 고독과 금식을 통하여 하나님과의 친밀감을 형성하였다. 그가 홀로 있기를 좋아하는 사람이었고 사회 활동에 너무 소극적이라는 비판을 받았다는 것은 많은 이들이 아는 사실이다.[34] 하지만 에드워즈는 아내와 11명의 자녀, 하인들, 자주 찾아오는 손님들 그리고 한집에 살면서 목회를 배우는 장래 목회자들과 더불어 있으면서 공부와 집필 그리고 설교 준비를 했다[35]는 사실을 알게 되면 홀로 있기를 좋아하는 그의 습관도 어느 정도 이해가 된다. 그는

20세에 뉴욕에서 목회를 경험하고 도시의 산란함을 뒤로하고 한적한 허드슨강 변을 거닐면서 묵상과 고독을 향유했다고 고백한다.[36] 에드워즈는 말을 타고 집 주위를 돌아다니면서 기도와 묵상, 찬양 혹은 생각에 잠기곤 했다.

또한, 그는 딸에게 쓴 편지에서 "이 헛된 세상과 그 속의 온갖 거품, 공허한 그림자, 부질없는 오락에서 이따금 물러나 하나님과만 대화를 나누어라. 그리고 하나님의 은혜와 위로를 구하여라. 가장 소량의 하나님 은혜와 위로도 온 세상의 모든 재물과 환락과 즐거움과 오락보다 더 가치 있단다."[37]라고 적었다. 매일 직면하는 무질서하고 끊임없이 쇄도하는 세속에서 물러나 하나님의 아름다움을 관상할 때 하나님과 깊은 일치로 나아갈 수 있음을 언급한 것이다.

한편, 금식은 하나님의 백성들이 항상 지키는 영적 훈련이었다. 대대수 그리스도교 전통과 마찬가지로 에드워즈에게도 금식은 무엇보다 공동체에서 요구하는 실천이었으며 오직 부차적인 의미에서만 개인적 훈련이었다. 금식에 있어서 에드워즈는 오늘날 그리스도인들에게 좋은 모범을 보여주었다. 당시에는 오늘날과 다르게 다양한 변화가 많이 있었던 불안정한 시기였다. 그래서 에드워즈는 전쟁, 전염병, 부흥 등 다양한 상황들에 있어서 전교인 금식을 선언하거나 요청하였다. 그는 또한 전교인 금식뿐만 아니라 개인적인 영성을 위해서도 금식하였다. 특별히 금식에 대한 에드워즈의 견해에 있어서 핵심을 차지하는 것은 죄의 고백이었다.[38] 그러므로 금식 중에 이루어지는 기도는 언제나 회개의 기도였으며 금식은 십자가 앞에 무릎을 꿇고 우리에게 모든 것을 주신 구원자를 구하는 육체적인 방법이다. 아울러 그의 저서 『부흥론』에서 목회자는 누구보다 은밀한 기도와 금식을 많이 해야 한다고 언급하였다. 또한, 영적 조언을 구하는 소녀 드보라 헤더웨이Deborah Headerway에게 에드워즈가 1741년 6월 3일 써 보낸 답장에서도 다음과 같이 조언하고 있음을 볼 수 있다. "특별한 어려움에 처하였거나, 너 자신이나 다른 사람을 위해 어떤 특별한 은혜를 절실히 필요로 하거나 간절히 소망할 때는 하루 날을 잡아 혼자 은밀히 기도하며 금식해 보아라."[39] 이처럼 우리는 에드워즈의 삶 속에서 금식과 홀로 있기를 통해 하나님과 친밀함을 누리고 있을 뿐만 아니라 그리스도와의 연합된 삶을 추구했음을 분명하게 알 수 있다.

넷째, 에드워즈는 1722년 가을, 약 19세 때 결심문을 작성하기 시작하였고 이를 통해 하나님과의 친밀감을 형성하였다.[40] 이러한 결심문은 개인의 도덕성 함양을 목적으로 작성되기도 했지만, 청교도의 경건 전통을 물려받은 에드워즈에게 있어서 이는 경건 훈련의 연속성에 있는 것이었다.[41] 즉 결심문의 경우 자기성찰의 과정으로서 청교도 경건 전통의 한 단면이라고 할 수 있다. 그는 회심 이후 자신의 평생 살아갈 70개의 결심문을 작성하였는데 그는 이 결심문을 매주 한 번씩 읽고 자신의 삶을 점검하였다. 이는 단순한 율법적 규범이 아니라 일생의 교훈이자 심혈을 기울여 작성한 좌우명이라고 할 수 있다.[42] 이는 하나님과 영원한 생명을 누리기에 합당한 영혼이 되고자 매일 매일의 실천적 지침 guideline을 주고자 한 것이다.[43] 그의 결심문은 다음과 같이 시작한다.

> 나는 하나님의 도우심이 없이는 아무것도 할 수 없음을 고백한다. 저의 다짐이 하나님의 뜻과 합한다면 제게 은혜를 베푸셔서 그리스도를 위하여 이 결심을 지킬 수 있는 능력을 주시기를 겸손히 간구한다.… 일평생 하나님의 영광을 드높이고 나 자신의 행복과 유익, 기쁨을 증진 시키는 일은 무엇이든 행하기로 결심한다. 또 인류의 행복과 유익에 가장 크게 기여하는 일, 곧 하나님이 주신 의무는 무엇이든 행한다. 어떤 어려움을 만나든지 그 어려움이 얼마나 크던지 이를 반드시 행한다.[44]

첫 번째 결심문에 등장하는 "하나님의 영광," "나 자신의 선good," 그리고 "의

무"라는 단어는 결심문 전반에 걸쳐서 반복적으로 등장한다.[45] 이뿐만 아니라 그의 결심문 5번은 시간을 헛되이 낭비하지 않고 한순간이라도 가능한 한 가장 유익하게 사용한다고 기록한 것을 보면, 에드워즈의 시간 사용 원칙을 알 수 있다.[46] 아울러 결심문의 전체 내용을 살펴보면 하나님의 영광과 시간 사용뿐만 아니라 언어생활 및 먹고 마시는 것 같은 구체적인 일상에서의 엄격한 절제와 자기 훈련이 언급된다.[47] 그리고 꾸준한 성경 연구와 신학적 연구 및 내세와 죽음을 염두에 둔 자기 점검 등이 발견되는데 이는 전형적인 청교도 전통의 연속성이라는 맥락에서 이해할 수 있다.[48] 이외에도 에드워즈의 일기 쓰기, 개인 및 가정예배 등을 통해 그는 하루 24시간 동안 늘 경건과 절제된 삶을 통해 하나님과 사랑스럽고 신뢰하는 관계를 유지하고자 하는 열심을 알 수 있다. 이와 더불어 그리스도와의 연합됨을 위하여 매일매일 내적 투쟁을 하였음을 발견하게 된다.[49]

d. 요약

에드워즈는 회심 이후 초자연적이며 신령한 빛의 경험을 통해 하나님과 친밀한 교제를 누리며 달콤함을 향유하였다고 고백한다. 그는 이 과정에서 믿음의 중요성을 언급하며 믿음이란 단순한 지적 동의가 아니라 전인격적인 차원에서 하나님에 대한 신뢰이며, 구원을 위한 중요 요소로서 그리스도와의 연합된 상태로서 설명하고 있다.[50] 이는 칼뱅이 주장한 그리스도와의 연합이라는 연속성 측면에서 이해할 수 있다.[51] 그는 회심 이후 하루 13시간 이상 하나님의 말씀 묵상과 신학 연구를 통해서 하나님과 사랑스럽고 신뢰하는 관계를 유지하였으며 궁극적으로 그리스도와의 연합을 추구하였다. 에드워즈가 남긴 신학적 산출물과 설교집을 비롯한 다양한 분야의 방대한 저서들이 이를 증명한다. 아울러 에드워즈는 기도 생활을 통하여 하나님과 깊이 있는 만남을 가졌고, 정기적이고 규칙적으로 기도하였다. 이는 청교도 전통을 따라서 가정을 수도원 삼아 자신뿐만 아니라 자녀들과 가족들에게 좋은 모범을 보였다. 또한, 대가족으로 살았으며 늘 사람들이 방문하였던 목회자로서 에드워즈는 사람들과의 관계에 있어서 물러남과 다가감이란 원근의 원리를 잘 적용하였다. 즉 사람들과 떨어져 홀로 있음과 금식을 통하여 하나님과의 친밀한 관계를 유지하였고, 이를 통하여 하나님과 달콤함을 향유하였다. 그는 자주 금식하였고 개인적으로나 공동체적으로나 금식을 통하여 영적인 회복을 이루었다. 이를 통하여 하나님과의 친밀함을 추구하였다. 결심문 또한 그의 삶을 총체적으로 알 수 있는 귀한 자료이다. 에드워즈는 70가지 결심문을 통하여 인생의 목표를 정하고 하루의 삶을 함부로 사용하지 않았으며 순간순간 하나님과 깊이 있는 교제를 통하여 자신의 영적인 삶을 유지해 나아갔다. 우리는 에드워즈가 평소에 하나님과의 긴밀한 교제를 통해 하나님의 뜻을 올바로 분별할 수 있는 준비를 하였으며 그 근저에는 그리스도와의 연합이라는 믿음의 뿌리가 있음을 발견하게 된다. 그러므로 우리는 믿음이 분별의 역동성에 있어서 출발점이며, 에드워즈가 하나님과의 관계를 향유할 수 있는 닻과 같은 역할을 했음을 알 수 있다.

B. 내적 충동

인간의 내면은 다양한 감정pathos을 품고 있는 집합체와 같아서 그 속에 후회, 질투, 진노, 슬픔 그리고 탄식 등 다양한 요소를 담고 있다.[52] 이러한 감정들은 한 인간의 내면을 움직이게 하는 중요한 요소로서 영적 위로와 영적 황량의 상태로 이끈다. 본 절에서는 매킨토시의 방법론에서 언급한 역동성의 두 번째 요소인 "내적 충동"의 관점에서 분별을 설명하고자 한다. 매킨토시는 앞 절에서 살펴본 것처럼 믿음이 분별의 출발점이요, 기초라고 했다. 그는 이를 바탕으로 그리스도와 연합하여 새로운 내적 감각을 소유한 사람에게 있어서 일어나는 내적 충동을 분별의 두 번째 요소로 규정하였다. 그리고 이것을 "사람들을 움직이게 하는 선과 악의 충동을 구별하는 것으로서의 분별"로 설명하였다. 따라서 우리는 에드워즈의 인간에 대한 이해를 살펴보며, 그의 사상 가운데 나타난 정서affections가 내적 충동과 어떻게 연관되는지 고찰해 보고자 한다. 이어서 영적 위로와 영적 황량을 살펴보고자 한다. 그러므로 이 절에서는 "움직임의 근원으로서 정서", "영적 위로"를 핵심어로 선택하여 글을 전개해 나가고자 한다.[53]

a. 에드워즈의 인간 이해

에드워즈가 생활하였던 18세기의 미국 뉴잉글랜드는 유럽의 계몽주의 사조의 영향을 직 · 간접적으로 받았는데 계몽주의자들은 인간이 이성적인 존재이며 합리적인 존재로서 인간의 자유와 도덕적 선을 강조하였다. 아울러 당시 식민지 개척과 더불어 공업과 상업의 발달은 뉴잉글랜드 정착민들에게 많은 부를 가져다주었고, 인간과 미래에 대한 낙관적 시각을 초래했다. 하지만 에드워즈는 그의 1758년 저작인 『위대한 기독교 교리, 원죄론』에서 아담의 범죄 이후 인간의 전적인 타락을 강조하며, 성향의 변화dispositional change라는 구조 속에서 전적 타락의 교리를 해석하며 발전시켰다.[54] 에드워즈에 의하면 인간은 하나님의 형상으로 창조되어 성령의 역사로 말미암아 선한 성향을 추구하게 되었지만, 타락의 결과 악한 성향을 추구하는 비참한 상태로 변하게 되었다. 그래서 그는 원죄를 "마음의 타고난 죄성적 부패"the innate sinful depravity of the heart라고 정의하고,[55] 성향의 문제로 접근했다.[56] 에드워즈에게 있어서 성향성은 능동적이며, 목적론적이며, 원인적인 힘이며, 존재론적으로 실재하며 지속하는 원리이다.[57]

또한, 에드워즈는 원리라는 개념으로 인간 창조와 원죄를 설명하는데 이는 아담을 창조하실 때 하나님께서는 두 종류의 원리, 즉 우월한 원리superior principles와 열등한 원리inferior principles로 창조하셨다고 설명한다. 우월한 원리란 영적이고, 거룩하고, 신성한 것으로 하나님의 사랑으로 이해되는 것이며, 이는 성령에 의해서 지배되며 하나님의 영적 형상들, 인간이 지닌 공의로움, 거룩함 등을 가리키고 신적인 성품divine nature 혹은 초자연적supernatural 원리라고 불렀다.[58] 반면 열등한 원리란 자연적이라고 불리는 인간 본성의 원리이며 자연적 욕구와 열정을 수반하는 자기 사랑이다.[59] 에드워즈에 따르면 하나님이 창조 시 우월한 원리가 열등한 원리를 통제하며 살도록 계획하셨지만, 죄로 인한 인간 타락은 이러한 질서를 붕괴시키고 말았다. 그 결과 우월한 원리가 사라진 그 자리를 열등한 원리가 차지함으로 죄악의 성향으로 가득 찬 인간은 무질서한 삶을 살게 되며 선한 성향을 상실하게 되었다.[60] 이는 곧 치명적인 재난, 모든 것을 뒤엎는 전복 그리고 가장 혐오스럽고, 끔찍한 일련의 혼란 상태를 초래했는데 열등한 원리는 종으로서는 좋지만, 주인으로서는 나쁘다고 할 수 있다. 에드워즈는 이러한 인간의 상태를 집안의 불로 비유하며 제자리에 잘 간수하면, 아주 유용하지만 방치하면 집 전체를 태우고 결국 모든 것을 파멸해 버린다고 하였다.[61] 따라서 타락한 인간은 더 이상 하나님을 찾지도 못하고 사랑할 수도 없을 뿐만 아니라 선을 행할 능력도 사라진 존재로 머물 뿐이다. 결국, 이들은 열등한 원리가 지배하는 대로 육체의 욕심을 따라 행하고 하나님과 멀어진 삶을 살아갈 수밖에 없다.[62] 하나님의 형상으로 창조된 인간이 죄로 인하여 타락하면서 하나님과의 관계가 단절된 결과 거듭난 사람에게 있어서 주어지는 마음의 감각이 상실되어 버렸으므로 에드워즈는 타락한 인간의 상태를 다음과 같이 묘사하였다.

> 그러나 인간이 죄를 짓자마자 고결한 원리는 즉각적으로 상실되었고, 모든 이러한 탁월한 영혼의 확장성은 사라져 버렸고, 그 이후 인간은 작은 점으로 축소되었다shrink.⋯ 하나님은 버려졌고, 동료 피조물도 버려졌으며, 인간은 그 자신 내에서 외진 곳에 머물게retired 되었고 좁고 이기적인 원리들에 의해서 전체적으로 지배되었다. 자아 사랑은 그의 영혼의 완전한 주인이 되었으며, 더욱 고상하고 영적인 원리들은 떠나 버렸다.[63]

따라서 타락한 인간은 자기 사랑에서 벗어나 하나님의 은혜를 통한 새로운 관계 형성을 요구한다.[64] 그러므로 에드워즈의 인간론은 인간의 전적인 타락으로 인해 하나님의 무조건적 은총이 필요한 존재로서의 인간을 언급한다.[65] 하나님의 은총으로 새롭게 된 인간은 과거와는 다른 새로운 성향과 욕구를 갖게 되는데 이를 마크 탈벗Mark R. Talbot은 다음과 같이 설명하고 있다.

> 거듭남이란 하나님이 내게 이전과는 근본적으로 다른 일련의 성향과 욕구를 주셨음을 뜻한다. 나는 자기의 뜻대로 행하는 마귀의 자식에서 이제 내 안에 살아계신 성령이 뜻하시는 바를 행할 수 있는 하나님의 자녀로 바뀌었다. 내게 이런 전혀 새로운 일련의 욕구와 관심을 주신 분은 바로 내 안에 살아계신 성령님이시다. 또한, 이러한 경건한 욕구와 관심은 내 믿음과 결합하여 내게 구체적인 경건한 감정을 품게 한

다. 따라서 내가 이런 감정을 가졌다는 것은 내 마음이 거듭났다는 사실을 보여준다. 또한, 내가 이런 감정을 갖지 않았다면 이는 내 마음이 거듭나지 않았음을 보여주는 것이다. 내가 진정으로 무엇에 관심이 있는지를 보여주는 정서로서의 나의 감정은 나의 영적인 상태를 드러낸다.[66]

결국, 에드워즈는 우리의 욕구와 정서가 어떻게 우리의 영적 상태의 표지 내지, 징표가 될 수 있는지 보여주고 있다. 또한, 그에 따르면 인간은 필연적으로 하나님과 교제하기 위해서 참된 회심이 필요한 존재이며 변화되고 거듭난 영혼은 경건한 욕구와 열망의 정서가 수반됨을 알려주고 있다.

b. 움직임의 근원으로서 정서

사람들을 움직이도록 만드는 내적 충동은 어떻게 일어나는가? 이를 고찰하기 위해서 먼저 에드워즈가 언급한 정서affection[67]에 대하여 살펴보고자 한다. 에드워즈는 『신앙 감정론』의 시작 부분에서 정서를 모든 활동에 대한 "행동의 원천spring of motions"으로 다음과 같이 묘사했다.

> 인간의 본질이 그렇기 때문에, 인간은 사랑이나 미움, 갈망, 희망, 두려움 같은 감정들의 영향을 받지 않으면 매우 수동적인 존재가 되어버린다. 우리는 이런 감정이 삶의 모든 문제에서 사람을 움직이게 하며 사람이 모든 추구하는 일에 관여하도록 하는 근원이라고 본다. 모든 사랑과 증오, 모든 희망과 두려움, 모든 분노, 열정, 갈망 등을 제거해 보라. 그러면 세상은 정지해 버리고 죽은 것같이 될 것이다. 인류 가운데 어떤 활동도 또는 어떤 진지한 추구도 없을 것이다. 감정은 탐욕스러운 사람에게 관여한다. 또한, 감정은 향락을 즐기는 사람도 자극한다.… 그래서 신앙 문제에 있어서 이들의 행동 원천은 매우 종교적인 감정이다. 감정이 없이 교리적 지식과 사변만 있는 사람은 결코 신앙생활을 진지하게 영위할 수가 없다.[68]

이러한 면에서 정서는 그 자체가 좋고 나쁜 것이 없으며 가치 중립적인 것이다. 에드워즈의 견해로 정서란 느낌뿐만 아니라 가치를 평가하고 바라고 선택하고 뜻하는 우리의 전인격적인 측면과 관계가 있으며 이를 가리켜 움직임의 근원으로 언급했다. 정서_{affection}는 에드워즈의 『신앙 감정론』에 있어서 매우 중요한 단어요, 개념이다. 에드워즈는 정서를 "한 인간의 영혼을 구성하고 있는 의지와 성향이 지닌 더 활기차고 감지할 수 있는 활동"이라고 정의했다. 에드워즈에 따르면, 하나님께서는 인간의 영혼에 두 가지 기능을 주셨는데 바로 오성_{understanding}과 경향 혹은 기울어짐_{inclination}이다. 오성은 인식과 사유할 수 있는 기능, 즉 사물을 분별하고 바라보며 판단할 수 있는 기능이며, 성향은 사물을 단순히 인식하고 지각하는 것을 넘어서, 인식하고 지각하는 사물에 어떤 식으로든 끌리게 되는 기능이다. 경향이 행동과 결합하면 의지_{will}라고 불리기도 하고, 정신_{mind}이 기능의 행사와 관련해서는 마음_{heart}이라고 불리기도 한다.[69]

이 기능은 두 가지 방향으로 움직일 수 있는데, 영혼이 바라보는 사물을 인정하고 기뻐하고 애착을 가지는 방향으로 움직일 경우를 끌림, 호감, 혹은 사랑의 정서라고 하고, 이와는 반대로 인정하지 않고 싫어하며, 반감을 갖고 거절하는 방향으로 움직이는 경우를 거부감 혹은 혐오감, 이것이 심하면 증오의 정서가 된다. 에드워즈는 이 기능들이 더 활력 있게 느끼게 되는 것을 정서라고 불렀다. 에드워즈가 말하는 정서를 잘 이해하기 위해서는 정서_{affection}와 격정_{passion}의 차이를 이해해야 한다. 격정은 잘 통제되지 않을 만큼 사람을 압도하는 성향이지만 정서는 우리에게 영향을 줄 수 있는 성격의 생각이나 이해로 인해 촉발되는 사람이 다른 사람이나 대상에 대해 보이는 능동적인 반응이라고 할 수 있다.[70] 따라서 정서라는 개념이 좀 더 포괄적이라는 것을 알 수 있다. 그래서 에드워즈는 정서를 작동 주체_{agency}의 중심으로 이해했으며, 정서를 이성과 분리된 기능이 아닌 서로 상호보완적이며 상호작용하는 관계임을 알려주었다. 이를 통해 정서는 에드워즈의 신학적 인간론의 중심에 위치함을 알 수 있다. 또한, 에드워즈는 모든 사랑과 증오, 모든 희망과 두려움, 모든 분노, 열심 그리고 정서적인 열망을 제어해 버리면 이 세상은 죽은 것과 같을 것이라고 주장하며, 사랑을 모든 정서의 종합이라고 주장했다.[71]

한편, 탈벗에 의하면 감정은 믿음과 관심사에서 비롯된다고 했으며 이 세 가지 요소 예를 들자면, 믿음과 관심 그리고 감정 사이의 관계를 다음과 같이 도식화하였다.[72]

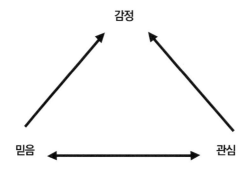

즉 믿음과 관심 사이의 양방향 화살표는 믿음과 관심이 상호작용하여 감정을 낳는 방식을 뜻하며, 믿음과 관심에서부터 감정 쪽을 가리키는 한쪽 방향 화살표는 감정이 믿음과 관심의 상호작용에서 생겨난다는 사실을 나타낸다.[73] 하지만 믿음, 관심 및 감정 사이의 상관관계에 대해 더 깊이 생각해 보면 세 화살표 모두 양방향 화살표가 되어야 한다는 점을 깨닫게 될 것이다. 왜냐하면, 감정은 믿음과 관심의 영향을 받을 뿐 아니라 믿음과 관심에 영향을 주기도 하기 때문이다. 이 그림은 우리의 감정이 우리의 믿음과 관심에 대해 무엇을 드러낼 수 있는지를 이해하는 데 도움이 된다.[74]

이상에서 살펴본 바와 같이 에드워즈의 인간론은 전통적인 삼분설오성, 감정 그리고 의지을 거부하고, 인간의 구성을 오성understanding과 기울어짐inclination으로 나누었으며, 이는 영혼의 정서가 느낌과 선택뿐만 아니라 지성을 형성한다고 주장하였다.[75] 아울러 정서는 움직임의 근원이며 작동의 주체로서 이성과 상호보완적인 역할을 하며 내적 충동을 알아차릴 수 있는 요인이다. 또한, 믿음과 관심 그리고 감정 사이에서 상호관계가 있음을 알 수 있다.

c. 영적 위로와 영적 황량

선과 악의 충동을 구분하는 것으로서의 분별은 마음속에서 일어나는 영적 위로와 영적 황량의 경험을 통하여 가능하다. 즉 하나님께로 가까이 가는 경험은 영적 위로의 경험이지만 그 반대로 하나님에게서 멀어지는 경험은 영적 황량의 경험이다. 따라서 우리 내면의 움직임이 어디로 향하는가에 따라서 분별의 기준을 세울 수 있다. 에드워즈의 경우 신앙생활에 있어서 거룩한 감정이 없다면 공허하게 된다고 주장하며 사탄은 우리가 진리와 상관없이 감정적으로만 고조되기를 바랄 뿐만 아니라 생명 없는 형식주의로 인도함으로써 영적 황량으로 이끈다고 했다. 이 경우 참된 신앙이 대부분 정서에 있다면 정서들을 자극하고 움직이게 하는 경향성을 지닌 수단들을 힘써 구해야 한다.[76] 예를 들면 경건 서적을 읽고, 말씀을 설교하는 것, 성례를 집행하는 것, 기도와 찬양으로 그렇게 말씀을 예배하는 것은 사람들의 심령에 깊은 정서를 일으킬 수 있는 수단이므로 힘써 추구해야 하며 이를 통하여 영적 위로를 얻을 수 있다고 한다.[77]

에드워즈의 경우 내적인 움직임보다는 주로 성령의 내주를 강조하면서 하나님의 영은 참된 성도 안에 내주하신다고 주장한다.[78] 아울러 성도들의 영혼 속에 생명의 원리로 내주하시는 하나님의 영이 자신의 고유한 본성으로 역사하시고, 자신을 전달함으로써 열매를 맺게 된다고 언급했다.[79] 또한, 에드워즈는 인간이란 재창조 되어야 할 죄인으로 보았으며 재창조가 가능해지는 것은 오직 하나님이 인간에게 "마음의 새 감각_new sense of the heart_"을 주실 경우인데, 이 새로운 감각은 인간 존재의 중심에 있는 거룩한 정서로서 이성을 포함한 인간의 인격 전체가 성령의 지배를 받아 신적이고 영적인 것들을 이해할 수 있는 새로운 능력과 감각이며 이로 인해서 신자는 하나님을 사랑스럽게, 그리스도를 탁월하고, 영광스럽게 볼 수 있도록 한다.[80] 이 새로운 감각은 하나님께서 직접 주시는 것이기에 자연인의 경험을 넘어서는 초자연적인 것이다.[81] 에드워즈는 새로운 영적 지각과 감각의 원리를 다음과 같이 언급한다.

> 하나님의 성령이 역사하시는 구원 사역을 통해 성도들이 마음에서 일어나는 은혜의 역사와 은혜로운 감정 속에는 마음을 새롭게 하는 내적인 지각이나 감각이 있는데 이것은 그들이 거룩해지기 전에 그들이 마음으로 체험했던 어떤 것과도 그 성질과 종류가 완전히 다른 것이다.[82]

따라서 그는 모든 은혜로운 감정은 성도들의 영혼 속에 감각적인 효과나 느낌을 일으키는 성령의 특별하고 독특한 영향에서 비롯된다고 했으며, 거듭나지 않은 사람이 체험할 수 있는 모든 것과 그 정도나 정황만이 아니라 본질에서도 완전히 다르다고 주장한다.[83] 아울러, 에드워즈는 믿음의 전제조건으로 영적인 빛을 다루고 있는데 이는 성령의 조명 없이 자기 의지만으로 믿음을 가질 수 없다는 의미이다.[84] 영적인 빛은 말씀에서 계시된 내용 가운데 위엄, 아름다움, 진리 등으로 표현된 하나님의 탁월하심에 대한 참된 감각과 그러한 감각에서 솟아나는 신적인 탁월성의 진리와 실재에 대한 확신이다.[85] 결국, 에드워즈는 성령의 내주를 통한 새로운 영적 감각과 신령한 빛을 강조하고 있는 것으로 보인다.

연이어 에드워즈는 무엇보다 성령의 내주로 변화된 신자는 하나님의 아름다움에 관한 인식을 하게 되며 이는 영적으로 느낄 수 있는 달콤한 맛, 즉 "거룩함의 아름다움은 영적이고 신적인 일들 속에 있는 것이며 그 어떤 것과도 달리 이영적인 감각으로만 알 수 있는 것인데 이 아름다움은 영적으로 느낄 수 있는 달콤한 맛이다."[86]라고 하였는데 이는 영적 위로에 해당하는 부분이라고 할 수 있다. 더 나아가 하나님을 아는 지식에서도 에드워즈는 하나님의 자녀에게는 그가 은혜로운 감정을 체험하기 전보다 더 분명하고 나은 견해가 생긴다고 주장한다. 그는 신적인 일들을 새롭게 이해하게 되거나 그에게 이전에 있던 지식을 새롭게 받아들이게 되는데[87] 이는 이전에 깨닫지 못했던 부분을 새롭게 인식하는 지평의 확장을 가져오게 되어 하나님에 대한 앎이 풍성해지며, 하나님의 지혜와 신비의 영적 지각을 하게 만든다.[88]

한편 변화된 성품에서 나타나는 진정한 정서의 또 다른 특징은 참된복음적인 겸손이다. 에드워즈는 이를 가리켜 다음과 같이 설명한다.

> 복음적인 겸손은 그리스도인 자신이 전적인 무능함, 혐오할 만함 그리고 추악함과 같은 심령을 가진 존재라는 것을 아는 감각이다. 율법적인 겸손은 그 안에 어떤 영적인 선함도 없으며 참된 미덕의 본질에 속한 것이라고는 전혀 없다. 반면 복음적인 겸손 안에는 기독교적인 은혜의 탁월한 아름다움이 있다.[89]

이러한 겸손이야말로 인간의 성품 안에서 일어나는 가장 심오한 변화 가운데 하나이다. 이어서 에드워즈는 참된 은혜와 영적인 빛의 본질을 다음과 같이 언급한다.

그가 더 많은 은혜를 받으면 받을수록 그는 이 사실을 더 분명하게 보게 되고 하나님의 무한한 탁월성과 영광을 더 크게 느끼게 된다. 그리고 그리스도의 인격에 있는 무한한 깊이와 높이를 더 크게 느낀다. 은혜를 더 많이 받게 될수록 영혼은 하나님의 광대하심에 압도당한다.… 사람을 극진하게 사랑해 주신 이 하나님과 영광스러운 구속주를 사랑하는 것이 얼마나 당연한 일인가를 깨닫게 된다. 또 자신이 얼마나 하나님과 그리스도를 조금 사랑하는가를 깨닫고 놀라게 된다.[90]

복음적 겸손과 참된 은혜 그리고 영적인 빛을 통하여 신자는 영적 위안을 얻게 된다. 성령의 내주는 성품의 변화를 가져오는데 이는 그리스도의 성품, 즉, 용서, 사랑 그리고 자비로 나타난다.[91] 아울러, 하나님을 두려워하는 마음이 생성되는데 은혜로운 감정은 돌과 같은 마음을 더욱 부드러운 마음으로 변하여, 죄 혹은 무엇이든 하나님을 불쾌하게 하고 하나님의 권위를 침범하는 것에 대한 두려움으로 가득하게 만든다.[92] 이러한 일련의 과정을 거쳐서 하나님을 향한 갈망이 생겨나는데 참된 성도는 은혜로운 사랑으로 하나님을 더 사랑하면 할수록 그는 더욱 사랑하기를 갈망하게 되며 자신이 하나님을 많이 사랑하고 있지 않다는 사실 때문에 더 괴로워한다. 그가 하나님과 거룩함을 더 목말라하고 더 갈망할수록 그는 더욱 갈망하고 싶어지며 하나님을 갈망하는 일에 자신의 영혼이 헐떡이게 되기를 원한다는 것이다.[93] 이러한 영적인 감정들은 본질상 그 감정들이 더 크면 클수록 은혜와 거룩함을 더 많이 원하고 갈망하게 되며 하나님에 대한 지식과 생명으로 더 멀리 나아가기를 원하게 된다.[94] 이러한 특징들이 에드워즈의 작품들에서 나타나는 영적 위로이며 그와 정반대의 경우를 영적 황량이라고 할 수 있다.

d. 속임수

훌륭한 것일수록 위조품들이 많아서 진품과 위조품을 분별하는 지혜가 필요한데 영적인 면에서도 동일하다. 에드워즈는 대각성 시대에 선별력을 통하여 성도들이 느끼는 감정이 진정으로 하나님께서 주신 부흥인지 그렇지 않은지 구별하는 기준을 제시하였다. 에드워즈는 악한 영의 속임수에 대하여 다음과 같이 언급한다. "위선자는 자기를 즐거워하며 자아가 기쁨의 가장 주된 기초이므로, 위선자의 마음은 우선 자신의 특권과 자신이 누리거나 누릴 행복 때문에 기뻐하고 즐거워한다."[95] 위선자들의 기쁨은 자신들에 대한 기쁨이기 때문에 시선을 자신들에게만 고정시키며, 위선자들의 사랑과 기쁨이 모두 자아 사랑이라는 원천에서 나오듯이 그들이 느끼는 죄에 대한 슬픔, 겸비와 복종, 신앙적 갈망과 열심 같은 다른 감정들도 자아 사랑에서 나온다.[96] 이는 곧 타인과 이웃을 위한 기쁨인지 나 자신의 유익을 위한 기쁨인지를 잘 분별하는 것이 중요하다는 것을 알려주고 있다.[97] 또한, 그는 하나님을 아는 지식에 관하여도 다음과 같이 언급한다. "지성에 빛을 받은 것에서 비롯되지 않은 많은 감정적 체험들이 있다. 감정들이 지식에서 비롯되지 않을 때 이 감정들이 아무리 고조되어도, 영적인 감정이 아니며, 속임수, 상상, 환영phantasy 등으로 가장하여 나타난다."[98] 특별히 에드워즈는 앞에서 언급한 바와 같이 『성령의 역사분별 방법』에서 감정의 고조 등 아주 비범하고 특별하게 일어난 일, 몸에 일어나는 특이한 현상, 부흥 시 발생하는 소동 현상, 상상력에 큰 인상이 남겨짐, 다른 사람의 모범을 보고 따라함, 성령의 아래 있다고 여겨지는 많은 사람의 행동 속에서 보이는 비정상적인 행동, 은혜와 부패가 혼합되어 있음, 이단에 빠지는 사람이 생기는 것, 많은 목회자가 율법 설교, 지옥 설교를 하는 것 등은 성령의 역사를 분별하는 데 증거가 될 수 없는 소극적 증거라고 언급한다.[99] 마귀는 속임수나 상상력 그리고 환

영을 통해 감정적 체험을 이용하여, 상상력을 자극하여 마음에 영향을 주는데 이에 대한 대처가 시급하다고 할 수 있다. 아울러, 거짓된 체험은 보통 가짜 겸손을 동반하며 자신을 속이는 것이 바로 거짓된 겸손의 본질이다. 거짓된 신앙 감정은 일반적으로 그 감정을 체험한 사람이 자신에 대해 자만하게 만드는 경향이 있다.[100] 더 나아가 에드워즈는 위선자들의 감정들에는 보통 조화와 균형이 없으며, 많은 위선자는 몇 가지 신앙 감정에서 크게 치우치는 경향이 있다고 한다.[101] 또한, 거짓되고 기만적인 기쁨이 고양되면 그 감정들은 은혜와 거룩함을 열망하지 않게 된다.[102] 에드워즈는『성령의 역사분별 방법』에서 다시 은혜와 부패가 혼합되어 있음을 언급한다. 즉 참된 성도의 마음 안에도 일시적으로 은혜와 부패, 하나님의 나라와 마귀의 나라가 혼합되어 있을 수 있다.

> 동일한 사람이 하나님의 성령에 의해 많은 영향을 받으면서 어떤 면에서는 마귀의 미혹에 끌려갈 수가 있습니다. 이것이 모순이 아닌 것은 현재 세상에 사는 진정한 성도에게서 참으로 보게 되는 많은 다른 일들이 모순이 아닌 것과 같습니다. 즉 참된 성도에게 있어서도 은혜가 많은 부패와 함께 존재하며, 새 사람과 옛사람이 같은 사람 안에 공존하며 하나님의 나라와 마귀의 나라가 같은 마음 안에 잠시 동안 함께 있습니다.[103]

이처럼 에드워즈는 인간의 내면을 성령의 지배를 받는 하나님 나라와 마귀의 지배를 받는 사탄 나라의 대립 구도로 보았으므로 실제적 지혜와 건전한 판단력을 통하여 참과 거짓을 구분할 수 있는 선별력이 중요하다고 할 수 있다.

e. 요약

에드워즈의 인간에 대한 이해는 전통적인 견해(지성, 감성, 의지)와는 달리 오성과 의지를 중심으로 전개하였으며, 인간은 전적으로 타락한 존재로서 하나님의 은총을 통한 새로운 거룩한 정서가 일어남을 주장했다. 따라서 에드워즈에게 있어서 정서affection는 신학적 인간학의 중심이며, 인간 내면의 충동을 일으키는 중요한 요소이다. 그리고 그는 『신앙 감정론』에서 두려움, 소망, 사랑, 증오, 바람, 기쁨, 슬픔, 연민, 질투를 포함하는 다양한 감정을 논의하였으며, 특별히 사랑은 모든 정서의 총합이라고 언급하였다. 또한, 에드워즈는 우리 마음의 내적 충동이 일어나 하나님께로 향하는가 아니면 하나님에게서 멀어지는가에 따라서 영적 위로와 영적 황량의 상태로 묘사하였는데 에드워즈의 정서에 대한 이해는 인간의 내면에서 일어나는 다양한 충동을 이해하는 중요한 요소임을 알 수 있다.

C. 선별력

엘리자베스 리버트Elizabeth Liebert는 한 사람이 무엇인가를 분별하고 선택하며 결정할 때 그 과정은 이성만이 아니라 기억, 통찰, 몸, 상상력, 감성, 자연 등 다양한 방법이 있다고 주장한다.[104] 따라서 분별의 과정은 단 한 번의 통찰이나 일순간의 결정으로 이루어지는 것이 아니라 총체적이며 통합적인 일련의 과정임을 알려주고 있다. 앞 절에서 살펴본 바와 같이 믿음은 분별의 기초이며, 인간 내면에서 발생하는 내적 충동은 행동의 원인임을 알 수 있었다. 따라서 이러한 내적 충동을 잘 판단하고, 선별력을 가지고 올바르게 결정하는 일은 분별 과정에 있어서 세 번째 국면이라고 할 수 있다. 에드워즈는 23년 목회하는 동안 두 번의 영적 부흥을 경험하였는데 이러한 경험이 참된 신앙체험과 그렇지 못한 것을 구별하는 영적 분별에 관한 저서를 남기게 된 계기가 되었다. 에드워즈는 "사랑하는 자들아, 영을 다 믿지 말고, 오직 영들이 하나님께 속하였나 시험하라. 많은 거짓 선지자가 세상에 나왔음이니라."요일 4:1라는 말씀을 근거로『성령의 역사분별 방법Distinguishing Marks』을 저술하였고, 그 후 이전의 저서보다 한층 더 체계화된『신앙 감정론Religious Affection』을 저술하였다. 그는 중요한 것일수록 위조품이 많으므로 위조품 속에서 진품을 분별하는 선별력이 영성 생활에서 필요함을 언급하였다. 또한, 그는 신앙생활이란 많은 체험을 동반하게 되지만 그 가운데 성령에게서 온 진정한 체험인지 그렇지 않은지 분별하는 선별력은 매우 중요한 요소로서 개인이나 공동체적으로 절실히 요구되는 덕목이라고 주장했다. 매킨토시는 분별을 위한 역동성 세 번째 국면으로 선별력을 언급하고 있는데 본 절에서는 실제적 지혜 및 건전한 판단력 그리고 올바른 선별력을 핵심 단어로 삼아 논지를 전개해 나가고자 한다.[105]

a. 실제적 지혜와 건전한 판단력

에드워즈의 외조부 솔로몬 스토다드_{Solomon Stoddard}는 약 60년 목회 기간 동안 다섯 번에 걸친 부흥 체험_{1679, 1683, 1696, 1712, 1718년}을 하였는데 에드워즈 역시 그가 사역할 당시 1734~35년과 1740~43년 동안 부흥을 경험하였다. 이러한 부흥 체험은 외조부 때부터 있었던 부흥의 연속성에 따르면 여섯 번째와 일곱 번째에 해당하는 것으로 에드워즈는 자신의 부흥 체험이 외조부 스토다드의 부흥과의 연속선상에 있다는 것을 부인하지 않으려고 했다.[106] 이러한 부흥 체험은 왜 에드워즈가 진정한 체험과 그렇지 않은 위조된 체험에 관하여 관심 갖고, 연구하며 설교하였는지 이해하는 단서라고 할 수 있다. 특별히, 대각성 운동이 진행됨에 있어서, 에드워즈와 조지 휫필드_{George Whitefield}는 모든 일에서 하나님의 주권을 강조하며 죄인인 인간에게는 자기를 구원할 능력이 없다는 것을 역설하였다.[107]

한편, 부흥과 함께 일어난 현상은 항상 감동적인 것만은 아니었다. 다양한 영적 현상들이 일어나면서 교회의 무질서를 초래하기도 했다. 예를 들자면 예배 도중 동물의 괴성을 지르며 쓰러지거나 울부짖는 현상 혹은 통제할 수 없는 발작이 일어나 크게 웃거나 넘어지는 현상 등이 그것이다.[108] 이로 인해 교회는 이러한 현상을 지지하는 측과 반대하는 측으로 나뉘어 교회가 분열되는 결과를 초래하기도 했다. 반짝이는 모든 것이 금이 아니듯이 부흥의 현장에는 어김없이 성령의 역사와 더불어 악한 영의 역사가 있으므로 이를 분별하는 실제적 지혜 및 건전한 판단력은 무척 중요하다. 따라서 에드워즈는 목회자요, 신학자로서 당시 뉴잉글랜드 지방의 신학적 주요 주제로 떠오른 영적 분별을 다룰 필요가 있었다. 때마침 그는 1741년 9월 10일 예일대학교 졸업식에서 설교할 기회를 얻었는데 요한일서 제4장 1절의 본문을 중심으로 "성령의 역사에 대한 분별 방법"이라는 설교를 전하였다. 이 설교에서 그는 부흥 시 발생하는 강력한 체험, 특히 부흥에 대한 열광주의적인 극단으로 인해 초래되는 여러 가지 현상을 보고 부흥 자체를 반대하는 것은 잘못된 것임을 밝혔으며, 성경이 말하는 참된 성령의 역사에 대한 증거를 살펴볼 때 지금 일어나고 있는 부흥은 성령의 역사에 의한 참된 부흥임을 강조하였다.[109] 그 후 발간된 에드워즈의 저서 『성령의 역사분별 방법』은 예일대학교 졸업식 설교를 확대하여 출판한 것이다.[110]

또한, 에드워즈는 1734년 『신적이고 영적인 빛』이라는 설교를 발전시켜 『신앙 감정론』을 완성하였는데 여기서 그는 영적 부흥과 성령의 역사에 대한 분별의 표지를 제시하였다. 일부 학자는 『신앙 감정론』과 에드워즈의 다른 작품인 『성령의 역사분별 방법』의 구조와 내용이 흡사하여 전자가 후자의 발전된 형태로 보기도 한다. 하지만 에드워즈는 두 작품의 상황과 목적이 다르므로 그렇지 않다고 스스로 주장한다.[111] 먼저 에드워즈는 『성령의 역사분별 방법』에서 실제적 지혜와 건전한 판단력을 통해서 성령의 역사를 분별하는 데 증거가 될 수 없는 소극적인 증거 9가지를 제시한다.

> 첫째, 아주 비범하고 특별하게 일어난 일, 둘째, 몸에 일어나는 특이한 현상, 셋째, 부흥 시 발생하는 소동 현상, 넷째, 상상력에 큰 인상이 남겨짐, 다섯째, 다른 사람의 모범을 보고 따라감, 여섯째, 성령의 영향력 아래 있다고 여겨지는 많은 사람의 행동 속에서 보이는 비정상적인 행동, 일곱째, 은혜와 부패가 혼합되어 있음, 여덟째, 이단에 빠지는 사람이 생기는 것, 아홉째, 많은 목회자가 율법 설교, 지옥 설교를 하는 것.[112]

이는 당시 뉴잉글랜드에서 일어나고 있었던 열광주의자들의 모습을 반영한 것이다. 에드워즈가 입증했던 사실은 각각의 비난에 일리가 있다는 것을 인정하지만, 이런 전제 때문에 부흥의 유효성에 대해 논란을 일으키는 것은 적절하지 못하며 교회사에 나타난 부흥의 사례를 살펴볼 때 그러한 문제들은 역사 속에서 반복적으로 야기되었다고 주장했다.[113]

반면, 에드워즈는 성령의 역사를 분명히 인정할 수 있는 적극적인 증거 5가지를 다음과 같이 제시하면서 이는 분명 하나님께서 허락하신 체험이라고 주장했다. "첫째, 예수님에 대한 바른 신앙고백, 둘째, 죄에 대한 각성과 회개, 셋째, 성경에 대한 높은 관심, 넷째 건전한 교리와 신학, 다섯째, 하나님과 사람에 대한 사랑"이 그것이다.[114] 위에서 언급한 5가지 표지에 대하여 에드워즈는 다음과 같이 주장하였다. "이 표지들은 현재 일어나고 있는 역사가 이상하게 보인다거나 변칙적으로 보인다고 해서 또는 몇몇 신앙 고백자들이 실수를 한 일이 있고 미혹된 일과 불명예스러운 일들이 있다는 이유로 많은 사람이 제기하는 수천 가지의 사소한 반대를 압도하기에 충분하다."[115] 결국, 에드워즈의 논지는 비록 사소한 오류나 실수들이 발생한다고 하더라도 위에서 언급한 다섯 가지 표지는 성령의 역사임을 확실히 나타내는 것이라고 주장하는 것이다. 에드워즈는 부흥의 현장에서 야기된 영적 혼란의 상황을 실제적 지혜 및 건전한 판단력을 사용하여 분별할 것을 권면하고 있으며 이에 대한 표지를 통해 지침을 제시하였다.

b. 신앙 감정론에 나타난 선별력: 불확실한 표지

에드워즈의 영적 분별 이론은 추후 그의 저작인 『신앙 감정론』에서 조금 더 체계화되어 나타나는데 이는 청교도의 표준적인 설교 양식인 "성경-교리-실천"에 따라 베드로전서 제1장 8절에 대한 주석적 해석을 중심으로 썼였고, 후반부에는 실천을 첨가하였다. 제럴드 맥더못Gerald R. McDermott은 『하나님을 바라봄Seeing God』에서 에드워즈의 『신앙 감정론』에서 선별력이 요구되는 내용을 3가지 부류로 나누어 설명하고 있는데 다음과 같다. 불확실한 표지는 첫째, 신앙적 체험에 관련된 불확실한 표지unreliable signs involving religious experience, 둘째, 신앙적 행동에 관련된 불확실한 표지unreliable signs involving religious behaviour, 셋째, 구원의 확신에 관한 불확실한 표지unreliable signs involving assurance of salvation이다.[116] 따라서 우리는 실제적 지혜 및 건전한 판단력을 통하여 이를 구체적으로 탐구해 보고자 한다.

(ㄱ) 신앙적 체험에 관련된 불확실한 표지

신앙적 체험에 관련된 불확실한 표지에는 열렬한 신앙적 정서, 동시에 발생하는 많은 신앙적 정서, 계속되는 정서, 자신에 의해서 발생하지 않는 정서, 마음에 기적적으로 찾아오는 성경 말씀, 육체를 통하여 나타난 정서의 격렬한 반응 등이 있다. 따라서 이를 잘 분별하는 실제적 지혜와 건전한 판단력이 필요하다.

먼저, 열렬한 신앙적 정서intense religious affections로서 마음에서 어떤 감정이 강력하게 일어나고 높이 고조된다는 사실로부터 알 수 있는 것은 아무것도 없다.[117] 성경은 온 마음과 뜻과 힘과 정성을 다하여 하나님을 사랑하는 것과 같은 최고의 신령한 감정을 누리라고 명령하지만마 22:34-40, 신앙적 정서가 매우 강하게 발휘되거나 높이 고양되는 것 자체는 그 정서가 확실한 표지가 될 수 없다. 그 이유는 출애굽 때 홍해를 건넌 후 모세를 향하던 갈채가 비난으로 바뀐 일출 17:2-3, 자신들의 눈이라도 빼줄 것 같았던 갈라디아 교인들의 열정갈 4:15도 얼마 지나지 않아서 거짓 복음에 혼미하게 된 일 등 다양한 사례가 있기 때문이다.[118] 따라서 열렬한 신앙적 정서라도 반드시 확실한 표지라고 할 수 없다.

둘째, 동시에 발생하는 많은 신앙적 정서many religious affections at the same time로서 사람들이 여러 가지 감정을 경험한다는 것은 그 역시 믿을 수 있는 표지라고 할 수는 없다.[119] 죄에 대한 슬픔, 하나님에 대한 경외감, 마음의 간절한 열망 등은 그에 따른 모조품이 있을 수 있으므로 이러한 정서 역시 불확실한 표지이다.

셋째, 계속되는 정서a certain sequence in the affections로서 신앙 감정을 체험하는 순서나 과정이 그 감정의 본질이나 기원을 말해 주지 않는다.[120] 각 사람의 기질과 성격의 차이로 혹은 반응 때문에 다양하게 성령께서 역사하여 감정의 체험 순서도 다르게 나타날 수 있다. 그러므로 다양한 신앙적 경험의 단계나 순서나 인과관계만으로 일어난 일의 기원과 본질에 대해 논하는 것은 큰 의미가 없으므로 불확실한 표지임을 알 수 있다.

넷째, 자신에 의해서 발생하지 않는 정서affections nor produced by the self를 들 수 있다.[121] 사람들에게 일어난 감정이 스스로 지어내거나 자신들이 고안한 방식이나 자신들의 힘으로 자극한 것이 아니라고 해도 그 감정이 확실한 표지는 아니다. 바울은 그의 교회에 사단이 종종 자신을 광명의 천사로 가장하며 우리를 미혹하려 하는 많은 암흑의 영들이 있다고후 11:14고 경고하고 있다.[122] 에드워즈도 사단은 공포나 두려움만을 보내는 것이 아니라 거짓 위로와 기쁨까지도 함께 보낸다고 확신하였다.

다섯째, 마음에 기적적으로 찾아오거나 떠오르는 성경 말씀scriptures come miraculously to mind이다. 마음속에 성경 말씀이 놀라울 정도로 떠오른다고 해서 그것이 구속의 은혜에 대한 확실한 표지가 아닐 수 있다.[123] 누구의 마음에 성경에 관한 지식이 있고, 그로 인하여 기쁨과 심지어는 눈물을 흘리는 감동이 있다 하더라도 그것이 구속의 은혜에 대한 확실한 표시는 아닌 것이다.[124]

여섯째, 육체를 통하여 나타난 정서의 격렬한 반응physical manifestations of the affections이다.[125] 성경에는 거룩한 정서가 그들로 하여금 떨게 하였고슥 9:4; 사 66:2, 5, 신음소리를 내게 하였으며롬 8:26, 울부짖게 하였고시 84:2, 숨을 헐떡이게 만들었으며시 38:10; 42:1; 119:131, 어지럽게 만들었다시 119:81; 아 2:5; 5:8는 언급이 나타난다.[126]

이러한 예는 이외에도 성경에 다양하게 나타나고 있다. 하지만 기독교 역사와 오늘의 현장에서 나타나는 현상을 보면 이것 역시 확실한 표지가 아닐 수 있다. 결국, 이러한 여섯 가지 불확실한 표지들은 이러한 현상들이 성령에게서 온 것인지 그렇지 않은지 분명하게 구분할 수 있는 징표가 될 수 없다는 것이다.

(ㄴ) 신앙적 행동에 관련된 불확실한 표지

신앙적 행동에 관련된 불확실한 표지에는 하나님이나 신앙에 대한 많은 감동적인 웅변의 말들, 빈번하고 열정적인 하나님에 대한 찬양, 사랑의 모습, 종교적인 활동에 대해 열심히 많은 시간을 헌신하는 것 등이 있다. 이를 살펴보면 다음과 같다.

첫째, 하나님이나 신앙에 대한 많은 감동적인 웅변의 말들much or eloquent talk about God and religion의 경우 마찬가지이다.[127] 에드워즈는 거짓 종교를 믿는 사람들이 참 성도들보다도 더욱 말하기에 열심이라고 지적하였다. 참된 정서는 사람들이 자신들이 믿음에 관하여 이야기하도록 움직일 것이며 때로는 웅변적인 말도 가능케 할 것이다.[128] 그러나 그것은 거짓 정서도 마찬가지이다. 그러므로 사람들이 신앙적인 일에 대하여 말할 때 유창하고 열정적이며 풍부하게 말한다 해도 이는 불확실한 표지의 하나인 것이다.

둘째, 빈번하고 열정적인 하나님에 대한 찬양frequent and passionate praise for God이다.[129] 거듭난 그리스도인의 입에서는 찬양이 흘러나온다. 하지만 우리는 하나님께 찬양하는 사람이라고 해서 진정으로 하나님께 바쳐진 사람이라고 결론지어서는 안 된다. 구약성경에서 홍해를 건넌 이스라엘 백성들의 예, 예루살렘 입성 시 예수를 따랐던 무리의 예가 바로 그것이다.[130] 따라서 비록 열정적으로 하나님을 찬양한다고 하더라도 그것은 불확실한 표지에 속할 수 있다.

셋째, 사랑의 피상적인 모습the appearance of love이다.[131] 사랑은 가장 중요하고 본질적인 그리스도인의 특성이다요일 3:18. 진정한 사랑은 생명이며 본질이며 정수essence라고 할 수 있다. 귀한 것은 가짜가 많듯이 사랑은 모방의 표적이고 거짓 사랑은 사람들을 미혹하게 한다. 그러므로 사랑의 피상적인 모습만으로 확실한 표지라고 말할 수는 없다.

넷째, 종교적인 활동에 대해 열심히 많은 시간을 헌신하는 것zealous or time-consuming devotion to religious activities 역시 마찬가지이다.[132] 많은 시간을 성경을 읽고, 교회 활동에 참여하고, 종교적인 행위를 하는 것은 비판받을 일은 아니다. 하지만 그렇게 한다고 해서 그것 자체가 확실한 표지라고 말할 수는 없다. 왜냐하면, 이사야 당시 유대인들은 하나님께 재물을 가져오고, 거룩한 날에 특별한 모임을 갖고, 많은 기도로 그들의 손을 펼쳤으나, 하나님께서는 이러한 종교적 활동들이 아무런 유익도 가져오지 못한다고 가르쳤기 때문이다사 1:15.[133] 결론적으로 앞에서 언급한 네 가지 표지 역시 성령에게서 온 확실한 표지라고 말할 수는 없다.

(ㄷ) 구원의 확신에 관한 불확실한 표지

구원의 확신에 관한 불확실한 표지도 마찬가지이다. 누군가 구원받았다는 확신의 경우 확실한 표지는 아니며, 누군가 구원받았다고 다른 사람이 확신하는 경우도 동일하다. 이를 구체적으로 살펴보면 다음과 같다.

첫째, 누군가 구원받았다는 확신의 경우being convinced that one is saved도 확실한 표지는 아니다.[134] 구원에 대한 확신은 하나님께서 자신이 사랑하시는 자녀들이 땅에 있는 동안 주시고자 하시는 놀라운 선물이다. 그것은 교만의 표시가 아니라 하나님께서 나를 구원해 주셨다는 기쁜 사실이지만 이것 역시 확실한 표지는 아니다. 왜냐하면, 신약성경에서 바리새인들은 그들이 하나님의 나라 안에 있다고 확신하였지만, 예수는 그들이 속고 있다고 말씀하셨기 때문이다[마 23:13].[135] 그러므로 다른 사람을 속일 가능성은 항상 있는 것이다. 따라서 누군가 구원을 받았다는 확신은 확실한 표지가 아니다.

둘째, 누군가 구원받았다는 다른 사람들의 확신other's being convinced that someone is saved이다.[136] 예수께서는 곡식과 가라지가 열매를 맺기까지는 같은 모양을 하고 있다고 말씀하셨으며 열매를 맺을 때 가서야 그 사람이 과연 진정한 그리스도인이라는 것을 판명할 수 있다고 하셨다[마 13장]. 사도 바울도 고린도 교인들에게 그의 영적 상태에 관한 인간적인 판단은 온전한 것이 되지 못한다고 말하고 있다[고전 4:3-5]. 그러므로 다른 사람들이 누구누구는 거룩한 사람이라고 믿는다고 해서 그것이 확실한 표지는 아니다.[137]

이상에서 살펴본 바와 같이 에드워즈는 12가지 불확실한 표지 때문에 속임수에 넘어가지 않도록 당부하고 있음을 알 수 있다. 에드워즈는 체험을 중요하게 생각하고 강조했지만 동시에 체험이 가지고 있는 부정적인 측면을 경고한 것이라고 볼 수 있다. 왜냐하면, 참된 그리스도인들의 체험에는 종종 불순물이 섞여 있기 때문이다.

c. 신앙 감정론에 나타난 선별력: 확실한 표지

에드워즈는 앞에서 언급한 불확실한 표지와 대조되는 성령의 역사를 나타내는 확실한 표지reliable signs of true spirituality 12가지를 언급하였다. 그는 표지 1에서 표지 11과 표지 12를 통합하고, 심리학적 측면과 도덕적 혹은 실천적 측면을 통합하면서, 확실한 표지에 등장하는 내적으로 향하는 표현과 외적으로 향하는 표현을 다음과 같이 설명한다.[138] 즉 첫 번째 부분 표지 1~4의 경우 정서의 근원을 설명한 것이며, 두 번째 부분 표지 5에서 표지 12는 정서의 작용과 결과에 관한 것으로 볼 수 있다. 특별히 표지 12는 신앙적 정서의 작용과 결과로 나타난 실천 부분으로 에드워즈가 가장 길게 언급하고 있다. 결국, 우리는 "기독교인의 실천"이 에드워즈에게 있어서 참되고 구원하는 은혜의 가장 중요한 표지라는 것을 알 수 있다. "기독교인의 실천은 은혜의 모든 표지 가운데 대장이다."[139] 에드워즈에 따르면, 기독교인의 실천은 네 가지, 즉 순종, 착실함과 부지런함, 그리고 인내를 내포한다. 에드워즈는 실천에 주의를 집중함으로써, 기독교인의 경험과 실천, 그리고 내적인 것과 외적인 것의 일치를 보여주고 있고, 그럼으로써 기독교인의 성품을 통합하고 있다. 여기서 에드워즈는 영혼에 내주하는 성령은 그 사람의 본성과 행위에 변화를 일으킨다는 점을 보여주고 있다. 결국, 이러한 12가지 표지들이 나타날 때 성령의 역사를 나타내는 확실한 표지라는 것을 강조하고 있다. 에드워즈가 성령의 역사라고 언급한 확실한 표지 12가지를 실제적 지혜와 건전한 판단력을 이용하여 정서의 근원the spring of affections 과 정서의 작용 및 결과로 나누어 고찰해 보고자 한다.[140]

(ㄱ) 정서의 근원

첫째, 마음의 진정한 정서는 신적, 초자연적인 것a divine supernatural source이다.[141] 이는 성령의 내주로 표현될 수 있는데, 성경은 신자들을 가리켜 "하나님의 성전"고전 3:16으로, "살아계신 하나님의 전"고후 6:16으로, "진리의 영"요 14:7이 거하시는 곳으로 묘사한다. 참으로 영적이고 은혜로운 정서는 영적인, 초자연적인, 신적인 영향과 작용들이 그들 마음에 역사할 때 생겨난다.[142] 이로 인해서 성령님의 내주하심은 성도의 마음속에 새로운 삶의 원칙과 본질을 창조하신다. 에드워즈 역시 자신의 회심 체험을 통해서 지평의 변화를 언급하는데 확실히 성령의 내주하심은 첫 번째 확실한 표지이다.

둘째, 하나님에 관한 이끌림attraction to God이다.[143] 이는 참된 성도들이 하나님과 그분의 것들을 사랑하는 주된 이유가 하나님과 예수 그리스도의 영광과 탁월함, 하나님의 말씀, 하나님의 역사, 하나님의 뜻이 갖는 신적인 탁월함과 영광 때문이지, 그런 것들을 통해 자신이 얻게 될 이익이나 혜택과 같은 이해관계 때문이 아니라는 데 있다.[144] 확실한 표지는 근본적으로 하나님에 관한 이끌림과 그의 역사에 있는 것이지 하나님이 주시는 유익 때문은 아니다.

셋째, 거룩함의 아름다움을 보는 것seeing the beauty of holiness이다.[145] 타락한 인간이 하나님의 신적 조명을 받아 새롭게 된 이후 새로운 감각을 갖게 된다. 그것은 거듭나지 못한 사람들이 느끼거나 맛볼 수 없는 신적인 것들을 감지할 수 있다. 성도들이 그들의 새로운 감각으로 느끼는 것은 바로 거룩함의 아름다움이다.[146] 우리와 무한한 질적 차이를 지니신 완전히 다른 분이신 하나님 자신에게 초점을 맞추는 것이 확실한 표지라고 할 수 있다.

넷째, 새로운 앎a new knowing으로 확실한 표지는 하나님을 아는 지식을 가져온다.[147] 새로운 앎은 새로운 이해를 발생시키며 이는 지식적인 요소를 포함한다.[148] 중생이 근본적인 변화라고 한다면 사람의 모든 부분, 즉, 몸과 감정, 의지와 지성에 영향을 받을 수밖에 없다. 구원을 위하여 하나님을 만나게 될 때 우리는 다르게 느끼고 다르게 선택할 뿐만 아니라 다르게 보고 다르게 알기도 하는 것이다.[149] 이러한 경험은 마치 달콤한 꿀을 맛본 사람은 꿀을 단순히 보고 만지기만 해서 아는 사람보다 꿀에 대해 훨씬 더 많은 것을 알고 있는 것과 같은 이치이다. 그래서 이러한 지식은 사변적 지식이 아니라 체험적 지식sensible knowledge이라고 할 수 있다. 이상과 같이 앞에서 살펴본 4가지는 정서의 근원으로서 에드워즈가 언급한 확실한 표지임을 알려주고 있다.

(ㄴ) 정서의 작용과 결과

에드워즈가 언급한 다음의 8가지 확실한 표지는 정서의 작용과 결과를 알려주고 있는데 이는 다음과 같다.

첫째, 참된 정서는 깊이 자리 잡은 진리에 대한 확신deep-seated conviction이다.[150] 성령으로 거듭난 신자는 복음의 영광이 진리라는 사실을 분명하고도 철저하게 확신한다. 초자연적 계시는 지적인 결론을 마음으로 느끼게끔 하여 확신을 하게 만든다.[151] 때로는 이러한 확신에 대한 의심과 회의가 들기도 하지만 결국은 우리의 오랜 확신이 돌아오게 될 것이다. 왜냐하면, 이러한 확신은 이성적인 판단에만 근거하고 있는 것이 아니라 신적인 것들의 아름다움에 대한 초자연적인 계시에 바탕을 두고 있기 때문이다.[152]

둘째, 참된 정서는 복음적인 겸손humility을 동반한다.[153] 미가 선지자도 참 신앙의 의무를 공의와 사랑과 겸손미 6:8으로 요약하였으며, 예수께서도 천국에 들어가고자 하는 자는 어린아이처럼 자기를 낮추어야 한다마 18:3-4고 했다. 하나님께서는 교만한 자를 물리치시고 겸손한 자를 높이시며약 4:6, 겸손은 모든 기독교적 미덕의 근본이다. 따라서 참 겸손은 심령의 가난함이며 요란하지 않고 다른 사람들에게 귀를 기울이는 것이며, 사물을 사물 그 자체로 바라보는 것이고, 자기 자신을 부인하는 것이다.

셋째, 참된 정서는 본성의 변화a change of nature이다.[154] 진정한 영적 체험은 변화를 받는 것이다. 오직 하나님만이 우리의 속사람을 변화시킬 수 있다.[155] 사도 바울은 우리에게 마음을 새롭게 함으로 변화를 받아야 할 것을 암시하며롬 12:2, "오직 심령으로 새롭게 되어 하나님을 따라 의와 진리의 거룩함으로 지으심을 받는 새사람을 입으라"엡 4:23-24라고 권하였다. 아우구스티누스의 변화 역시 "오직 주 예수 그리스도로 옷 입고 정욕을 위하여 육신의 일을 도모하지 말라"

롬13:14라는 말씀을 통하여 총체적인 본질의 변화를 경험한 것이다. 따라서 진정한 영성에 따르는 변화는 지속적이며 총체적인 변화를 가져온다.

넷째, 참된 정서는 예수 그리스도의 양 같고, 비둘기 같은 심령과 기질을 가지도록 돕고, 그것을 동반하는 점에서 거짓되고 기만적인 감정들과 다르다.[156] 참으로 은혜로운 정서는 그리스도께서 보여주신 사랑, 온유, 평온함, 용서, 자비의 심령a Christlike spirit을 자연스럽게 닮아가게 하고, 또 그렇게 되도록 도와준다.[157] 따라서 참 영성이란 그리스도를 닮은 작은 예수를 만들어 내며, 세상에서 빛과 소금으로 "작은 예수"처럼 사는 것이다.

다섯째, 참되고 진정한 신앙 정서는 마음을 부드럽게 하며, 온유하게 하며 죄에 대하여 더욱 민감해지도록 한다.[158] 그것은 하나님께서 기뻐하는 것이 무엇인가를 알기에 힘쓰며 또한 그렇게 하지 못했을 때 고통을 느끼는 것이다. 따라서 하나님에 대한 두려움을 느낀다fear of God. 그러므로 하나님에 대한 올바른 두려움은 구원의 확신과 조화를 이룬다.[159] 우리가 구원에 대해 확신하면 할수록 하나님을 기쁘게 못 하는 것에 관한 두려움도 커질 것이며 우리의 양심도 점점 부드러워질 것이다.

여섯째, 경건하고 은혜로운 정서는 아름다운 조화와 균형balance and harmony을 이룬다.[160] 참된 영성은 균형을 이루는 것인데, 입술로 고백하는 믿음이 있다면 발로 걷는 믿음 또한 있는 것이다.[161] 하나님을 사랑하는 성도들은 이웃 또한 사랑한다. 이것이 진정한 십자가의 의미이다. 결국, 참 영성은 구원의 확신과 하나님에 대한 두려움, 기쁨과 슬픔, 하나님에 대한 사랑과 이웃에 대한 사랑, 친구에 대한 사랑과 낯선 사람들에 대한 사랑, 이웃은 물론 가족에 대한 사랑, 그리고 다른 사람들의 영혼과 육신에 대한 사랑 사이에 균형을 유지하는 것이다.

일곱째, 은혜로운 정서들과 다른 정서 사이의 차이는 은혜로운 정서들이 더 높이 고양되면 될수록, 영적 만족을 위한 영혼의 욕구와 갈망hunger for God이 더 커진다는 것이다.[162] 시편의 저자는 "내 영혼이 여호와의 궁정을 사모하여 쇠약함이여"라고 고백한다. 참 영성은 하나님을 더욱 알기를 갈망한다. 루터는 임종 시에 "우리는 거지들이다"라고 고백했다.[163] 우리의 위대한 영적 보물들은 우리를 기다리고 있는 커다란 영광에 비하면 그저 맛보기에 불과한 것이다. 하나님의 거룩하심과 영광에 대한 맛이 달기에 성도들은 항상 더 배고파하는 것이다. 그것은 거룩함에 대한 열망이며 거룩한 마음과 삶을 위해 목말라하고 배고파하는 것이다.[164] 그들은 자신들의 현재의 영적 상태에 만족하기를 거부하므로 이것이 바로 확실한 표지이다.

여덟째, 은혜롭고 거룩한 정서들은 그리스도인의 행위christian practice로 드러나고 열매를 맺는다.[165] 참 성도들은 독특한 새로운 생활방식을 갖고 있는데 그것은 하나님 나라의 원리들을 실천하는 것이다.[166] 하나님께서는 우리가 할 일이 있으므로 우리를 구원하셨다. 그는 우리를 거듭나게 하심으로 봉사하는 삶을 살게 하신다. 바울도 "우리는 그의 만드신 바라 그리스도 예수 안에서 선한 일을 위하여 지음을 받은 자니 이 일은 하나님이 전에 예비하사 우리로 그 가운데서 행하게 하려 하심이니라"엡 2:10라고 하였다. 그러므로 그리스도인의 실천은 우리를 구원하신 목적일 뿐만 아니라 선택하신 목적이기도 하다.

이상에서 살펴본 바와 같이 하나님은 우리 마음의 성향을 통해 끊임없이 우리에게 말씀하시고 우리를 인도하시는데 확실한 표지로서 정서의 작용과 결과이다. 에드워즈는 참된 영성을 가짜 회심자의 과도함, 즉, 자기에 대한 집착, 환상과 사적인 계시에 매혹됨, 영적인 오만함, 불균형적인 열심, 변덕스러운 행위, 도덕적 자기만족과 대조하면서 신실하고 인내하는 기독교적 실천은 진정한 회심의 가장 분명한 표지며 가짜 회심의 경우 이러한 표지가 적게 드러난다고 주장하고 있음을 알 수 있다.

d. 요약

영들의 분별은 은사인 동시에 훈련을 통해서 계발해 나가야 할 덕목이다. 소중하고 귀한 것에는 위조품이 많은 것처럼 그리스도인들은 모든 영적인 체험을 다 하나님에게서 온 것으로 착각하지 말고 성령께서 주시는 진정한 체험을 구분할 줄 아는 선별력이 요구된다. 이를 위하여 시대적 상황과 필요를 깨닫고 이에 대하여 적절하게 대처할 수 있는 실제적 지혜와 건전한 판단력이 필요하다. 에드워즈는 영적 부흥의 시대 속에서 목회자요, 신학자로서 설교와 저술을 통하여 분별의 표지를 제시하였다. 『성령의 역사분별 방법』과 『신앙 감정론』은 그가 처한 목회적 환경에서 나온 저작물들이다. 이를 통하여 그는 『성령의 역사분별 방법』에서 성령의 역사인지 아닌지 불분명한 불확실한 표지와 분명히 성령의 역사라고 생각되는 확실한 표지를 각각 9가지와 5가지로 정리하였다. 또한, 『신앙 감정론』에서 에드워즈는 확실한 표지와 불확실한 표지를 각각 12가지로 정리하여 체계화하였다. 우리는 종종 특별한 경험을 통하여 흥분된 감정을 갖게 되면 성령의 역사를 재발견하였다고 생각하는 경향이 있지만 이러한 표지들은 광명한 천사와 같이 위장한 악한 영들의 활동일 가능성도 배제할 수 없다. 따라서 우리는 참과 거짓을 구별하며 좋은 것과 더 좋은 것을 구별하는 선별력을 증진시킬 필요가 있다. 이처럼 에드워즈의 확실한 표지 및 불확실한 표지들은 분별에 있어서 현대를 살아가고 있는 그리스도인들에게 매우 유용한 지침서가 되고 있다.

D. 하나님의 뜻이라는 보편적인 진리의 지평에서 본 분별

그리스도인은 믿음을 갖고 이 세상을 살아가지만, 영원한 본향인 하나님 나라를 소망하는 사람들이다. 따라서 그리스도인들은 매일의 삶 속에서 일어나는 내적 충동을 분별하고, 건전한 판단력과 지혜로 선별력을 사용하여 하나님의 뜻을 추구하여 그분의 뜻을 행하며 살아가야 한다. 본 절에서는 믿음, 내적 충동 그리고 선별력에 이어서 하나님의 뜻이라는 (보편적인) 진리를 찾는 것으로서의 분별을 다루고자 한다. 하나님의 뜻이라는 (보편적인) 진리를 찾는 것으로의 분별은 전체 분별의 삶에서 목적론적 측면을 보여준다. 그러기 위해서는 하나님의 뜻을 추구하기 위한 갈망과 민감성이 요구된다. 만일 선별력으로써 분별에 기반을 둔다면, 우리는 매일의 삶 속에서 구체적이고 실제적인 삶의 자리에서 분별하는 미시적인 일과 하나님의 뜻이라는 거시적인 안목에서의 분별 사이에 강한 연계성을 발견하게 된다. 왜냐하면, 분별이란 구체적인 삶의 현장에서 발생하는 일이기도 하지만 하나님 나라의 지평에서 살펴봐야 할 사건이기 때문이다.[167] 따라서 하나님의 뜻이라는 (보편적인) 진리의 분별은 교회 공동체라는 지평에서 하나님께 영광을 추구하며, 결과적으로는 거룩한 아름다움과 선한 빛으로 세상에 드러나게 되어야 한다.[168]

그리스도교 역사를 고찰해 보면, 독일의 젊은 신학자인 디트리히 본회퍼 Dietrich Bonhoeffer 에게서 하나님의 뜻을 찾아가는 과정으로써의 분별을 사례로 찾아볼 수 있다. 그는 안락한 미국에서의 연구 생활을 정리하고 제2차 세계대전이 끝나기 직전 고국 독일로 돌아가는 결정을 했다. 그 후 그는 히틀러 암살 기도에 가담한 혐의로 체포되어 얼마 후 형장의 이슬로 사라져 버리고 말았다. 그는 왜 평안하고 안락한 미국에서의 연구 생활을 중지하고 고국 독일로 돌아와 자신의 목숨을 값으로 지불해야만 했을까? 그는 불의에 항거하였고 사회정의 현실을 위하여 부르시는 하나님의 거룩한 계명을 거부할 수 없어서 적극 이 문제에 참여하였다. 그의 사례는 하나님의 뜻을 분별하는 좋은 예가 된다.[169]

그러므로 본 절에서는 하나님의 뜻이라는 (보편적인) 진리를 찾는 것으로서의 분별이란 교회 공동체라는 지평에서 살펴보아야 하며 궁극적으로 하나님의 영광을 추구해야 함을 설명할 것이다. 그리고 이것은 결과적으로 영적인 실천과 연결되어 행복한 사회와 공동체를 이루게 됨을 고찰하고자 한다. 마지막으로 이러한 분별의 과정이 거시적으로 볼 때 사회구성원들의 공공선을 증진하는 데 긍정적인 효과를 가져와야 함을 밝히고자 한다. 그래서 하나님의 뜻이라는 (보편적인) 진리를 찾는 것으로서 분별에서는 하나님의 영광, 영적인 실천, 공공선과 교회 공동체라는 핵심 단어를 중심으로 본 절을 전개해 나가고자 한다.

a. 하나님께 영광[170]

하나님의 뜻이라는 보편적인 진리를 찾는 것으로서의 분별은 그 과정과 결과에 있어서 가장 먼저 하나님께 영광이 되어야 한다는 전제가 있어야 한다. 그렇다면 하나님의 뜻은 무엇일까? 『웨스트민스터 소요리 문답』에서 사람의 제일되는 목적은 "하나님을 영화롭게 하고 영원토록 그를 즐거워하는 것"이라고 했다.[171] 종교개혁자 칼뱅도 하나님의 형상으로 거듭난 인간은 무책임한 삶에서 벗어나 하나님에 대한 신앙과 사랑을 가지고 모든 피조 세계를 다스리고, 지키며, 가꾸고 보살펴야 하는 청지기로서의 사명으로 하나님을 경외하고 이웃을 사랑하며 하나님께 영광을 돌려야 함을 주장했다.[172] 그래서 그는 "오직 하나님께 영광Soli Deo Gloria"이라는 모토를 그 자신 삶의 목적으로 가지고 살아간다고 했다.

에드워즈 역시 『하나님의 천지창조 목적_concerning the end for which God created the world_』에서 하나님의 영광이 하나님께서 천지를 창조하신 목적임을 논증하였다.[173] 에드워즈의 사상을 심도 있게 연구한 존 파이퍼_John Piper_에 의하면 하나님의 영광을 추구하는 것과 인간의 행복을 추구하는 것이 결코 서로 상반된 것이 아니라고 언급한다.[174] 그는 하나님께서 최고로 영광 받으시는 것은 우리 인간이 하나님을 최고로 즐거워할 때이며, 따라서 이곳에서 그가 주장하는 그리스도교 기쁨주의가 출발한다. 에드워즈는 즐거움_pleasure_이라는 단어를 행복과 관련하여 긍정적으로 사용한다.[175] 편안함, 기쁨 그리고 즐거움은 인간의 자연적 선으로서 평화의 개념 안에 포함되며, 그리스도인에게서 평화와 즐거움은 이러한 현재 삶 안에서 일부분에 속한다. 이 세상에서 신자가 소유한 다양한 종류의 즐거움 중 하나는 하나님의 영광을 나타내도록 행하는 것이다. 에드워즈에게 있어서, 즐거움은 우리 자신의 욕구라는 육체적 탐욕에 굴복하는 것이 아니라 하나님의 영광을 바라보는 것이다.[176] 따라서 모든 인간은 하나님을 영화롭게 함으로 자신의 궁극적 행복을 찾게 된다.

한편 이상현은 그가 편집한 『삼위일체, 은혜 그리고 믿음』에서 '하나님의 영광'이라는 개념에 관한 이해를 다음과 같이 설명하였다.

> 하나님의 영광이란 창조와 구속의 사역에 있어서 하나님의 궁극적인 목표이다. 하나님께서 세상을 창조하신 목적은 삼위일체 하나님의 영광화이며, 이는 바로 그 하나님의 '경향성'의 발휘의 결과이다. 그 '경향성'의 발휘는 하나님 자신이 내적 완전하심, 즉 하나님의 완전하신 그 사랑과 아름다움을 '재현'_repetition_하신 것이다. 다시 말하자면, 영원히 완전하신 하나님은 자신의 내적으로 완전히 현실화된 아름다우심을 외적으로 시간과 공간에 재현시키기 위하여 천지를 창조하신 것이다. 그러기에 인간과 자연도 그 목적을 달성하는 작업에 동참하게 되는데 인간이 그리스도를 통하여 하나님의 사랑과 아름다우심을 알고

기뻐할 때 바로 그 체험을 통하여 하나님의 내적 사랑과 아름다우심이 시간과 공간에 재현되는 것이다. 내적 충만함의 외적 전달, 이러한 하나님 영광의 외적인 반복은 에드워즈의 독특한 하나님 이해, 즉 성향적 하나님 이해에 근거한다. 에드워즈는 실재의 본질을 경향성disposition 이라는 동적인 관념으로 생각하고, 세상은 하나의 경향성의 조직이며 한 개의 물체의 본질도 경향성의 밀집이라고 생각했다. '실체'의 존재론을 에드워즈는 경향성의 존재론으로 재정리한 것이다. 에드워즈는 그의 동적인 존재론을 신에 대한 관념에도 응용하였다. 하나님의 본질은 사랑과 아름다움의 '경향성'이라는 것이다.[177]

에드워즈는 하나님의 본질을 아리스토텔레스적 관점인 제일 운동자unmoved mover 로서의 개념을 탈피하고, 완전히 실제적이며 또한 성향적이라고 인식함으로써 그리스도교 신학의 새로운 출발점을 열었다.[178] 그의 신학적 재구성은 실체substance 의 개념을 성향disposition 이나 경향성habit 의 개념으로 대체했다는 점이다.[179] 따라서 에드워즈의 하나님은 완전하시고 부족함이 없으시지만, 그 자체로만 머무시는 초월적 존재가 아니라 끊임없이 자신을 내어줌으로써 세상과 교통을 원하시는 분이심을 알려주고 있다. 그 과정에서 인간의 참여를 통하여 하나님의 영광에 기여하는 것이며 그것이 바로 인간 존재의 목적이다. 결국, 하나님께서 이 세상을 창조하신 목적은 바로 그 하나님의 경향성 발휘의 결과라고 할 수 있으며 그 경향성의 발휘는 하나님의 완전하심, 사랑 그리고 아름다움이 세상으로 흘러나와 재현되는 것이라고 정리할 수 있다.[180] 그래서 에드워즈는 창조의 과정을 묘사하기 위해 하나님을 흘러넘치는 샘과 비추는 빛에 비유했다.[181]

또한, 에드워즈의 저서 제8권 『윤리론』ethical writings 에서도 하나님의 영광을 언급하는데 성경에서 하나님 사역의 궁극적 목적으로 제시되는 것은 모두 "하나님의 영광"이라는 한 구절에 포함되어 이것이 하나님 사역의 최종목적이라고 할 수 있다.[182] 『윤리론』에서 에드워즈는 참된 덕의 본질은 하나님에 대한 사랑에 근거하며, 참된 덕은 하나님의 영광을 목적으로 삼는다고 주장한다.[183] 그리고 영적 경험은 도덕과 분리될 수 없는 것이며, 모든 종교적 정서들은 거룩한 일들의 도덕적 탁월함에 근거를 둔다고 했다. 아울러 에드워즈는 참으로 덕스러운 정신은 하나님에 대한 사랑의 주권적 다스림 아래 있으면서 무엇보다도 하나님의 영광을 구하고 이것을 그의 최고, 최상의 궁극적 목적으로 삼는다고 언급했다.[184]

그의 설교 "구속 사역을 통하여 영광 받으시는 하나님"God glorified in the work of redemption, 1730년에서 에드워즈는 구속받은 자들이 모든 것을 절대적으로 하나님께 의존할 때 하나님은 구속 사역을 통해 영광을 받으신다고 주장했다.[185] 그리고 또 다른 설교 "의지하는 사람을 통하여 영광을 받으시는 하나님"God glorified in man's dependence, 1731년에서 하나님께서는 이 구속의 역사를 통하여 영광을 받으시되 구속받은 자들이 절대적이고 보편적으로 하나님만 의뢰하도록 하심으로 영광을 받으신다고 했다.[186] 여기서 에드워즈는 첫째, 구속받은 자들은 자기들의 모든 좋은 것을 위해 절대적이고 보편적으로 하나님만 의뢰한다는 것을 보여주고자 했으며, 둘째, 그렇게 함으로써 하나님께서는 그 구속의 역사를 통하여 영광을 받으시고 높임을 받으신다는 점을 보여주고자 했다. 그러므로 이상에서 살펴본 바와 같이 에드워즈의 작품 속에서 나타나는 하나님의 영광은 하나님의 뜻을 분별하는 궁극적인 목적이 될 수 있다.

b. 영적인 실천

하나님의 뜻이라는 (보편적인) 진리를 찾는 것으로서의 분별은 영적인 실천으로 확인된다. 예수께서는 "그의 열매를 보고 그들을 알찌니"마 7:16라고 말씀하시면서 그리스도인의 분별기준 중 하나인 영적 실천을 강조하셨다. 에드워즈도 영적 실천을 다룸에 있어서 가장 많은 분량을 할애하여 그의 저서『신앙 감정론』에서 언급했다. 즉 그는 영적 실천을 12가지 확실한 표지 중에서 가장 중요한 표지라고 강조하며 앞에서 언급한 11가지 표지와 연결하였다. 에드워즈는 죄로 말미암아 하나님과 관계가 단절된 인간이 영적이며 신적인 빛을 받아 새로운 존재가 되어 신적인 본성에 참여하는 가운데 나타나는 특징이 결국 영적 실천이라고 했다. 그 이유는 구원의 은혜는 마음속에만 머물지 않고 그리스도인의 마음속에 흘러넘쳐 성도의 삶을 변화시키고 말과 행동으로 나타나게 되어있다. 따라서 영적 실천은 참 구원을 나타내는 표지 중 하나라고 할 수 있다.[187]

바울 사도는 "우리는 그의 만드신 바라. 그리스도 예수 안에서 선한 일을 위하여 지으심을 받은 자니 이 일은 하나님이 전에 예비하사 우리로 그 가운데서 행하게 하려 함이니라"엡 2:10라고 언급했다. 하나님께서 우리 한 사람, 한 사람을 그분의 형상으로 만드시고 그 후 죄에 빠진 인류를 구원하신 이유는 선한 일을 위한 것이라고 밝히고 있다. 즉 영적 실천을 위한 것이라고 할 수 있다. 그런데 영적 실천에는 세 가지 중요한 요소가 있다고 맥더못은 다음과 같이 언급한다.

> 첫째, 진정한 성도들은 그들의 삶의 모든 영역에 있어서 그리스도의 주권을 인정하는 것이다. 둘째, 그들은 하나님에 대한 봉사를 삶의 제1원칙으로 삼는다. 셋째, 그들은 그들의 삶이 끝날 때까지 그리스도인의 실천을 인내로써 수행한다는 것이다.[188]

위에서 언급한 바와 같이 영적 실천은 단지 행위로 나타나는 것만이 중요한 것이 아니라 내면에서 일어나는 동기가 중요한데 그 근본 동기는 바로 삶의 전 영역에서 그리스도의 주권을 인정하는 것이다. 이를 통하여 신자는 하나님과의 관계와 더불어 세상에서 봉사하는 삶을 살 수 있게 되며 삶의 끝날까지 꾸준히 인내하며 봉사 실천하는 것이다. 달리 말하자면 한두 차례의 실천도 중요하지만, 그보다는 꾸준히 오랫동안 영적 실천을 수행해야 그 진정성을 증명할 수 있다는 말이다. 결국, 진정한 영적 실천은 사랑과 겸손에 대한 최고의 증거이며, 진정한 회개와 믿음의 표징이고, 하나님의 뜻이라는 (보편적인) 진리를 찾는 것으로서의 분별의 중요한 요소라고 할 수 있다.

한편, 종교개혁자 루터는 나무와 열매의 비유를 통하여 칭의와 실천의 관계를 다음과 같이 설명하였다.

> 선행이 선한 사람을 만드는 것이 아니라 선한 사람이 선행을 행한다.… 열매가 나무를 낳지 못하며 나무가 열매에서 자라지 못하고 그와 반대로 나무가 열매를 맺으며 나무에서 열매가 자란다는 것은 분명한 일이다. 그러므로 필연적으로 나무가 그 열매보다 먼저 존재하며 열매가 나무를 좋거나 나쁘게 만들지 못하고 오히려 나무가 좋고 나쁨에 따라 그것들이 맺는 열매도 좋고 나쁘게 된다.[189]

루터는 칭의와 선행의 관계가 마치 나무와 열매와 같아서 칭의는 반드시 선행, 즉, 실천으로 열매를 맺는다는 것을 강조하고 있다. 아울러, 그는 불로부터 열과 빛을 분리하는 것이 불가능한 것처럼 믿음으로부터 행위 혹은 실천을 분리하는 것은 불가능하다고 주장했다.[190] 또한, 파울 알트하우스Paul Althaus는 인간을 위한 하나님의 뜻에 관한 루터의 견해는 십계명에 잘 나타나 있다고 언급한다.[191] 즉, 하나님께서는 그들의 백성이 하나님께서 주신 계명을 잘 실천함으로써 하나님의 거룩한 백성으로 살기를 원하신다고 했다. 이 과정에서 루터는 실천적인 삶이 얼마나 중요한지 다시 한번 알려주고 있다. 칼뱅 역시 실천의 중요성을 강조하였다. 그는 그리스도인의 삶은 그리스도처럼 십자가를 짊어지는 것

속에 표현되어있는 자기 부인을 실천하는 삶이라고 언급했다.[192] 그는 『기독교 강요』에서 구체적으로 기도와 회개 그리고 순종을 강조하면서 오랜 세기에 걸쳐 수도원 담장 안에 갇혀있던 영성을 그리스도인들이 사회에서 날마다 하나님의 뜻을 따라 살고 행하는 것으로 전환하였다. 그래서 신자들이 가정과 일터 그리고 세상에서 어떻게 그리스도인다운 삶을 살았느냐에 초점을 맞추어 영적 실천을 통해 통전적인 그리스도인으로 살아가도록 독려하였다.[193] 아울러 청교도 역시 성경 그리고 교리와 실천의 구조로 설교와 가르침을 정형화하였는데 이들의 논리에서도 실천의 중요성을 찾아볼 수 있다.

결론적으로 에드워즈와 더불어 종교개혁자 루터와 칼뱅 그리고 청교도들은 참된 그리스도인의 표지로서 영적 실천을 강조하였다는 것을 알 수 있다. 그러한 면에서 에드워즈는 종교개혁자들의 신학과 청교도의 신학을 이어받아 그 연속선 상에서 영적 실천을 분별의 중요한 기준으로 제기하고 있음을 알 수 있다. 그러므로 참된 정서와 그렇지 못한 정서를 구별하는 표지로서 영적 실천은 중요한 시금석이며 이를 통하여 하나님의 뜻이라는 (보편적인) 진리를 찾는 데 도움을 받을 수 있다고 본다.

c. 교회 공동체와 공공선

하나님의 뜻이라는 (보편적인) 진리를 찾는 것으로서의 분별이 공공선을 이루는 데 긍정적인 기여하였는지 그리고 교회 공동체의 관점을 고려했는지 살펴보아야 한다. 만일 분별의 과정에 있어서 공공선을 이루는 데 오히려 해가 되었다면 그 분별의 결과를 의심해 보아야 한다. 왜냐하면, 하나님께서는 우리가 속한 세상과 사회 그리고 공동체의 공공선을 통하여 하나님의 뜻을 이루고자 하시기 때문이다. 따라서 분별의 전 과정과 결과가 공공선을 이루는 데 도움이 되었는지 그렇지 않은지를 살펴보는 일은 중요한 판단의 기준이라고 할 수 있다. 아울러 개인의 분별은 교회 공동체와 깊은 연관성을 맺고 있으므로 교회 공동체에 대한 고려는 필수적이라고 할 수 있다.

에드워즈는 탁월한 목회자요, 신학자였지만 그 역시 그가 속했던 시대적 상황을 벗어나서 사유하거나 목회할 수는 없는 상황이었다. 그가 활동하던 18세기 초 뉴잉글랜드 지방은 중요한 전환기를 맞이하며 이 기간 동안 초기 청교도들이 세웠던 전방의 마을들은 도시의 상업 중심지가 되었으며, 인구는 증가하였고 가난과 계급차별은 심화하였다.[194] 그리고 개인주의와 이기심이 발달하여 전통적인 분위기는 무너지기 시작했으며, 수세대 동안 풍부하게 자작농 농부들을 지원하던 땅은 점점 부족하게 되었고, 이로 인하여 재정적 불안정을 유발하였다. 소규모 지역시장은 국제적인 자유 시장으로 개발되었으며, 자유무역 사상은 번창하였고, 교통의 발달과 사회적 변화는 새로운 직업을 창출하였다. 이와 더불어 계몽주의 철학의 유입은 기존의 전통적인 종교 신념을 흔들어 놓았으며 이러한 급속한 사회변화는 논쟁과 소송 그리고 세대 갈등을 유발하였다.[195]

특별히, 에드워즈의 목회 사역 동안 정치적으로 불안정하여 빈번한 전쟁과 가난, 특별히 땅 문제는 매우 심각한 이슈로 부상된 상황이었다. 아울러 청교도 1세대들이 신앙적 이상으로 언덕 위의 도시를 꿈꾸었던 것과 달리 시간이 지나면서 다양한 민족으로 구성된 이민 집단의 갈등과 정치적 긴장 그리고 신앙적 냉담이 더해져서 세속화가 진행되어 가고 있었다, 대도시의 출현과 부의 집중 그리고 소수 독점 지주들의 등장으로 인한 계층의 분화는 경제적 긴장을 일으키기에 충분한 상황이었다.[196] 이로 인하여 뉴잉글랜드 사람들은 배금주의와 탐욕에 물들었으며 심지어 교회에서 좌석에 앉는 순서마저도 부의 많고 적음에 따라서 정해졌다고 한다.[197] 그러한 상황은 에드워즈가 설교와 강연 그리고 책을 통하여 하나님 나라에 대한 자신의 사상을 주장하도록 만들었다. 에드워즈는 공공선보다는 개인의 이기심을 따르는 위정자들을 비판하였으며 새롭게 나타나는 자본주의자와 개인주의적 윤리에 대항하여 연방(commonwealth)의 가치들을 위해 투쟁하는 영구적인 공동체주의자로 헌신하였다.[198] 그래서 에드워즈는 그리스도인들이 공동체 전체를 돌보아야 한다고 믿었으며, 하나님께서 시민 정부를 허락하셨다고 생각했다. 그러므로 시민 정부 의무는 거주민의 재산을 보호하고, 시민의 권리를 보호하며, 질서를 유지하고, 나라를 지키는 것과 부도덕을 막는 좋은 법을 만드는 것 그리고 가난한 사람을 도와주는 일 등을 통하여 이세상에 하나님 나라를 건설해야 한다고 믿었다. 그는 또한 시민 정부가 참된 종교를 자유롭게 행하도록 보장해야 하며, 이를 통해 사회의 자체적인 번영이 촉진된다고 생각했다.[199]

반면에 그는 하나님을 두려워하지 않고 권력을 오남용하는 사람들을 향하여 비판하였으며 부정한 방법으로 이득을 취하는 상업행위 역시 비난하였다. 에드워즈는 부 그 자체를 비난하지는 않았다. 하지만 그것을 획득하는 방법에 대하여 정당하지 못하다면 비난하였다. 그는 속이거나, 뇌물을 수수하거나, 도박이나 투기를 하거나, 부채를 지게 하거나, 고리대금을 하는 등 이러한 행위들은 공동체 안에서 피해야 한다고 믿었다.[200] 이외에도 에드워즈는 성 평등, 노예제도의 문제 등 다양한 사회적 문제들에 대하여 침묵하지 않고 자신의 의견을 적극적으로 피력하며 세상의 시류에 편승하여 살아가지 말고 성경의 기초위에서 그리스도교적 가치관에 따라 살아가도록 권면하였다.[201]

에드워즈는 앞에서 언급한 바와 같이 하나님의 창조 사역의 한 방편으로 인간의 참여를 통한 유토피아 건설을 본인이 목회하고 있는 뉴잉글랜드 지역에서 꿈꾸었다. 그래서 그는 교회 공동체를 통해서 지역사회에 대한 참여와 미덕의 실천, 그리고 사랑의 나눔을 통해 하나님 나라를 그곳에서 실현하고자 노력했다. 에드워즈는 하나님께서는 이 세상을 초월하신 분이신 동시에 인간의 역사와 가까이 계시는 분이시므로 지역 공동체에 대한 문제들에 대하여 신자들이 적극적으로 동참하여 그곳에 하나님의 나라가 임하며 하나님의 영광이 드러나는 역사에 기여해야 한다고 주장했다.[202]

그래서 그의 설교 중 고린도전서 제13장 연속설교 시리즈 『자비와 그 열매 Charity and It's Fruits』에서 사랑의 실천을 강조하였다. 특별히, 마지막 설교인 『천국은 사랑의 세계입니다 Heaven is a World of Love』에서 에드워즈는 내세의 실재와 본질을 현세의 삶과 관련지어, 그리스도인들이 이 땅에서 그들의 삶의 비전을 실천할 것을 권면하였다.[203] 그는 교회에 대한 비전은 다가올 세상의 원리와 명령에 따라 이 세상을 사는 구속받은 공동체를 이루는 것인데 이 땅에서 천국 비전을 갖고 사는 삶이라고 주장했다. 즉, 구원에 이르며 참된 그리스도인을 다른 이들과 구별시켜주는 모든 미덕은 그리스도인의 사랑으로 요약되므로, 먼저 하나님을 향하고, 다음으로 우리 이웃에게로 향하는 사랑은 참된 제자도의 표지임을 언급하며 사랑의 실천을 강조했다.

마지막으로 에드워즈는 그의 저서 『윤리론』에서 모든 지성적인 존재는 어떻게든 보편적인 존재와 연결된다고 생각했다. 거듭난 인간은 신적 본성이 주입되어 있기 때문에 "무한적으로 다양한 관계들로 뻗어 나가는" 경향이 있다고 믿었다. 이처럼 에드워즈는 다른 이들과의 연합을 제외하고서는 인간 존재를 생각할 수 없었다. "하나님은 우리를 이런 본질로 만드셨다. 그래서 우리는 다른 이들의 도움 없이 살아갈 수가 없다.… 다른 사람들과의 연합과 그들의 도움이 없이 홀로 살아갈 수 없다."[204] 따라서 그리스도인은 전체 공동체의 유익에 헌신하며 전체 공동체의 선에는 그리스도인뿐만 아니라 비그리스도인도 포함

된다고 주장했다.[205]

결국, 에드워즈는 그리스도인들이 하나님께서 만드신 창조 세계에서 자기사랑을 극복하여 교회 공동체를 통해 이웃사랑과 사회봉사 그리고 공동선을 위하여 적극적으로 참여하며 이를 통해 아름다운 세상을 만드는 일을 추구하는 것을 분별의 중요한 요소라고 여겼다.

d. 요약

하나님의 뜻이라는 (보편적인) 진리를 찾는 것으로서의 분별은 다양한 범주를 통하여 확인할 수 있다. 먼저 에드워즈는 우리의 삶을 통하여 그리고 우리의 선택과 결정이 하나님께 영광을 돌리는 삶으로 귀결되는가를 첫 번째 범주로 삼았다. 왜냐하면, 하나님의 영광이 그분이 세상을 창조하신 궁극적인 목적이기 때문이다. 이와 더불어 에드워즈는 영적 실천을 매우 중요한 요소로 여겼으며 모든 것의 으뜸으로 생각했다. 새로운 변화는 결국 그의 삶 속에서 나타나는 열매 즉 영적 실천으로 알 수 있으므로 이 경우 하나님의 거룩한 뜻에 합당한 분별일 가능성이 크다. 마지막으로 공공선과 교회 공동체라는 관점이라는 범주 역시 분별의 중요한 범주이다. 에드워즈는 분별을 개인의 영역으로 한정하지 않고 교회 공동체의 구성원으로서 거시적인 지평에서 바라보았다. 그래서 하나님의 창조 세계에 적극적으로 참여하여 공공선을 추구하며 아름다운 세상을 만드는 일을 분별의 또 다른 기준점으로 삼았다.

그러므로 분별이 개인적이고 조건적인 것이지만, 신앙공동체 안에서 행하여지는 활동이라는 것을 인정한다면 이러한 다양한 범주들은 하나님의 뜻을 찾는 데 도움이 되는 디딤돌이 될 수 있다. 우리는 믿음이라는 요소를 갖고 있기에 하나님의 뜻이라는 (보편적인) 진리를 추구할 때 하나님께서 우리를 더 좋은 방향으로 움직이시며, 비록 우리가 알지 못하는 곳으로 갈 때도 하나님이 함께하시리라는 것을 확신할 수 있다.[206] 에드워즈는 분별의 과정이 거룩한 하나님의 뜻을 추구하는 과정이라고 한다면 하나님께 영광, 영적 실천, 공공선 그리고 교회 공동체라는 범주가 분별의 중요한 기준이라는 것을 우리에게 교훈하고 있다.

E. 지혜의 관상으로서 분별: 조명

하나님께서는 우리를 동역자로 삼으셔서 본인의 뜻을 전달하고자 한다. 그 과정은 사랑과 거룩함의 대화와 사귐으로의 초대이며 이를 통해 우리는 순종함으로 하나님의 뜻과 사역에 참여하게 된다.[207] 하지만 죄와 유혹과 거짓이 난무하는 세상에서 우리가 하나님의 뜻을 분별하는 일은 많은 수고와 노력을 요구한다. 매킨토시는 『분별과 진리』에서 이러한 인간의 노력과 애씀과 더불어 하나님께서 부어 주시는 은총을 언급한다. 이것은 곧 모든 종류의 진리의 지식을 가능하게 하고 빛나게 하는 조명이다. 에드워즈는 회심 이후 이러한 영적 조명을 경험한 후 이전과는 다른 새로운 관점을 갖게 되었다. 이를 관상적 지혜라고 할 수 있다. 이러한 관상적 지혜로 말미암아 에드워즈는 하나님께서 만드신 세상을 보는 심미적 관점이 나타나게 되었으며, 개인뿐만 아니라 인류의 종말을 기억하고 살아가는 종말론적 자세를 취하게 된다. 이는 에드워즈의 영적 체험 즉, 신적 신비에 대한 깊은 통찰에 근거하고 있음을 알 수 있다.

앞 절에서 우리는 분별이란 믿음, 내적 충동, 선별력 그리고 하나님의 뜻이라는 (보편적인) 진리를 찾는 것으로서의 분별이라는 다양한 과정을 거친다는 것을 알게 되었다. 이 절에서는 분별의 마지막 국면으로 지혜의 관상으로서 분별을 다루고자 하는데 이를 위해서는 영원한 생명과 더불어 거룩한 지혜가 필요하며 종말론적인 관점이 있어야 가능하다. 이는 앞에서 언급한 네 가지 국면 가운데 가장 관상적인 국면이라고 할 수 있는데 이 국면에서는 모든 종류의 진리의 지식을 가능하게 하고 빛나게 하는 조명, 관상적 지혜 그리고 신적 신비에 대한 깊은 통찰[208]로서 분별이라는 핵심 단어를 중심으로 논지를 전개해 나가고자 한다.

a. 모든 종류의 진리의 지식을 가능하게 하고 빛나게 하는 조명

지혜의 관상으로서 분별에 있어서 나타나는 첫 번째 특징은 모든 종류의 진리의 지식을 가능하게 하고 빛나게 하는 조명이다. 이러한 신적인 빛의 경험과 이미지는 에드워즈 이전에도 많은 성서의 저자들과 영성가들 그리고 철학자들에 의해 사용되었다.[209] 창세기의 저자는 창조 기사를 전할 때 혼돈에서 질서를 만드는 하나님의 임재와 활동으로써 빛을 묘사했고, 불의 형태로써 빛은 하나님의 임재와 인도함을 상징하였다.[210] 또한, 시편의 저자는 "진실로 생명의 원천이 주께 있사오니, 주의 빛 안에서 우리가 빛을 보리라"시 36:9라고 했으며, 이사야 선지자의 경우 하나님께서 자신의 공의를 열방의 빛으로 세우리라고 선포했다사 51:4. 요한계 문헌에서 저자는 빛이라는 이미지를 무려 33회 사용하였는데, 여기서 예수는 자신을 빛이라고 선언하였다.[211] 초대 교회 교부로서 알렉산드리아의 신학자였던 오리겐은 빛의 이미지를 처음 사용하였는데, 신플라톤주의의 용어를 사용하여 관상적 삶을 가리켜 더 커다란 빛을 향해 나아가는 움직임으로서 상승하는 세 가지 단계로 묘사하였다.[212] 한편 동방교회의 에바그리우스는 그의 『기도론』에서 신적인 빛의 경험을 통해 순수 기도를 설명하였다. 그는 『기도론』 제80장에서 "기도자가 진실한 기도를 하면 천사들이 빛을 가지고 만나려고 한다"라고 했으며, 제94장에는 "빛을 주도록 하나님을 불러야 한다"라고 언급하였다.[213] 그 외에도 플로티누스는 일자the One와 하나 되는 순간 빛을 받는다고 주장했다.[214] 이뿐만 아니라 아우구스티누스 역시 어머니 모니카와 함께 하나님의 놀라운 광경을 목격한 사건을 다음과 같이 기록하고 있다.

> 우리의 대화는 육체의 감각적 쾌락이 아무리 강렬하며 아무리 찬란한 물질적 광채 속에 즐기는 것일지라도 모두 비교할 가치조차 없고 새

생명의 기쁨 외에는 기억할 가치조차 없을 경지에까지 이르렀다. 우리는 그 실체를 향해 더 간절한 열망에 빠져들면서 한 걸음, 한 걸음 모든 육체적 피조물들을 가로질러 천상으로 들어갔다. 거기서 해와 달과 별들이 지상으로 빛을 비추고 있었다. 우리는 내면의 묵상과 주님의 역사에 관하여 경이로운 대화를 통해 거기서도 더 높이 올라가 마침내 우리 마음의 정상에 도달했다. 그리고는 그것마저도 초월하여 다함이 없는 풍요의 나라에 도달했다.[215]

아우구스티누스에게 있어서 오스티아에서의 영적 체험은 일상의 경험을 뛰어넘는 예외적인 사건이라고 할 수 있는데 여기서 주목할 점은 그때 바로 빛이 비치고 있었다는 것이다. 빛의 이미지는 아우구스티누스의 영적 체험에서도 강렬하게 나타났다.

이와 마찬가지로 에드워즈는 자신의 회심 체험을 근거로 빛의 이미지를 사용하여 신학적 논지를 전개해 나갔으며, 자신의 설교에서도 이를 종종 사용하였다. 영적 조명spiritual illumination을 통하여 에드워즈는 과거와는 다른 새로운 관점과 통찰력이 생기게 되었으며, 이러한 신적 능력과 에너지는 한 사람을 총체적으로 변화시키는 원천이었다고 고백한다.[216] 아울러 성령의 조명으로 말미암아 확신과 이해력을 가지게 되었는데 이를 통하여 그는 그리스도의 영광을 감지하였다. 그러므로 성령의 조명이 있어야 하나님, 그리스도, 복음에 제시된 영광스러운 것들을 더 잘 볼 수 있고, 그것들에 대한 뚜렷한 이해가 가능해지며,[217] 이를 통해서 올바른 분별에 도달하게 된다는 것이다.

에드워즈는 젊은 시절 뉴욕에서 목회할 당시 "그리스도 세상의 빛"이라는 설교에서 빛의 유비를 이용하여 성령의 조명 경험에 대해 다음과 같이 회중들에 전달하였다.[218]

성부 하나님이 빛의 무한한 원천인 것과 비교하면 예수 그리스도는 이 빛을 전달하는 분이시다. 성부 하나님을 태양에 비유한다면 예수 그리스도는 거기서 흘러나오는 햇빛과 같다. 그리스도는 하나님에게서 나와서 세상을 밝히신다. 본래 성부 하나님을 본 사람이 없지만, 성자 하나님이 참 빛이 되셔서 성부 하나님을 계시하셨다. 하나님은 무한히 밝고 영광스러운 분이어서 우리가 볼 수 없지만 예수 그리스도는 하나님을 우리에게 계시해 주는 하나님 영광의 광채가 되셨다.[219]

에드워즈는 설교 시 영혼은 자연적으로 어둡고, 무서운 지하 감옥과 같아서, 죄인은 영적인 일에 시각 장애인이므로 하나님 외에 그 어느 누구도 그들을 위험으로부터 구원하는 일은 불가능하다고 했다.[220] 그리고, 죄인들은 그리스도의 빛에 비침을 받았을 때 비로소 진리를 감지할 수 있게 되며, 우리의 마음이 복음 메시지의 아름다움과 진리로 비추어지면서, 영혼은 성령으로 가득 채워진다고 했다.[221] 또한, 그리스도는 영혼 안에 거하기 위해서 성령을 보내심으로 우리의 마음을 깨우치시며, 거룩한 말씀은 비밀스럽고 감추어진 신비한 사상을 드러내면서 마음의 어두움에 빛을 비춤으로 어둠을 물리친다고 했다.[222] 그러므로 에드워즈의 종교적 경험의 신학은 복음을 인식하면서 성령의 내적 사역의 생동적인 역할을 강조함으로 그 자신을 성찰한 것이다. 따라서 에드워즈는 빛이 성경에서 가장 자주 사용되는 이미지라고 생각했으며, 성도들에게 영적인 관점을 주기 위해 빛을 비추는 의로운 태양에 대하여 언급하였을 뿐만 아니라 성도들도 태양의 작은 형상들이 된다고 주장했다.[223]

이외에도 에드워즈의 말년인 1751년 베드로후서 제1장 19절을 인용하면서 모호크족에게 한 설교To the Mohawks at the Treaty 가운데도 빛에 대하여 다음과 같이 언급하였다.

하나님이 처음 사람을 창조하셨을 때 사람의 마음속에는 거룩함의 원리가 있었다. 사람 안에 있었던 이러한 거룩함은 사람의 마음 안에서 비치는 빛과 같아서 사람의 지성은 빛으로 충만했다. 그러나 사람이 하나님께 범죄 했을 때 거룩함을 잊어버렸고 사람의 지성 속에 있던 빛은 사라졌다. 죄와 마귀가 세상에 들어와 사람의 마음을 소유하고 사람의 지성은 어두움으로 가득 차게 되었다. … 그러나 위대한 하나님께서 인류를 불쌍히 여기사 성경을 주셔서 사람들을 가르치시며 이 세상에서 어두움 속의 빛이 되게 하셨다. … 주 예수님은 그들에게 밝고 영광스러운 태양처럼 빛을 주신다. 그러나 성경이 없는 나라들은 큰 어두움 속에 살고 있으며 어두움의 왕인 마귀가 그들을 다스린다.… 우리는 여러분을 초대하여 여러분이 하나님 말씀의 빛을 즐기도록 해 주려고 한다. 하나님의 말씀은 태양 빛보다 천 배나 더 밝은 빛이다. 이 빛은 마음속에 비치는 빛이다. 이 빛은 모든 선한 사람의 마음속에 비친다. 이 빛이 사람의 마음속에 비치면 이 빛은 사람의 마음을 변화시켜 예수 그리스도를 닮도록 만든다.… 하나님 말씀의 빛이 사람의 마음속에 비칠 때 이 빛은 사람의 영혼에 새로운 생명을 준다. 이 빛은 꿀보다 더 달콤하다.… 여러분이 마음속에 이 빛을 받아들이면, 여러분은 죽어 빛의 나라인 천국에 들어가기 합당한 사람이 될 것이다. 그리고 여러분은 예수 그리스도의 나라에 있는 태양으로서 영원히 빛날 것이다.[224]

에드워즈는 이 설교를 통하여 첫 인류에게는 빛이 있었으나 첫 범죄 후 그 빛이 사라지고 어두움이 가득하게 되었다고 했다. 그리고 어두움 가운데 있는 인류에게 예수 그리스도가 빛으로 비추셔서 타락 전의 인류처럼 빛을 소유하게 되었다고 했다. 에드워즈의 빛에 대한 설교는 이외에도 여럿이 있지만, 그중에서 가장 중요한 설교추후 책으로 발간된는 1733년 행한 『신적이며 초자연적인 빛』이다. 여기에서 에드워즈는 이 빛은 하나님께서 인간에게 직접 나누어 주셨고 자연적인 방편으로 얻은 것과는 전혀 다른 성격을 지닌다고 했다.[225] 그는 또한 이 설교에서 전통적인 청교도 설교방식을 따라서 먼저 교리적인 측면을 다루고, 그 후에 실천을 언급했는데 전자에서는 자연적 수단으로 획득되는 것과는 전혀 성격이 다른 빛, 즉 하나님께서 영혼에 직접 주입해 주시는 영적이고 신령한 빛이 있다고 언급했다. 그러면서 첫째, 이 신적인 빛이 무엇인지를 보여주려 했고, 둘째, 이 신적인 빛이 자연적인 수단으로 획득되는 것이 아니라 하나님이 어떻게 직접 주시는지를 밝히려 했다. 셋째로 이 교리가 진리임을 말하고자 했다. 『신적이며 초자연적인 빛』에서 에드워즈는 이 빛이 하나님께서 임재하시는 특별한 방식임을 보여준다고 했는데 이는 동방교회 신학자인 그레고리우스 팔라마스Gregory Palamas의 신적인 에너지를 떠올리게 한다. 여기서 에드워즈는 다음과 같이 언급했다.

> 이런 선물과 유익이야말로 그 자체로 하나님의 성품과 깊이 관련되어 있고, 피조물이 하나님의 성품과 하나님의 신성에 참여할 수 있는 최고의 것이기 때문이다. 즉 빛이 태양에서 나오는 것처럼 그것은 일종의 하나님과 관련해서 하나님의 아름다움이 발산된 것이다.[226]

에드워즈는 신적인 빛이 하나님의 직접적인 현현이라는 것을 암시하며, 그 빛이 인간 자아를 신적인 빛 자체와 일치하도록 변화시킨다고 가르쳤다. 아울러 에드워즈의 신적인 빛에 대한 설교는 예수의 변화산 사건을 언급하면서 이 것을 하나님 나라와 연결했다.[227] 이러한 빛에 대한 이미지와 설교는 전통적으로 그리스도교 신비신학의 역사 속에서 이어져 온 것인데 에드워즈가 나름대로 종합한 것이라고 할 수 있다. 에드워즈의 사상은 기본적으로 칼뱅주의와 청교도의 전통에 서 있으므로 이신칭의의 교리에 근거한다. 하지만 그는 칭의 후 성화의 과정을 강조했다.[228] 구원은 삼위일체 하나님의 생명에 점진적으로 참여하는 것을 의미하고 이 과정에서 인간의 삶은 점점 하나님과 유사하게 변모된다는 점에서 에드워즈는 동방기독교와 정교회의 구원 개념에 가까워졌다. 그러므로 신화의 초점은 인간이 아니라 신적인 삶을 공유하시려고 인간을 초대하시는 하나님께 둔다는 점에서 에드워즈의 사상은 정교회 신학과 일맥상통한다고 할 수 있다.

결론적으로 영적이고 신적인 빛을 통해 신자는 새로운 통찰력과 더불어 성화의 과정을 거치면서 하나님과 친밀하게 되면서 그분의 깊으신 뜻을 분별할 수 있는 안목을 소유할 수 있게 된다고 할 수 있다.

b. 관상적 지혜

에드워즈에게 있어서 "하나님은 소통하는 존재"communicating being이시며 자신을 스스로 다른 피조물에 전달하시는 분으로 여겨졌다. 그래서 하나님께서는 자신의 행복을 전달하시는 것으로 피조물인 인간과 교제하시기를 원하셨으며 인간은 이러한 하나님과의 교제를 통하여 하나님의 존재 자체에 참여하였다.[229] 영적인 조명을 통하여 신령한 빛을 경험하고 초월적 깨달음을 경험한 신자는 관상적 지혜를 통해 하나님의 아름다움과 마지막 날에 있을 일에 대한 새로운 시각을 갖게 된다는 것이다. 즉, 과거에는 경험하지 못한 삼위일체 하나님의 아름다움에 대한 새로운 깨달음과 우리가 살아가는 세상이 전부가 아니라 천국에 대한 소망을 갖고 종말론적 관점을 소유하게 된다는 것이다. 이것이 바로 지혜의 관상으로서 분별에서 나타나는 두 번째 특징이다. 그래서 에드워즈는 새로운 깨달음을 통해 알게 된 하나님에 대하여 다음과 같이 언급하였다.

> 하나님은 모든 존재와 모든 아름다움의 기초요 원천이시다. 만유가 완벽하게 하나님으로 말미암았고 모든 것이 하나님께 가장 절대적으로

완벽하게 의존한다. 모든 존재와 모든 완전함은 하나님에게서 나와서 하나님을 통해 하나님께로 향한다. 말하자면 하나님의 존재와 아름다움은 모든 존재와 탁월함을 전부 합하여 포괄한다. 이는 마치 태양이 한낮의 모든 빛과 광채의 근원이자 그 모두를 합한 것과 같은 이치이다.[230]

에드워즈는 태양의 유비를 이용하여 하나님은 스스로 완전하시고 절대적이시며 부족함이 없으신 분으로 아름다움의 기초요, 원천이시라는 사실을 인식하게 되었다.[231] 그리고 영적 조명을 통하여 에드워즈는 하나님의 존재와 성향에 관한 새로운 인식을 하는데 그것은 바로 하나님께서는 탁월성과 미를 향한 성향을 갖고 있다는 사실이다. 그래서 세계가 아름다운 것은 하나님의 아름다움을 나누어 받았기 때문이라고 확신했다. 따라서 하나님은 자신의 아름다움을 나누어줌으로써 자신의 아름다움을 완전하게 하신다고 생각했다.[232] 에드워즈는 묵상집에서 다음과 같이 언급하였다.

세상을 혼돈으로부터 아름다움과 완전함으로 가져오는 것은 특별히 성령의 사역이다. 왜냐하면, 세상의 아름다움은 하나님의 아름다움 소통이기 때문이다. 우리가 본 것처럼, 성령은 하나님의Diety 조화와 탁월함과 아름다움이다; 그러므로 그것은 세상에 대해 아름다움과 조화를 소통하기 위한 그분의 사역이다.··· 후략[233]

에드워즈는 위에서 언급한 바와 같이 하나님은 참된 아름다움이시며 조화와 탁월함이시며 이와 더불어 소통하시는 분으로 이해하였다. 또한, 아름다움은 비율이며 균형인데 하나님은 참으로 균형적인 것이 무엇인가에 대한 궁극적 기준이 되신다.

아울러 에드워즈는 신적 조명을 통해 관상적 지혜를 얻게 되면 세상에 대한 인식과 관점의 변화가 오게 되는데 이는 하나님 나라에 대한 종말론적 통찰이라는 면에서 세상을 보는 눈이 변화되는 것이다. 즉, 이 세상이 영원히 거할 처소가 아니라 영원한 본향은 저 하늘나라에 있으며 우리는 이 세상에서 나그네와 같은 삶을 사는 것이다. 그래서 에드워즈의 저술은 곳곳에서 종말론적 관점을 보여준다. 그는 하나님의 주권과 섭리를 단순히 관념론적인 차원에 제한하지 않았으며 천년왕국을 향한 구체적인 모습을 표현하였다. 특별히 에드워즈는 천년왕국 이후에 그리스도께서 사물들의 영원한 질서를 세우기 위해 재림하신다는 후천년설을 지지하며, 본인이 속한 노샘프턴 땅에 하나님의 나라가 임하도록 사회적인 문제에 대하여 적극적으로 참여하도록 교인들에게 당부하였다. 그래서 에드워즈는 "천국을 향한 길이 천국의 삶이다"라고 하면서, 우리는 천국에 있는 자들을 닮는 방식으로 천국을 향해 여행해야 한다고 했다.[234] 즉, "지상 어떤 것도 천국의 영광을 나타낼 수 없으므로 단순히 말로 표현할 수가 없다"[235]라고 했다.

또한, 에드워즈는 천국이라는 주제에 대하여 많은 언급을 하였다.[236] 그가 작성한 주석에서는 천국을 '우주의 가장 높은 부분'에 있고, '우주의 가장 높거나 가장 멀리 있는 부분'에 있는 하나님의 '영원한 처소'로 묘사했을 뿐만 아니라 천국은 또한 '천사들의 거처'이며 성도들의 영원한 처소가 될 것으로 생각했다.[237] 그 외에도 우리는 에드워즈의 결심문에서 종말론적인 자세를 엿볼 수 있다. 그는 결심문 7번에서도 "만일 내 생애의 최후 순간이라고 가정했을 때, 하기가 꺼려지는 것이면 절대로 하지 말자"라고 결심했다. 또한, 17번에서는 "내가 죽게 되었을 때, '그 일을 했었으면 좋았을 텐데' 하고 바라는 것처럼 그렇게 살자"라고 적었다. 그리고 19번에서는 "마지막 나팔 소리를 듣기 전, 최후의 한 시간도 남지 않았을 때라고 가정하고 그때 하기가 꺼려지는 것은 절대로 하지 말자"라고 결심하였다. 이뿐만 아니라 50번과 51번에서는 "내가 내세에 들어갔을 때, 그렇게 한 것이 최선이었고, 가장 지혜로운 것이었다고 판단하게 될 것처럼 그렇게 행동하자" "죽을 때 내가 뒤를 돌아보면서 '이런 일을 했으면 좋았을 텐데' 하고 생각하는 것처럼 모든 면에서 그렇게 하자"라고 적었다. 앞에서 언급한 에드워즈의 결심문을 살펴볼 때 에드워즈가 얼마나 종말론적인 시각을 갖고 매사에 임하며 살아갔는지를 알 수 있다.

이상에서 살펴본 바와 같이 신적 조명을 통해 신자는 새로운 안목과 시각을 갖게 되는데 그것을 매킨토시는 관상적 지혜라는 측면에서 접근하였다. 그로 인하여 하나님의 아름다움에 대한 새로운 안목이 생겼고, 종말론적 시각을 갖게 되었다. 이는 단지 개인적인 종말이 아니라 보편적인 종말까지 포함하는 것이다. 전자는 후자의 큰 틀 안에서 위치하며 이는 개인 구원의 측면을 넘어서는 하나님의 통치 개념으로 마지막 때, 새 하늘과 새 땅을 기다리는 것이다.

c. 신적 신비에 대한 깊은 통찰

지혜의 관상으로서 분별에 있어서 세 번째 특징은 신적 신비에 대한 깊은 통찰이다. 이러한 특징은 윌리엄 제임스가 '신비체험'의 특징으로 열거하는 4가지 특징들 가운데 하나인데, 형언 불능성ineffability, 순수 지성적 특질noetic quality, 일시성transiency, 수동성passivity이 바로 그것이다.[238] 그중에서 순수 지성적 특질noetic quality이라고 표현한 것은 종교 체험의 고양된 감정 상태와 유사하지만, 단순한 감정 흥분 상태이거나 산만한 지성의 불명료성과 다른 것이다. 조명과 계시의 상태, 의미 충만한 상태, 존재하지만 표현할 수 없는 상태라고 할 수 있다. 앞에서도 언급한 바와 같이 성서의 많은 인물과 영성가들은 신적 신비에 대한 깊은 통찰이라는 경험을 하였다. 떨기나무 불꽃 가운데 하나님을 만난 모세의 예, 성전에서 하나님의 스랍을 만났던 이사야 선지자의 예, 아우구스티누스의 영적 체험 등이 바로 그 예이다.

에드워즈는 그의 생애 속에서 이러한 신적 신비에 대한 깊은 통찰을 맺은 경험을 언급하였다. 그는 어느 날 초원을 이리저리 배회하다가 문득 하늘을 바라보았다. 나중에 에드워즈는 이날의 산책에 대해 다음과 같이 말했다.

> 나는 그곳을 거닐다가 하늘과 구름을 올려다보았다. 하나님의 영광스러운 위엄과 자비가 갑자기 감미롭게 느껴졌다. 하지만 도무지 표현할 길이 없었다. 위엄과 자비가 감미롭게 결합해 있고 위엄과 온화함이 결합해 있는 것 같았다. 감미롭고 부드럽고, 그리고 거룩한 위엄이었다. 그리고 동시에 위엄찬 상냥함이었고, 두려운 달콤함이었고, 지극히 높고, 위대하고, 그리고 거룩한 상냥함이었다. 이 일 후로 신적인 것에 대한 감각이 점점 증가했고, 더욱 생생해졌으며 내적 감미로움을 더 많이 느끼게 되었다. 이와 동시에 모든 것이 달라 보였다. 이를테면 하나님의 영광이 거의 모든 것들 속에 잔잔하고 감미롭게 드리우고 나타나는 것 같았다.[39]

이날 에드워즈의 산책은 하나님과 충만하게 교제한 특별한 산책이었다. 그러나 이날이 에드워즈가 자기 생애에서 하나님이 창조한 세상의 아름다움을 맛본 유일한 순간은 결코 아니었다. 그는 말을 타고 산책하거나 밖에서 일할 때면 대개 하나님의 지혜와 아름다움을 묵상했다. 에드워즈는 자연 만물을 하나님께서 만드신 아름다움의 전시장으로 여기며 다양한 분야에 있어서 관심을 드러내었다. 에드워즈는 그날의 경험을 다음과 같이 부연하여 설명하였다.

> 하나님의 탁월하심, 하나님의 지혜, 하나님의 순결함과 사랑이 만물 안에 나타나는 것처럼 보였다. 해와 달 그리고 별 구름과 푸른 하늘 풀과 꽃, 나무와 물과 온갖 자연이, 모든 것이 내 마음을 깊이 사로잡았다. 나는 자주 하나님의 감미로운 영광을 보기 위해 밤에는 앉아서 오

랫동안 달을 바로 보고, 낮에는 구름과 하늘을 자주 바라보았다. 그러는 사이 창조주와 구속주에 대한 묵상은 나직한 노래로 바뀌었다. 자연 만물 가운데 천둥과 번개보다 더 감미로운 것은 없었다. 예전에는 천둥과 번개보다 내가 더 무서워하는 것은 없었다. 사실 나는 천둥을 비정상적으로 극도로 두려워하는 사람이었고 천둥에 벌벌 떨었다. 그러나 이제는 천둥은 두려움이 아니라 기쁨을 준다. 뇌우가 오면 곧바로 하나님을 느꼈다. 기회가 될 때마다 구름에 시선을 고정하고 번개가 치는 것을 바라보고 하나님의 장엄하고 두려운 목소리인 천둥소리를 들었다. 그리고 대부분 경우 이것은 위대하고 영광스러운 하나님을 감미롭게 묵상할 수 있는 아주 훌륭한 계기가 되었다. 자연을 보면 어느새 자연스럽게 묵상한 것을 찬양과 기도로 읊조리고 생각을 독백과 노래로 표현하곤 했다.[240]

에드워즈는 자연에 나타난 하나님의 감미로운 영광을 경험하였고, 하나님의 아름다움을 향유하려고 하였다. 그리고 하나님과의 순수 지성적 경험을 통해 인식의 지평이 확장되는 것을 경험하였다. 이러한 경험을 통해 자연 만물 가운데 임재하는 하나님의 현존을 향유하였고, 하나님과의 친밀하고 일치되는 이러한 경험은 하나님의 뜻을 올바로 분별하고 결정하는 데 중요한 과정이 되었다고 할 수 있다.

d. 요약

지혜의 관상으로서 분별은 하나님께서 신적이며 영적인 빛을 각 사람에게 비추어 주실 때 가능하며 이 빛은 신자들이 새로운 통찰력과 더불어 성화의 과정을 거치면서 하나님과 친밀하게 되도록 한다는 것을 전제하고 있다. 그로 말미암아 신자는 하나님의 깊으신 뜻을 분별할 수 있는 안목을 소유할 수 있게 되어 관상적 지혜를 얻게 되는데 이는 하나님의 아름다움을 감지하도록 해 줄 뿐만 아니라 종말론적 관점을 갖도록 한다. 즉 이 세상을 "이미 그러나 아직 아니"라는 종말론적 시각으로 보며, 천국으로 가는 여정으로서의 장소로 생각하도록 만드는 것이다. 아울러 이는 신적 신비에 대한 깊은 통찰을 형성하도록 도와주는데 이는 신자가 하나님의 뜻을 잘 분별할 수 있는 토대가 된다. 그러므로 모든 종류의 진리의 지식을 가능하게 하고 빛나게 하는 조명과 관상적 지혜 그리고 신적 신비에 대한 깊은 통찰은 우리가 좀 더 관상적 자세로 하나님의 뜻을 분별할 수 있는 중요한 요소임을 알려주고 있다.

제5장

이냐시오와 에드워즈의
영적 분별 비교 연구

제5장
이냐시오와 에드워즈의
영적 분별 비교 연구

본 장에서는 앞에서 각각 살펴본 이냐시오와 에드워즈의 영적 분별을 비교하여 둘 사이의 유사점과 차이점 그리고 이를 통해서 배울 수 있는 교훈을 매킨토시의 5가지 요소를 중심으로 살펴보고자 한다.

A. 이냐시오와 에드워즈의 영적 분별의 유사점

첫째, 믿음이라는 요소에서 이냐시오와 에드워즈의 유사점을 고찰해 보면, 매킨토시는 믿음을 다루면서 하나님과 사랑스럽고 신뢰하는 관계를 핵심어로 언급하였다. 그렇다면 왜 분별에 있어서 하나님과의 사랑과 신뢰하는 관계를 주장하는가? 아우구스티누스는 요한 서신 강해에서 "Dilige et fac quod vis." 사랑하라. 그리고 네가 하고 싶은 것을 하라. 라고 언급했다. 이 경구는 우리가 하나님의 뜻을 좇아 분별하는 삶에 대한 매우 의미심장한 교훈을 내포하고 있다. 만일 우리가 하나님 사랑하는 것을 전제로 한다면, 비록 분별의 결과가 잘못되었을지라도 그것을 가리켜 하나님의 뜻을 찾는 과정에서 실패하였다고 할 수 없다는 의미이다. 이것의 의미는 비록 우리가 실수를 범했을지라도 사랑이 우리를 올바른 길로 다시 인도하기 때문에 우리는 궁극적으로 잘못될 수가 없다는 것이다.[1] 따라서 분별의 과정에 있어서 가장 중요한 기초는 바로 분별하는 사람 각자가 하나님을 신뢰하고 사랑하는 것이다. 그러한 의미에서 하나님과 사랑스럽고 신뢰하는 관계는 분별의 측면에서 가장 중요한 요소라고 할 수 있다.

믿음은 분별의 출발점으로 죄를 각성하고 회개하며 자아를 발견하고 십자가를 지며 자기 부인을 위한 필수조건이다. 믿음은 하나님의 은총에 대한 본인의 반응이요, 하나님에 대한 전적인 신뢰요, 하나님의 인도에 대한 감사의 표현이라고 할 수 있다. 믿음을 통하여 새로운 사람이 된 이냐시오는 『영신 수련』의 "받으소서"라는 기도를 통해 우리의 자유, 기억, 이해 그리고 의지를 하나님께 양도하며 내어드린다고 고백했다. 이처럼, 이냐시오는 믿음이란 자신을 내어드림, 위탁, 투신, 자기 포기라고 간접적으로 언급했다. 그래서, 이냐시오는 이를 바탕으로 하나님과 사랑스럽고 신뢰하는 관계로 평생 예수 그리스도를 본받고 따르고자 하였다. 이를 위하여 그는 수도자의 3대 서원인 가난, 정결, 순명을 지킴으로 그리스도를 따랐다. 그는 금욕과 고행을 강조하며 그리스도와 일치하는 방향으로 나아가고자 했는데 이러한 측면은 당시 중세 세계관을 반영한 것이라고 할 수 있다. 아울러 근대 신심 운동의 영향을 받아 복음서에 나타난 예수 그리스도의 인성을 묵상함으로 그리스도와의 일치를 추구하였음을 알 수 있다. 이를 위하여, 이냐시오는 매일의 기도인 양심 성찰, 사랑의 실천 그리고 교회에 대하여 충성을 하였는데 이를 통하여 우리는 그가 하나님과 깊은 사귐의 관계를 유지하였음을 알 수 있다.

에드워즈는 믿음을 진리에 대한 동의, 그리스도에 대한 신뢰 그리고 그리스도와의 연합 등으로 다양하게 정의하면서 하나님께서 주시는 신령한 빛을 받아야만 얻을 수 있는 선물로 이해하였다. 그런 면에서 그는 믿음을 하나님의 계시 사건인 동시에 은총으로 인간의 관점에서 보면 철저히 수동적인 사건으로 인식하였다. 회심 이후 에드워즈는 하나님과 친밀한 관계를 위하여 말씀 묵상과 기도, 고독과 금식 그리고 자기성찰을 위하여 70가지 결심문을 묵상하였다. 이상에서 살펴본 결과 이냐시오와 에드워즈는 믿음이란 기본적으로 하나님을 신뢰하는 것이며, 사랑하는 관계이며, 그리스도와 연합하는 것이라는 점에서 유사점을 찾을 수 있다.

이처럼 두 사람의 영성 형성 과정을 고찰해 본 결과 이들이 일련의 회심 체험을 통하여 자신의 무가치함을 깨닫고, 하나님께 전적으로 의존하게 되었으며, 매일의 성찰을 통하여 올바른 것을 실천하는 삶을 추구하게 되었고, 인식과 지평의 확장과 더불어 하나님과의 친밀한 관계를 통하여 영혼을 돕고, 궁극적으로는 하나님의 뜻에 합당한 삶을 추구하였다는 면에서 우리는 두 사람의 유사점을 발견하게 된다.

둘째, 내적 충동이란 요소에 나타난 이냐시오와 에드워즈의 유사점을 살펴보고자 한다. 이냐시오는 아퀴나스의 견해를 따라 인간을 하나의 통합체로 보았으며 하나님 앞에서 "사랑받는 죄인"으로 여겼다. 그는 인간의 목적을 "하나님을 높여드리는 일"로 정의하며, 인간의 피조성을 강조하였다. 아울러 하나님의 창조 사역의 과정에서 하나님께서 인간을 동역자로 부르셨음을 인정하였다. 또한, 마이클 버클리는 이냐시오에게 있어서 하나님의 뜻을 분별하는 주요한 요소로 첫째, 초자연적 영향, 둘째, 지적 작용의 과정, 셋째, 정서적 이끌림이라고 했다. 이냐시오는 이러한 요소를 통해 하나님의 뜻이 전달된다고 여겼는데 인간의 내적 마음이 움직여 하나님께로 향하는 것을 영적 위로, 그 반대 방향으로 향하는 것을 영적 황량이라고 규정하였다. 영적 위로의 경우 내면의 정서 중 가장 중요한 것은 사랑이다. 이외에도 하나님과의 경험으로 불타오름, 눈물을 흘림, 믿음과 소망과 사랑의 향상, 내면의 기쁨 등 다양한 형태의 위로를 경험할 수 있게 된다. 영적 황량의 경우 믿음의 감소, 희망이 사라짐, 사랑의 부재 등을 경험하게 되는데 이러한 정서들의 차이로 영적 위로와 영적 황량의 개념을 이해할 수 있다. 또한, 이냐시오는 『영신 수련』을 통해서 영들의 분별 규칙을 두 개의 묶음으로 구분하여 체계화하였는데, 여기서 주목해야 할 것은 그가 움직임의 근원으로서 정서를 매우 중요하게 여겼다는 점이다. 그는 그 과정에서 그리스도인을 미혹하는 속임수가 등장하는데 사탄은 과장과 왜곡 그리고 거짓 지식으로 인간을 미혹하여 하나님에게서 멀어지도록 한다고 언급했다. 이냐시오는 특별히 감각을 중요하게 생각하여 『영신 수련』에 언급된 그리스도의 생애와 죽음과 부활 등에서 오감 활용을 강조하였다. 이외에도 상상력을 활용하여 묵상하도록 하는 것은 당시 근대 신심 운동과 중세 관상 전통의 영향을 받았다고 추론해 볼 수 있다.

한편, 에드워즈는 당시 미국의 뉴잉글랜드 지역은 유럽의 계몽주의의 영향을 받아 인간을 이성적인 존재이며 합리적인 존재로 여겼으며 인간의 자유와 도덕 선을 강조하였다. 이러한 사조의 영향을 받은 에드워즈는 인간은 전적으로 타락하여 하나님 앞에 설 수 없는 죄인이며 아담으로부터 인류는 모두 "마음에 타고나는 죄성"이 있다고 전제한다.[2] 따라서 인간은 하나님 앞에서 의로운 존재로 설 수가 없으며 이를 해결하는 길은 오직 그리스도의 의 밖에 없음을 주장한다. 또한, 에드워즈는 인간이 거듭났음에도 불구하고 여전히 성화의 과정에서 죄 죽임의 사투가 있음을 언급하며 사탄은 다양한 속임수로 인간을 현혹하여 죄악 된 모습으로 이끈다고 했다. 인간론적 측면에서 바라볼 때 에드워즈는 인간을 전통적인 견해인 삼분설이 아니라 오성과 경향성으로 이해하였다. 그는 인간이란 우월한 원리와 열등한 원리로 구성되어 전자가 후자를 다스리는 방식으로 이루어졌지만, 죄로 인해 그 체계가 붕괴하여 역전 현상이 일어났다고 이해하였다. 따라서 앞에서 언급한 바와 같이, 오직 그리스도의 은총만이 원래 상태로 되돌아갈 수 있다고 여기며 인간의 전적인 타락과 하나님의 무조건적 은총을 강조했다. 그는 이를 통해 경건한 욕구와 열망이 증진되며 성령께서 그리스도인의 마음에 새로운 감각을 주시며 내주하심을 주장한다. 아울러, 악한 영의 속임수의 경우 에드워즈는 자기애, 거짓 겸손 그리고 조화와 균형이 깨어짐, 은혜와 거룩함의 열망이 없음을 그 특징으로 이해하였다. 그리고 에드워즈는 신앙적 심리분석에 큰 관심을 가졌으며, 그가 경험한 영적 부흥과 대각성의 관점에서 신앙적인 감정에 대한 신학적 논의를 거쳐 한 차원 더 진전시켰다. 이 점에서 에드워즈의 인간론은 종교개혁자의 인간론보다 한 걸음 더 나아간 것이라고 할 수 있다.[3]

이처럼 이냐시오와 에드워즈는 인간을 하나님의 형상으로 창조된 존재라는 점, 인간의 피조성과 연약함, 그리고 예수 그리스도 중심성, 인간은 결국 하나님을 예배하고 찬양하기 위해서 존재한다는 창조 목적에 있어서 유사점을 보여주고 있다. 또한, 사탄을 그리스도인의 원수로 하나님의 뜻을 찾지 못하도록 방해하는 역할을 한다는 점, 움직임의 근원으로서 정서의 중요성, 정서를 행동의 원천, 작동 주체의 중심으로 보았으며 분별의 과정에서 참된 겸손이 분별의 중요한 요소임을 인정한 점에 있어서 둘 사이의 유사점을 발견하게 된다.

셋째, 선별력discretio이란 요소에 나타난 이냐시오와 에드워즈의 유사점을 살퍼보고자 한다. 이냐시오는 그의 생애를 만레사 전과 만레사 시기, 그리고 만레사 이후로 나누어 자신의 생애 속에 등장한 실제적 지혜 및 건전한 판단력을 다루었다. 그는 회심 이후 선신과 악신을 구별하는 감각과 지혜를 이론이 아니라 경험을 통해서 배워 나갔다. 추후 학습의 기간을 통하여 배운 신학적 지식을 토대로『영신 수련』을 완성하였는데 이는 하나님의 뜻을 분별하고 결정하기 위한 소중한 지침으로 선별력을 위한 중요한 기준이 된다.

한편, 에드워즈의 경우 목회 현장에서 일어난 대각성과 부흥의 영향으로 이를 신학적으로 정리할 필요를 느껴 설교와 글로 요약하였는데 먼저『성령의 역사분별 방법』그리고 이후에『신앙 감정론』으로 출간되었다.『신앙 감정론』안에는 성령의 뜻일 수도 있지만 그렇지 않을 수도 있다고 여겨지는 불확실한 표지 12가지와 확실히 성령의 표지라고 할 수 있는 확실한 표지 12가지가 정리되어 있다. 이 표지들은 영적 부흥으로 혼란한 상황에서 귀중한 영적 지침서요, 나침반과 같은 역할을 하였다. 이를 로너간의 회심론을 통해서 본다면 지성적 회심이 일어났던 것을 토대로 작성한 책이 바로『성령의 역사분별 방법』이며, 도덕적 회심 측면에서는 영적 실천과 선교를 통해 가치 지향적 삶과 참된 것을 알고 행하는 것으로 나타났다. 그리고 종교적 회심 측면에서『신앙 감정론』에 나타난 12가지 긍정적 표지로 정리될 수 있다. 아울러 선별력은 은사인 동시에 훈련이 요구되는 영역이라는 점에서 이냐시오와 에드워즈 모두 동의하였고, 실제적 지혜 및 건전한 판단력의 증진을 위한 경건 훈련이 필요하다는 점에서 의견의 일치를 보였다.

또한, 이 둘은 분별이란 실천의 열매로 나타나야 한다는 점에서 유사점을 보인다. 이냐시오의 경우 세상을 하나님의 밭으로 여겨 학교를 세우고 선교하였고, 소외되고 가난한 자들에게 먼저 다가가 그들의 진정한 친구가 되어 영혼을 돕는 실천적인 면을 강조하였다. 그 결과 예수회는 1547년 최초의 예수회 대학을 설립한 이래 2013년 기준으로 전 세계 100여 개 국가에 진출해 약 189개의 종합대학과 단과대학을 세웠으며 남아시아특히 인도의 경우 229개의 고등학교 및 164개의 초·중등학교를 설립하여 운영하고 있다.[4] 에드워즈도 신앙의 실천을 매우 강조하였다. 『신앙 감정론』에서도 적극적인 표지 12가지 가운데 하나인 실천 부분을 약 1/3가량 할애함으로써 실천을 강조하였다. 그래서 실천은 그리스도인의 표지들 가운데 가장 중요한 표지이며, 그 핵심은 바로 사랑의 실천임을 강조했다. 이러한 주장은 개혁주의 영성의 맥락에서 유사점을 보인다. 즉 개혁주의 영성의 특징은 경건의 실천이며, 이는 이웃에 대한 사랑의 실천으로서 소명 의식을 실현하는 것이다.[5] 외적 경건의 실천은 하나님 사랑에 대한 개인의 경험에서 비롯되며 이는 내면의 경건에서 기초한다. 아울러 객관적인 계시의 인지와 주관적인 경험 그리고 지성적인 추구와 동시에 감성적인 경험이 조화를 이룬 것이 개혁주의 영성의 핵심이라고 할 수 있다.[6] 따라서 에드워즈의 영성은 실천과 조화라는 중요한 특징으로 나타난다. 이뿐만 아니라 이러한 실천은 구체적으로 선교적 사명을 감당하는 것으로 나타났다. 23년 지역교회 목회를 마무리한 이후 에드워즈는 인디언 선교사가 되어 교구 사목을 뛰어넘어 인종과 문화가 다른 종족에게 복음을 전하는 일을 몸소 실천하였다. 또한, 데이비드 브레이너드의 전기를 쓰면서 선교적 열정의 중요성을 강조하였다. 이상에서 살펴본 바와 같이 이냐시오와 에드워즈는 진정한 분별이란 실천으로 나타나며 삶의 열매와 조화로 드러난다는 점, 그리고 그들 스스로 세계선교에 힘썼다는 점에서 유사점을 찾을 수 있다.

넷째, 하나님의 뜻이란 요소에 나타난 이냐시오와 에드워즈의 유사점을 살펴보고자 한다. '하나님의 더 큰 영광을 위한' 삶을 살았던 이냐시오는 사변적

216 영적 분별의 이해

인 이론보다는 사도적 실천을 통하여 세상을 변화시킨 인물이었다. 그는 "교회의 정신과 일치하는 사고방식"을 통해 교회 공동체에 대한 깊은 신앙과 사랑을 표현하였는데, 이나시오의 관점에서 분별이란 개인의 주관적인 일인 동시에 교회 공동체의 확인이라는 객관적인 검증이 요구되는 과정이다. 따라서 교회라는 공동체적 지평에서 분별을 바라볼 것을 요구하고 있다. 이나시오는 세상과 이웃을 위해 봉사하고 교육하고 실천함으로 공공선을 실현하였는데 이를 통해 "모든 것 안에서 하나님을 발견하기"라는 일상의 삶 속에서 관상하는 법과 "활동 중 관상"이라는[7] 중세 영성의 흐름과는 다른 새로운 패러다임을 알려주었다.

한편, 칼뱅의 정신을 이어받은 에드워즈에 따르면 교회는 하나님의 영원한 목적을 반영한다고 했다.[8] 그는 또한 "교회는 본질상 하나님과의 연합 그리고 그리스도를 통해 서로와의 연합에 결속된 사람들의 공동체이며 하나님의 영광을 볼 수 있는 지점"이라고 주장한다.[9] 에드워즈는 지상의 교회를 최종적인 또는 천상의 교회와 같은 것으로 간주하지 않았지만 지상 교회는 이 세상 너머에 있는 것에 대한 적절한 전조와 표지가 될 수 있으며 또 그래야 한다고 믿었다.[10] 이는 지상 교회가 순수하고 진실하고 건강하기를 바라는 에드워즈의 절박한 심정이 담겨있는 것을 의미한다. 이나시오와 에드워즈는 신자들에게 있어서 교회의 소중함을 강조한 동시에 분별에 있어서 교회 공동체를 고려해야 함을 언급한 점에서 유사점을 찾을 수 있다. 물론, 이나시오는 이를 그의 『영신 수련』에서 구체적으로 제시하였지만, 에드워즈는 이러한 자세한 언급이 명시되기보다는 그의 저서와 설교 속에 녹아 있다는 점에서 약간의 차이가 존재한다.

또한, 에드워즈의 경우 모든 인간은 하나님을 영화롭게 함으로 자신의 궁극적 행복을 찾게 된다고 생각했으며, 목회 현장에서 목회를 통하여 하나님의 영광을 추구했던 인물이었다. 에드워즈는 하나님의 영광을 위하여 인간의 참여를 강조하였고, 하나님께서 인간을 자신의 동역자로 부르심을 확신하였다. 그리고 그는 사역의 울타리를 교회에 한정하지 않았으며 세상 속에서 하나님 나라를 이루기 위하여 매진하였다. 이러한 점에 있어서 이냐시오와 에드워즈는 서로 유사점을 갖고 있다. 아울러, 이들은 공공선을 강조하여 하나님 체험을 세상 속에서 경제정의, 이웃사랑, 사회봉사, 사랑의 나눔, 생태적 회복 등으로 승화하였으며, 하나님의 아름다움이 세상으로 흘러나와 재현되었다고 주장하였다. 또한, 이들은 그리스도의 십자가는 자신이 죽고, 하나님의 영광이 가장 온전히 드러나는 곳으로 여겼고, 그리스도와 함께 고난받는 것에서 하나님의 영광이 빛난다고 생각하였다. 그리고 세상 만물 가운데 하나님의 영광이 드러나고 있다고 믿었으며, 하나님의 영광은 우리가 그리스도의 형상으로 변화되어 가는 데서 드러난다고 생각하였다. 이를 위하여 자기 부인 혹은 불편심_{초연함}을 강조하였는데 이 점에 있어서 두 사람의 유사점을 찾을 수 있다.

아울러 종교개혁자들과 청교도들의 전통을 이어받은 에드워즈의 경건과 영성을 요약해 주는 표어가 바로 '코람데오_{Coram Deo}' 즉 "하나님의 앞에서"라는 원리이다. 종교개혁자들은 그리스도인의 삶 전체가 하나님의 얼굴 앞에서 이루어진다는 신전 의식에 충실할 것을 강조하였다.[11] 따라서 종교개혁의 전통을 이어받은 에드워즈의 경우 이 '코람데오'의 정신을 따라서 늘 하나님 앞에서 사는 인생임을 기억하며 생활하였다. 이러한 '코람데오의 정신'은 거룩하고 속된 것의 구별을 무의미하게 만들었다.[12] 그래서 에드워즈는 먹든지 마시든지 무엇을 하든지 하나님의 앞에서 하나님의 영광을 위하는 삶을 추구하게 되었으며 그의 70가지 결심문에 나타나기도 한다. 그 결과 가정을 돌보는 일, 청소와 가사노동, 일터와 직장에서의 일, 그리고 사업도 결코 속된 것이 아니라 거룩한 일이 된다. 교회라는 특정 공동체 내에서 행하는 예배나 기도나 교제나 선교뿐만 아니라 삶의 모든 영역에서 행하는 모든 일이 하나님 앞에서 아름답고 거룩하게 된다. 이 점에 있어서 "모든 것 안에서 하나님을 발견하기"라는 이냐시오의 영성과 유사점을 발견하게 된다. 한국교회는 신앙적인 일은 성스러운 것이며 세상의 일은 속된 것이라고 구분하는 이원론적 경향이 강하게 있는데 이는 온전한 복음에 대한 왜곡이라고 할 수 있다. 따라서 '코람데오' 정신과 '모든 것 안에서 하나님을 발견하기'라는 면에서 이냐시오와 에드워즈는 유사점을 갖게 된다고 볼 수 있으며 이는 일상의 영성의 중요성을 재발견하는 계기가 되었다고 볼 수 있다.

다섯째, (신적) 조명이란 요소에 나타난 이냐시오와 에드워즈의 유사점을 살펴보고자 한다. 이 절에서는 주로 신비주의에 대하여 다루고 있는데 이는 절대자, 무한자, 신과의 직접적이고 직관적인 접촉 체험에 기초하고 있는 현상이라고 할 수 있다.[13] 그런 의미에서 매킨토시는 그리스도교적 신비를 주어진 어떤 순간의 강렬한 경험 속에서 완성되는 것이 아니라, 근본적으로 하나의 과정, 혹은 삶의 방식으로 이해했다.[14] 왜냐하면, 신비는 순간적 체험과 관계된 것이 아니라 긴 삶의 과정에서 함께 성숙하는 신앙과 관계된 것으로 이해하기 때문이다. 또한, 영성은 본질상 상호적이고 공동체적이고 실천적이기 때문이다.[15]

이냐시오의 경우 카르도네르강 가에서 신적 조명을 통해 삼위일체적 차원으로 창조 안에서 모든 것을 보게 되었다. 이는 창조된 모든 것을 통합하여 보게 된 사건으로 그는 이 사건 이후 새로운 영적 안목을 갖게 되었다. 이를 통하여 그리스도 중심적 가치관을 갖게 되었으며 성례전의 중요성, 교회 중심적 인물이 되었다. 그는 깊은 하나님 체험으로 늘 눈물이 마르지 않았고, 천상의 언어로 기도하였다. 하지만 그의 신비적 경험은 내면의 만족으로 머물지 않았고 사도적 활동으로 승화되었다는 점에서 독특성을 찾아볼 수 있다. 카르도네르강 가에서 체험은 새로운 지성과 새로운 사람으로 변화된 결정적인 사건으로 창조와 강생에 대한 지식, 지식체계의 통합된 신비적 침입의 사건으로 자연 관상을 통해 하나님을 늘 바라볼 수 있게 되었다.

한편 에드워즈의 경우 신적 조명 이후 성화의 과정을 거쳐서 하나님과 친밀감을 갖게 되었고 하나님의 깊은 뜻을 분별할 수 있게 되었다. 그는 하나님의 아름다움을 관상하며 하나님의 탁월함을 느끼며 서로 소통하게 되었고 종말론적 관점을 갖고 천국을 앙망하게 되었다. 에드워즈는 관상적 지혜로 신적 신비에 대한 깊은 통찰을 통하여 인식 지평이 확장되었으며 결국 자연 만물 가운데 현존하시는 하나님을 향유하며, 하나님과 일치되는 경험을 하였다. 이를 통하여 하나님의 뜻을 올바로 분별하게 되었다. 그 결과 에드워즈는 천국을 그리스도인의 삶의 희망으로 보며 종말론적 설교를 통하여 성도들에게 천국을 소망할 것을 권면하였다.[16] 특별히 에드워즈의 대표설교 가운데 하나인 '진노하신 하나님 손안에 있는 죄인'이라는 설교에서는 지옥에서의 참혹함과 비참함을 설교함으로 성도들이 천국을 바라보며 올바로 신앙생활 할 것을 강권하였다. 이냐시오와 에드워즈는 신적 조명을 통해 하나님과 더 깊은 친밀함을 경험하게 되었으며 이들의 인식의 지평이 확장되었고 생태적 회심을 통해 자연 만물을 관상함으로 하나님을 향유하게 되었다는 점에서는 유사점을 발견하게 된다. 이상의 내용을 근거로 이냐시오와 에드워즈 영적 분별의 유사점을 아래와 같이 정리해 볼 수 있다. 이것이 함의하는 바가 무엇인지는 다음 절에서 다루어 보고자 한다.

* 이냐시오와 에드워즈의 유사점

	키워드	이냐시오와 에드워즈
믿음	하나님을 신뢰하는 일, 사랑의 관계,	영성 형성 과정 및 일련의 회심 체험, 매일의 성찰, 하나님의 뜻 추구
내적 충동	인간이해, 정서, 영적 위로, 영적 황량 속임수, 영들의 분별	하나님의 형상으로 창조된 존재 사랑받는 죄인, 인간의 피조성 하나님의 동역자, 참된 겸손 분별을 가로막는 사탄의 실체 인정 움직임의 근원으로 정서의 중요성
선별력	실제적 지혜와 건전한 판단력	선별력은 은사인 동시에 훈련 필요 사랑의 실천과 균형
하나님의 뜻	보편적 진리, 선택, 공동체 거룩한 뜻	교회 공동체, 분별의 중요한 요소 하나님의 영광, 모든 것 안에서 하나님 발견하기 코람데오, 일상의 영성 발견
조명	신적 조명, 관상적 지혜, 신적 신비	하나님의 아름다움을 관상 통합적이며 종말론적인 시각

B. 이냐시오와 에드워즈의 영적 분별의 차이점

매킨토시의 분별을 위한 5가지 역동적 요소 가운데 이냐시오와 에드워즈의 차이점을 고찰해 보고자 한다. 첫째, 믿음이라는 요소에서 살펴보면, 이들은 그리스도와의 연합이라는 차원에서 차이점을 보인다. 이냐시오는 그리스도와의 연합을 단순히 관계성 차원에 머무르지 않았고 사도적 활동과 통합시켰다. 이 통합의 열매는 만물 안에서 하나님을 발견하는 것으로 삼위일체 하나님 영광의 순환 운동이 그러한 통합의 토대가 된다. 삼위일체 하나님 영광의 순환 운동의 관점에서 보면 세상에서 하나님을 섬기는 사도적 활동은 단순히 활동 자체만이 아니라 또 다른 형태의 하나님과의 연합이 된다. 이냐시오에게는 우리 영혼의 중심에서 행하시는 하나님의 활동과 세상의 한복판에서 행하시는 하나님의 활동은 결코 분리될 수 없다. 따라서 그리스도와의 연합은 하나님의 나라를 확장하기 위하여 그리스도와 함께 일하며 함께 고난받는 것에서 존재한다. 하지만 에드워즈는 종교개혁자 칼뱅의 전통을 이어받아 칭의 관점에서 그리스도의 연합을 보았다. 즉 그리스도와의 연합은 구속사적 관점에서 신비적 그리스도의 한 구성원이 되는 것이며, 구원의 여정이라는 관점에서 택함을 받은 자가 그리스도와 실재적으로 연합되는 마음의 연합 또는 실재적 연합이 이루어지는 것이라고 주장했다.[17] 이는 신자가 그리스도와의 연합을 통해 마음의 새로운 감각을 소유하게 되며 이를 통하여 달콤함sweetness을 경험하게 된다는 것이다. 그러므로 그리스도와의 연합이라는 측면에서 접근해 볼 때 이냐시오와 에드워즈는 차이점을 보인다고 할 수 있다.

둘째, 내적 충동이라는 요소에서 이냐시오와 에드워즈의 차이점을 고찰해 보면 다음과 같다. 이냐시오의 경우 상상력과 오감의 사용을 『영신 수련』에서 중요한 요소로 보았다. 즉 예수님의 생애와 사역, 십자가 사건과 죽음 그리고 부활 등에 있어서 오감과 상상력을 통하여 예수 그리스도와의 일치를 추구하며 이를 통하여 내면에서 일어나는 충동을 올바로 인식하여 하나님의 뜻을 분별하는 것이다. 반면 에드워즈는 청교도 전통에 영향을 받아 오감을 통한 상상력의 허용에 있어서 조심스럽고 경계하는 태도를 보였다.[18] 이 점에 있어서 이냐시오와 에드워즈는 차이점을 보인다. 아울러 이냐시오는 분별에 있어서 마음 안에서 움직임과 방향을 강조하였지만, 에드워즈는 성령의 내주를 강조하였다는 것에 있어서 둘 사이의 차이점이 존재한다.

또한, 성령에 접근하는 방법에 있어서 차이를 보여주고 있다. 이냐시오는 당시 조명 주의자가 주장한 매개체 없는 직접적인 하나님과의 만남으로 인해 여러 가지 오해를 받아 종교재판을 받은 경험이 있기에 의도적으로 성령이라는 언급을 절제하였다. 그러나 그의 『영신 수련』에 나타나는 '사랑을 얻기 위한 관상' 부분은 바로 성령을 암시하는 것인데 시대적 상황으로 이냐시오는 성령의 역사하심을 간접적으로 언급하고 있음을 알 수 있다.[19] 반면에 에드워즈는 성령의 역사와 내주하심과 더불어 성령의 신비적 체험을 강조하였다. 이는 대각성 기간 동안 본인뿐만 아니라 그의 아내 사라 에드워즈의 신비한 신앙적 체험으로 영향을 받은 것일 수도 있다. 그래서 그는 신비적 체험에 대하여 긍정적인 반응을 보였지만 교회를 혼란케 하는 무분별한 열광주의자들의 반응은 경계했다. 그래서 에드워즈는 그리스도인에게 주어지는 모든 신적인 복의 총체가 성령이시며, 성령의 역사가 없이는 하나님께서 당신의 자녀들에게 주신 하늘에 속한 모든 신령한 복을 누릴 길이 없다는 것을 강조했다. 그런 점에서 에드워즈는 종교개혁자 칼뱅과 청교도인 존 오웬의 전통을 잇는 성령의 신학자였다고 평가할 수 있다.[20] 이처럼 이냐시오와 에드워즈는 각자가 처한 시대적 상황에 따라서 자신의 신학적 강조점을 달리했음을 알 수 있으며 이것이 두 사람의 성령론에서 발견되는 차이점이다.

셋째, 선별력이라는 요소에서 이냐시오와 에드워즈의 차이점을 고찰해 보면 다음과 같다. 이냐시오는 분별이라는 주제에 있어서 『영신 수련』이라는 책으로 조금 더 체계화하였지만, 에드워즈는 『신앙 감정론』을 출간하였으나 이는 훈련을 위한 지침서는 아니었다. 이냐시오의 경우 만레사 체험 이후 영혼을 돕기 위하여 자신의 영적 체험을 나누어 주고 영적 지도를 수행해야 할 필요가 있었던 반면 에드워즈는 지역교회를 섬기는 목사로서 그러한 필요성을 구체적으로 느끼지 못했기 때문이라고 본다. 그래서, 이냐시오는 분별을 위한 규칙들을 만들어 체계화하고, 접근하는 방법에 있어서 『영신 수련』의 예와 같이 주로 경험적이며, 실천적 접근 방법을 사용하였고, 에드워즈의 경우 분별에 대한 이론을 큰 범주로 나누어 영적 부흥이 일어난 현상을 크게 규정하여 목회 현장에서 적용할 수 있도록 하였다는 점에서 차이점을 발견하게 된다.

넷째, 하나님의 뜻이라는 요소에서 이냐시오와 에드워즈의 차이점을 고찰해 보면 다음과 같다. 이냐시오에게 있어서 "하나님의 더 큰 영광AMDG"은 선택의 원리 혹은 영들의 분별이라는 원리와 연관된다. 그는 분별을 개인적이며 공동체적이라는 차원에서 접근하여 규칙화와 체계화를 하였으며 "하나님의 더 큰 영광"이 하나님의 뜻을 분별하는 기준점이 되며 이를 위한 방법론적 토대를 만들었다는 점에 있어서 차이를 보인다. 에드워즈에게 영향을 주었던 종교개혁자인 칼뱅의 신학은 하나님의 영광과 주권의 강조였는데 그의 『기독교 강요』에서는 하나님의 영광은 만유에 대한 하나님의 절대적인 주권 행사를 통해서 가장 극적으로 드러난다고 했다.[21] 에드워즈도 역시 하나님의 천지창조 목적이라는 논문을 통해서 하나님의 영광이 하나님께서 천지를 창조하신 목적임을 논증

했다.[22] 앞에서 언급한 바와 같이 칼뱅도 하나님의 영광과 주권을 강조하였지만, 에드워즈와 같이 하나님의 존재 목적을 하나님의 영광으로 볼 정도로 강조하지는 않았다. 에드워즈의 경우 종교개혁자인 칼뱅의 전통을 이어받되 이를 자신의 신학으로 더욱 발전시켰음을 알 수 있다. 하지만 에드워즈는 하나님의 영광을 구체적으로 분별의 원리와는 연관하지 않았다는 점에서 이냐시오와는 차이점을 보인다.

다섯째, 신적 조명이라는 요소에서 이냐시오와 에드워즈의 차이점을 고찰해 보면 다음과 같다. 에드워즈는 본인뿐만 아니라 자신의 아내 사라 에드워즈의 신비체험을 통해 그리스도 안에서 성부와 더불어 신적인 삶에 참여함으로써 칼뱅의 가르침에 충실한 그리스도교 신비주의자로 알려졌지만 이와 달리 이냐시오는 관상적 경험이 개인에게 머무르지 않고 사도적 활동으로 승화되어 봉사의 신비주의자라고 일컬음을 받게 되었다는 점과 자신의 체험을 체계화하여 영혼을 돕기 위하여 다른 사람들에게 『영신 수련』의 형태로 영적 지도를 주었다는 점에서 차이가 있다. 아울러 에드워즈는 신적 조명 사건 이후 더욱 종말론적 삶의 자세를 가졌으며 이를 설교로 강조하였다는 점에서 이냐시오와 차이점을 보인다고 할 수 있다.

마지막으로, 앞에서 연구한 바를 검토해 보면 매킨토시의 5가지 요소 가운데 이냐시오의 경우 내적 충동에 더 무게를 둔 듯한 느낌을 받으며, 에드워즈의 경우 선별력이라는 국면에 있어서 좀 더 많은 강조를 둔 것으로 나타난다. 그 이유는 이냐시오의 경우 사변적인 학자라기보다는 본인의 영적인 체험을 통하여 영들의 움직임을 분별하고 실천을 통하여 깨달았기 때문에 분별에 있어서 두 번째 움직임인 내적 충동 분야에서 더 많은 강조점을 두고 있는 것으로 생각된다. 반면 에드워즈는 신학자요, 목회자이므로 목회 현장에서 일어나는 여러 가지 현상들을 신학적으로 분석하고 대처하기 위하여 신학 서적 등을 출간하였으므로 에드워즈에게서는 분별에 있어서 실천적 지혜와 건전한 판단력 등이 더 강조되고 있음을 알 수 있다. 따라서 분별에 있어서 이 둘은 본인들의 삶의 자리에서 영적 체험 그리고 시대적 과업으로 인해서 서로 강조점에 있어서 차이를 보인다고 할 수 있다. 이상의 내용을 근거로 이냐시오와 에드워즈 영적 분별의 차이점을 각각 아래와 같이 정리해 볼 수 있다. 그리고 이 내용이 함의하는 바가 무엇인지는 다음 절에서 다루어 보고자 한다.

* 이냐시오와 에드워즈 영적 분별의 차이점

	이냐시오	에드워즈
믿음	그리스도와의 연합과 사도적 활동 통합	그리스도와의 연합을 통한 마음의 새로운 감각 소유
내적 충동	『영신 수련』, 분별 이론의 체계화, 마음의 움직임 강조, 성령에 대한 간접적 언급	『신앙 감정론』, 성령의 신비적 체험과 내주 강조, 성령의 역사와 체험 강조
선별력	경험적이며, 실천적 접근	긍정적 표지와 부정적 표지 등으로 큰 범주로 분류함
하나님의 뜻	하나님의 더 큰 영광이 선택의 원리 혹은 영들의 분별 원리와 연관	하나님의 영광은 천지창조의 목적
조명	신비체험이 사도적 활동으로 승화됨	신비체험이 종말론적 관점을 소유하도록 만듦

C. 요약: 이냐시오와 에드워즈의 영적 분별 비교연구를 통한 함의점

이 절에서는 이냐시오와 에드워즈의 영적 분별 비교연구를 통해서 배울 수 있는 교훈과 함의점이 무엇인지 고찰해 보고자 한다. 이들은 시공간의 차이에도 불구하고 다음과 같은 공헌을 했음을 알 수 있다.

첫째, 이냐시오와 에드워즈가 살았던 시대는 사회 · 문화 · 정치 · 종교적으로 변화가 많았던 격동기였다. 이들은 영적 리더십을 발휘하여, 영적으로 혼탁한 시대적 상황 속에서 영적 분별이라는 분야에 있어서 탁월한 업적을 남겨놓아 각자에게 맡겨진 시대적 사명을 감당하였다. 이냐시오1491~1556의 경우 그가 탄생한 전 · 후 스페인은 황금시대golden age를 누리던 시기였다. 그와 더불어 인문주의, 신대륙의 발견, 종교개혁 그리고 트리엔트 공의회가 열렸던 시기였는데 이러한 격동의 시기에 이냐시오는 가톨릭개혁의 선두에 서서 교회를 새롭게 하는 일에 앞장섰으며, 『영신 수련』이라는 탁월한 업적을 남겼다. 이를 통해서 우리는 선택을 위한 길잡이영신 수련 169번와 영들의 분별 규칙들영신 수련 313~327, 328~336번을 배울 수 있다. 한편 에드워즈1703~1758가 활동했던 시기 역시 사회 · 경제 · 문화 그리고 종교적으로 격동의 시기였다. 신앙의 자유를 찾아 신대륙으로 온 청교도 첫 세대들은 떠나고 그 이후 세대들의 신앙은 점점 쇠락해 가던 시점에 대각성 운동이 뉴잉글랜드 지역을 중심으로 일어났다. 그 결과 영적인 부흥과 더불어 영적 혼란이 곳곳에서 일어나 이에 대한 적절한 대처가 필요하였다. 에드워즈는 『신앙 감정론』을 통하여 영적 혼돈에 빠진 그리스도인들에게 참된 성령의 역사와 그렇지 않은 경우를 구별하여 영적 분별의 기준을 제시했다는 점에서 시대적 요청에 응답했다. 우리가 사는 21세기에도 여전히 그리스도인들과 교회는 수많은 영적, 사회적 그리고 문화적 도전 앞에 서 있다. 신학과 영성은 삶의 현장에서 일어나는 문제와 분리되지 말고, 그 요구에 응답하여 만 한다. 그러한 의미에서 이냐시오의 『영신 수련』과 에드워즈의 『신앙 감정론』은 시대의 요청에 신학적이며 목회적으로 응답한 결과물이라고 볼 수 있다. 그러므로 영적 분별은 개인의 문제를 넘어 시대적 과제에 응답해야 하는 책임이 있음을 가르쳐 주고 있다.

둘째, 이냐시오와 에드워즈 두 사람 모두 앞선 전통의 영향을 받았지만 이를 수용하되 자신의 상황에 맞게 재해석하였다. 이냐시오의 경우 파리에서 유학하면서 인문주의와 중세철학과 스콜라 신학 그리고 근대 신심 운동의 영향을 받았으며 자신의 독특한 영적 경험을 통합하여 『영신 수련』을 완성하였다. 또한, 그는 몬세라트에서 영적 지도를 받으면서 시스네로스의 『영적 삶의 수련서』를 통하여 중세 관상 전통을 배웠다. 이냐시오는 중세 관상 전통과 근대 신심 운동을 수용하되 자신의 상황에 맞게 재해석하였다. 시스네로스의 『영적 삶의 수련서』에 나오는 관상의 부분을 사도적 활동과 섬김으로 바꾼 예가 바로 그것이다. 아울러 "모든 것 안에서 하나님 발견하기" 그리고 "활동 중 관상하기"라는 새로운 영성 패러다임을 소개하여 시대의 요구에 부응하였다. 한편, 에드워즈는 칼뱅을 비롯한 종교개혁가와 존 오웬을 비롯한 여러 청교도의 영향을 받았다.[23] 특별히 칼뱅의 전통과 청교도들에게 받은 영향은 그의 저작들과 설교 그리고 사상 속에서 녹아 있다. 칼뱅과 에드워즈의 신학은 하나님 중심적이며 삼위일체적인데, 에드워즈는 세계를 하나님 영광의 극장으로 보는 칼뱅의 신학적 시각을 공유했다. 칼뱅은 인간이 하나님 영광의 불꽃을 보지 않으면 성령과 성경의 말씀으로 빛을 받고 나서도 어디에서도 하나님의 영광을 볼 수 없다고 말했는데[24] 에드워즈 역시 이에 동의하며 평생을 창조 세계에서 하나님을 찾으려고 했다. 아울러, 중생한 자의 삶이 단순히 하나님을 닮는 것이 아니라 하나님의 삶 자체를 드러내는 것이라고 제안함으로써 에드워즈는 칼뱅의 사상에서 한 걸음 더 나아갔다.[25] 이처럼 에드워즈는 많은 부분 종교개혁자인 칼뱅과 청교도들의 영향을 받았고 개혁주의 전통을 공유하였지만, 신학적인 강조점을 달리함으로써 이들의 신학과 전통을 발전시켰다. 그러한 면에서 우리는 과거 성서와 역사에 나타난 영적 분별의 전통을 수용하되 이 시대가 요구하는 것에 맞게 재해석해야 함을 배우게 된다.

셋째, 이냐시오와 에드워즈는 공통으로 성령의 역할과 영적 분별에 있어서 정서의 중요성을 알려주고 있다. 이냐시오의 경우 시대적인 상황으로 성령에 대하여 간접적으로 언급하였지만, 그 역시 삼위일체 하나님의 역사와 성령을 경험한 사람이었다. 에드워즈 역시 대각성 운동을 통해서 아내 사라 에드워즈와 더불어 성령을 체험하여 그의 사역에 있어서 성령 중심의 사역을 통해 영적 부흥에 기여했다. 포스트모던 시대를 살아가고 있는 현대인들은 전통적인 교리와 예전에서 벗어나 하나님을 체험하기를 원한다. 그들은 "나는 종교적이지는 않지만 영적이야." I am not religious, but spiritual. 라고 자신의 정체성을 규정하고 있다. 이러한 시대 속에서 성령의 역사와 체험을 통하여 하나님을 경험하도록 하는 일은 에드워즈의 시대나 이 시대나 동일하게 요청되는 사역이다. 우리는 포스트모던 시대를 살아가고 있는 현대인들에게 이성과 합리성을 뛰어넘어 역사하시는 성령 하나님의 임재와 체험을 강조하는 일이 시급한 일임을 깨닫게 된다. 아울러 이냐시오와 에드워즈는 내면에서 움직이는 영에 관한 관심이 있고 그 움직임의 근원을 정서라고 생각하여 그 중요성을 강조하였다. 초연함과 자기부정을 통해 성령에 대하여 좀 더 민감성을 갖는 일은 영적 분별을 위한 사전 준비 작업인 동시에 성령 하나님과 함께하는 길이라는 것을 알려준다.

넷째, 이냐시오와 에드워즈는 강력한 하나님 체험과 일평생 그리스도를 좇아 하나님의 뜻을 추구하는 급진적인 제자의 삶을 살았으며 일상의 영성의 중요성을 알려주었다. 이냐시오와 에드워즈의 경우 둘 다 죽음의 위기에서 구원하시는 강력한 하나님 체험을 통하여 회심하게 되었으며 이 체험은 평생 잊을 수 없는 것이었다. 그 과정에서 앞에서 살펴본 것처럼 지성적, 도덕적, 종교적 회심을 통해 성숙한 신앙인으로 변화되었으며 매일의 삶 속에서 하나님의 뜻에 합당한 삶을 살아가려고 분별력 있는 사랑을 키워갔다. 특별히 이들은 각각 "모든 것 안에서 하나님 찾기"와 "코람데오" 정신을 통하여 일상 영성의 중요성을 재발견하여 매일의 삶 속에서 하나님과 동행하며 그분의 뜻을 좇아 살아가는 삶에 대하여 도전을 주었다. 교회와 세상, 하나님의 일과 세속적인 일이라는 이분법적 사고에 익숙한 한국에 사는 현대 그리스도인들에게 일상에서 하나님을 발견하고 매일의 삶 속에서 하나님의 뜻을 분별하며 하나님과 동행한다는 것은 매우 의미심장한 일이다. 따라서 우리는 각자의 삶의 현장에서 하나님을 만나고 그분의 뜻을 추구하는 삶을 살아가는 일상 영성의 중요성을 배우게 된다.

다섯째, 이냐시오와 에드워즈는 하나님의 형상으로 창조된 인간의 피조성과 연약함에도 불구하고, 우리를 하나님의 동역자로 불러 주셔서 구원 사역에 초청해 주셨음을 인식하였다. 그래서 그들은 삶의 궁극적 목적인 하나님의 영광을 위한 삶을 살아갔다. 이냐시오는 하나님의 더 큰 영광을 선택의 원리와 영들의 분별과 통합하려고 하였지만, 에드워즈는 하나님의 영광 그 자체가 천지창조의 본질적 목적임을 강조했다. 인간은 본질적으로 하나님을 갈망하도록 창조된 존재이므로 하나님만이 채울 수 있는 공간이 내면에 존재한다. 하나님을 경배하고 찬양하며 그분께 영광을 돌리는 삶은 창조주이신 하나님과 피조물인 인간이 질서를 잡는 기본적 관계이다. 아울러 이웃과 세상과 건강한 관계를 맺음을 통해 인간은 자신의 존재 목적을 깨닫게 된다. 그러므로 하나님께 영광을 돌리는 삶을 천지창조의 목적으로 규정한 에드워즈는 자신의 본분을 알고, 하나님을 알며 더 나아가 세상 만물의 질서를 깨달은 것이라고 할 수 있다. 에드워즈는 하나님의 영광을 위하여 천지 만물이 존재하며 그 가운데서 인간은 참된 행복을 찾을 수 있다는 교훈을 주고 있다. 또한, 그는 인간의 근원과 궁극적 방향을 모르고 고민하는 현대인들에게 존재의 근원과 목적이 하나님의 영광을 위한 삶임을 가르쳐 주며 이것이 영적 분별의 기준임을 알려주고 있다.

여섯째, 이냐시오와 에드워즈는 영적 분별에 있어서 실천의 중요성을 알려주었으며 그들 자신이 사도적 실천을 추구하는 삶을 살아갔다. 특별히 이냐시오는 신비체험을 사도적 활동으로 승화하려고 했으며 그리스도와의 연합을 사도적 활동과 연계하였다. 그는 신비적 체험을 개인의 내면에만 머물도록 한 것이 아니라 이웃과 세상에 나아가 하나님 나라를 건설해 나가는 섬김과 봉사로 승화하였다. 에드워즈 역시 영적 분별의 열매는 실천이며 사랑의 행함이라고 강조하였음을 알 수 있다.[26] 현재 한국교회가 직면한 문제는 여러 가지가 있지만, 그중에서도 사회적 약자에 대한 무관심과 타 종교인에 대한 배타적이고 독선적인 모습, 그리고 교회의 공공성 상실은 시급한 과제라고 할 수 있다. 한국교회와 그리스도인들은 이냐시오와 에드워즈의 영적 유산을 통해서 영적 분별의 열매라고 할 수 있는 실천하는 삶을 회복해야 하겠다. 특별히 우리 주위에 소외되고 가난한 이웃들을 섬기고 사랑을 실천하는 디아코니아의 정신을 각 교회가 적용해야 함을 교훈하고 있다. 이것이 곧 하나님의 뜻을 알 수 있는 길임을 알려준다.

마지막으로, 회심과 분별의 관계성이다. 로너간의 회심론은 일평생 한 번의 회심이 아니라 연속적이고 나선형 구조의 다양하고 지속적인 회심의 모습을 보여주었다. 따라서 지성적 회심, 도덕적 회심, 그리고 종교적 회심을 경험하면서

한 인간은 인식의 지평과 하나님과의 관계성에 있어서 성숙하게 된다. 이러한 성숙과 하나님과의 친밀함은 곧 하나님의 뜻을 추구하게 되며 이는 결국 분별의 삶에 있어서 하나님의 뜻에 있어서 합당하고 올바른 선택을 하고 결정하는 계기가 된다는 것을 알 수 있다. 앞에서 살펴본 스푼의 언급처럼 회심하지 않은 사람은 종교적인 경험을 논할 수 없으므로, 분별에 있어서 중요한 정서를 감지하기 어렵다. 그러므로 회심은 분별의 중요한 전제조건이 되고, 회심한 사람은 분별을 통하여 하나님의 뜻을 올바로 선택하고 결정하게 되므로 성숙을 위한 중요한 요소가 됨을 알 수 있다. 결국, 회심과 분별은 상호 긴밀한 관계를 맺고 있음을 알 수 있다.

이상에서 살펴본 바와 같이 가톨릭 종교개혁가로서 교회의 쇄신에 이바지한 이냐시오의 영적 분별과 에드워즈의 영적 분별을 비교하여 고찰해 보았다. 비록 이 둘은 시공간의 차이에도 불구하고 서로 공통되는 유사점이 존재한다. 하지만 이들의 삶의 자리와 맡겨진 시대적 과업의 차이와 서로 다른 신학적 관점으로 여러 부분에서 분별에 관한 결과물이 서로 다르다는 것을 발견하였다. 하지만, 이들이 남겨놓은 『영신 수련』과 『신앙 감정론』 그리고 영적 유산들은 혼탁한 한국교회를 새롭게 하는데 옹달샘과 같은 역할을 할 수 있으며 개별적이고 파편적인 한국 개신교의 영적 분별에 귀한 지침이 된다고 확신하는 바이다.

에필로그

하나님의 뜻을 분별하는 일은 쉽지 않은 작업이다. 저자는 각각 가톨릭과 개신교의 영적 거장이라고 할 수 있는 이냐시오 로욜라와 조나단 에드워즈의 생애와 대표적인 작품 등을 통하여 이들의 영적 분별에 관하여 비교 연구해 보았다. 제1장에서는 과학기술과 문명의 발달은 인간의 소외와 고독 등의 문제를 제기하여 전 세계적으로 사회 전반에 걸쳐 영성에 관한 관심이 고조되고 있음을 설명하였다. 그리고 하나님의 뜻을 추구하고 그분의 뜻을 좇아 살아가고자 하는 그리스도인들로 인해서 분별에 대한 중요성이 급증하고 있음을 설명하였고 회심과 영적 분별의 관계를 언급하였다. 아울러 이냐시오 로욜라와 조나단 에드워즈의 영적 분별을 두 가지 대표적인 저서, 즉 『영신 수련』과 『신앙 감정론』을 중심으로 비교 연구하며, 로너간의 회심론과 매킨토시의 연구 방법론을 사용할 것임을 설명하였다.

제2장에서는 이냐시오와 에드워즈의 회심에 관하여 연구하였다. 먼저, 회심에 대한 이해를 다루었고, 성서적 접근 및 심리 상담학적 접근을 고찰하였다. 회심에 관한 연구는 일회적 사건으로 이해하기보다 지속적이며 평생의 과정으로 이해하였다. 아울러, 로너간의 회심 이론을 바탕으로 이냐시오와 에드워즈의 회심을 각각 지성적, 도덕적 그리고 종교적 회심의 측면에서 접근하여 살펴보았다. 이들은 비록 삶의 자리가 차이가 있지만 강력한 하나님 체험을 통하여 변화되었으며 평

생 하나님 나라를 위하여 헌신하며 영혼을 돕는 일에 매진하였다.

제3장에서는 매킨토시의 방법론을 사용하여 이냐시오를 중심으로 살펴보았다. 매킨토시는 믿음, 내적 충동, 선별력, 거룩한 뜻 그리고 지혜의 관상으로서 분별 즉 조명을 다루었는데 이를 각각 신앙, 신학적 인간론, 그리스도교 윤리 및 교회론 그리고 신비주의 측면에서 접근하였다. 이를 통하여 이냐시오의 생애 속에서 어떻게 하나님의 뜻을 분별하여 나갔으며 그 결과 『영신 수련』이라는 결과물이 도출되어 하나님의 뜻을 찾고자 하는 많은 이들에게 가르침이 되었는지 다루었다.

제4장에서는 제3장에서와 같은 방식으로 에드워즈의 분별론을 다루었다. 이를 통하여 에드워즈의 생애 속에서 어떻게 하나님의 뜻을 분별하여 나갔으며 그 결과 『신앙 감정론』이라는 결과물이 도출되어 하나님의 뜻을 찾고자 하는 많은 이들에게 가르침이 되었는지 다루었다.

제5장에서는 이냐시오와 에드워즈의 영적 분별을 비교하여 유사점과 차이점 그리고 그 함의를 도출하였다. 비록 이냐시오와 에드워즈는 시대적 차이와 공간적 차이에도 불구하고 각자 삶의 자리에서 하나님 체험 이후 격동의 시대 속에서 하나님의 뜻을 분별하여 세상을 변화시키고 교회를 쇄신하며 영혼을 돕는 일에 있어서 귀한 역할을 감당하였다. 특별히 영적 분별이라는 차원에서 『영신 수련』과 『신앙 감정론』이라는 대작을 출간하여 각자의 전통에서 귀한 길잡이 역할을 하였다. 이냐시오의 경우 당시 유행하던 근대 신심 운동의 영향을 받은 『그리스도를 본받아』와 시스네로스의 『영적 생활을 위한 수련서』를 통하여 큰 영향을 받은 것에 비해 에드워즈는 종교개혁자인 칼뱅의 신학과 청교도 신학자들의 저작들에 많은 영향을 받았다. 이들에게는 로너간의 회심 이론에서 언급한 다양한 지성적 회심, 도덕적 회심, 그리고 종교적 회심이 나타났는데 이

는 이냐시오와 에드워즈에게 일어난 회심이 일회적이 아니라 복합적이며, 연속적으로 나타나 각자의 영성 형성에 커다란 영향을 주었다는 것을 시사한다. 아울러 이로 말미암아 영적 분별을 하는 데 중요한 토대가 되었음을 알려주고 있다.

한편, 매킨토시의 분별을 위한 방법론을 통해 고찰한 결과 다음과 같은 결과를 도출할 수 있다. 첫째, 이냐시오와 에드워즈는 믿음이란 기본적으로 하나님을 신뢰하는 것이며, 그리스도와 연합하는 것이라는 측면 그리고 경건 생활을 통하여 자신을 성찰하고 점검하였다는 점에서 유사점을 발견할 수 있다. 그러나 그리스도와의 연합이라는 차원에서 차이를 보인다. 에드워즈는 믿음을 그리스도와의 연합으로 보았으며 이를 통하여 그리스도와 닮아가는 것이며, 성화되어가는 과정으로 인식한 것과 비교하여, 이냐시오는 믿음을 단지 그리스도와의 연합으로만 보지 않고 이를 사도적 활동과 통합시켰다.

둘째, 신학적 인간론의 측면에서 이냐시오와 에드워즈는 둘 다 움직임의 근원으로서 정서의 중요성을 인정하고, 정서를 행동의 원천, 작동 주체의 중심으로 보았다. 또한, 분별의 과정에서 참된 겸손이 분별의 중요한 요소임을 인정한 점은 두 사람 모두 서로 유사하다고 할 수 있다. 그러나 이냐시오는 마음의 움직임을 강조한 것에 반해 에드워즈는 성령의 내주를 강조하였다는 것에 있어서 차이점을 보인다.

셋째, 선별력은 은사인 동시에 훈련이 요구되는 영역이라는 점에서 이냐시오와 에드워즈 모두 실제적 지혜 및 건전한 판단력의 증진을 위한 경건 훈련에 동의하고 있지만 이냐시오는 이를 조금 더 체계화한 것과 비교하여 에드워즈는 그러한 필요성을 구체적으로 느끼지 못했기 때문에 일반적인 범주를 제시하여 영적 부흥이 일어난 현상을 크게 규정하여 목회 현장에서 적용할 수 있도록 하였다는 점에서 차이점을 발견하게 된다.

넷째, 이냐시오와 에드워즈는 모든 인간은 하나님의 영광을 위해 지음 받았음을 그 존재 목적으로 규정하였으며 그 과정에서 하나님께서 인간을 자신의 동역자로 부르심을 확신하였다. 이들은 각각 분별에 있어서 교회 공동체의 중요성을 인정하였으며, 영적 실천을 강조하였다는 점에서 유사점을 발견할 수 있다. 그래서 세상을 하나님의 밭으로 여겨 봉사하고 실천하여 하나님 나라를 이루기 위하여 매진하였다. 한편, 이냐시오는 하나님의 더 큰 영광이 선택의 원리 혹은 영들의 분별 원리와 연관되었지만, 에드워즈는 그렇지 않았다는 점에서 차이를 보인다.

다섯째, 이냐시오와 에드워즈는 신적 조명을 통해 하나님과 더 깊은 친밀함을 경험하게 되었으며 이들의 인식 지평이 확장되었고 자연 관상을 통해 하나님과 합일 과정에 이르게 되었다는 점에서는 유사점을 발견하게 된다. 하지만 에드워즈와 달리 이냐시오는 관상적 경험이 개인에게 머무르지 않고 사도적 활동으로 승화되었다는 점에 있어서 차이가 있다고 할 수 있다. 아울러 이냐시오와 달리 에드워즈는 신적 조명 사건 이후 더욱 종말론적 삶의 자세를 가졌다는 점에서 차이를 보인다고 할 수 있다. 이처럼 이냐시오와 에드워즈의 영적 유산은 오늘날 영적으로 혼탁한 시대 속에서 하나님의 뜻을 찾고 이를 바탕으로 결정하고자 하는 많은 그리스도인에게 귀한 길잡이가 될 것이다. 마지막으로 제6장에서는 각 장에 대한 요약 및 마무리로 연구를 정리하였다.

지난 세기 동안 한국교회는 교회의 폭발적인 성장과 더불어 방언 열풍, 신유 집회, 사적 계시, 예언과 환상과 신비체험을 추구하는 성도들이 급격히 늘어가며 다양한 종류의 성령 운동에 관한 관심이 고조되는 것을 경험하였다. 이와 더불어 온갖 은사 집회에서 나타나는 기이하고 무질서한 현상들이 성령에 대한 오해와 혼란을 증폭시켜 왔다.[1] 예컨대 성령 운동을 주창하는 빈야드 운동과 최근 신사도 운동 등이 그러한 사례라고 할 수 있다. 이들은 "특별한 열정"을 주장하며 통제할 수 없는 웃음, 비통한 흐느낌, 격렬한 떨림, 넘어짐, 춤추는 것과 같은 행동 등이 예배 중 혹은 그 이후 목격되기도 한다.[2] 이러한 현상들은 초대 교회부터 다양한 형태로 존재하였다. 이냐시오가 활동하던 16세기에는 매개 없이 하나님과의 직접적인 만남을 주장하여 교회를 어지럽히던 조명주의자가 존재하였고, 에드워즈가 활동하던 18세기에는 반 아우구스티누스 주의자, 알미니안 주의자, 그리고 대각성 운동의 영향으로 나타난 극단적인 부흥론자들이 나타나 교회를 어렵게 하곤 했다. 따라서 이러한 상황에 직면한 그리스도인들에게 분별에 대하여 가르치는 일은 무엇보다 중요한 일이라고 할 수 있다. 그러므로 어느 것이 성령의 역사이며, 어느 것이 그렇지 않은지 이에 대한 오해의 해소와 올바른 기준점이 필요한 시점이다. 아울러 최근 들어 한국교회는 200만 가나안 교인들의 교회 탈출, 목회 세습, 목회자들의 윤리적·도덕적 타락, 공공성을 잃은 개교회주의, 영적 침체로 인한 교세의 급감 그리고 제4차 산업혁명의 도래 등 다양한 시대의 도전 앞에 서 있다. 이러한 상황에서 이냐시오와 에드워즈의 분별 이론이 현대 교회와 그리스도인들에게 주는 시사점이 크다고 할 수 있다. 특별히 한국 개신교의 경우 앞에서 언급한 바와 같이 각 교단별로 영적 분별에 관한 인식이 다양하여 체계적이며 종합적인 지침이 필요한데 이냐시오와 에드워즈의 영적 분별 비교연구는 한국 개신교 교회와 신자들에게 이러한 가능성을 제시하였다는 것에 있어서 의의가 있다고 할 수 있겠다.

　마지막으로 향후 과제 가운데 하나를 언급하자면, 영적 분별은 현대 심리학과 과학의 도움을 받아 상호보완하고, 발전할 필요가 요구된다. 최근 과학과 기술의 발달로 현대 정신의학과 신경심리학, 그리고 뇌 과학이 등장하였는데 이는 인간의 내면을 좀 더 과학적이며 분석적으로 관찰할 수 있도록 만들었다.[3] 그래서 인간의 분별 과정에서 중요한 마음의 움직임과 뇌파 등에 대한 보다 객관적인 정보를 제공하며 이를 분석하는 일도 가능하게 되었다. 그러므로 신경심리학과 뇌 과학, 그리고 정신과학 등과 연관하여 영적 분별을 통합적으로 접근하여 타 학문과 학제 간 연구가 요구되는 바이다.

참고문헌

1. 이냐시오 1차 자료

Ignatius of Loyola. *The Spiritual Exercises of Saint Ignatius.* Translated by Louis J. Puhl. Chicago: Loyola University Press, 1951.

_____. *St. Ignatius' Own Story As Told to Luis Gonzalez de Camara* with a *Sampling with His Letters.* Translated by William J. Young. Chicago: Loyola University Press, 1951.

_____. *The Constitutions of the Society of Jesus.* Translated by George E. Ganss. St. Louis: The Institute of Jesuit Sources, 1970.

_____. *The Spiritual Journal of St. Ignatius of Loyola.* Translated by William J. Young. Rome: Centurum Ignatianum Spiritualitatis, 1979.

_____. *Ignatius of Loyola: The Spiritual Exercises and Selected Works. Edited by* George E. Ganss. New York: Paulist, 1991.

Olin, John C. ed. *The autobiography of St. Ignatius Loyola: with related documents.* Harper torchbooks. Translated by Joseph F. O'Callaghan. New York: Harper & Row, 1974.

로욜라, 이냐시오 『영신 수련』. 윤양석 역. 서울: 한국천주교중앙협의회, 1998.

_____. 『영신 수련』. 정제천 역. 서울: 이냐시오 영성연구소, 2010.

_____. 『로욜라의 성 이냐시오 자서전』. 예수회 한국 관구 역. 서울: 이냐시오 영성연구소, 2014.

_____. 『예수회 회헌과 보충규범』. 예수회 한국 관구 역. 서울: 예수회 한국 관구, 2008.

2. 에드워즈 1차 자료 및 약어표

WJE 1. Freedom of the Will. The Works of Jonathan Edwards. Edited by Paul Ramsey. New Haven: Yale University Press, 1957.

WJE 2. Religious Affections. The Works of Jonathan Edwards. Edited by John E. Smith. New Haven: Yale University Press, 1959.

WJE 3. Original Sin. The Works of Jonathan Edwards. Edited by Clyde A. Holbrook. New Haven: Yale University Press, 1970.

WJE 4. The Great Awakening. The Works of Jonathan Edwards. Edited by C. C. Goen. New Haven: Yale University Press, 1972.

WJE 8. Ethical writings. The Works of Jonathan Edwards. Edited by Paul Ramsey. New Haven: Yale

University Press, 1989.

WJE 10. Sermons and discourses, 1720~1723 . The Works of Jonathan Edwards. Edited by Wilson H. Kimnach. New Haven: Yale University Press, 1992.

WJE 12. Ecclesiastical writings. The Works of Jonathan Edwards. Edited by David D. Hall. New Haven: Yale University Press, 1994.

WJE 13. The "Miscellanies" (Entry nos. a-z, aa-zz, 1-500). The Works of Jonathan Edwards. Edited by Thomas A. Schafer. New Haven: Yale University Press, 1994.

WJE 16. Letters and personal writings. The Works of Jonathan Edwards. Edited by George S. Claghorn. New Haven: Yale University Press, 1998.

WJE 17. Sermons and discourses, 1730~1733. The Works of Jonathan Edwards. Edited by Mark Valeri. New Haven: Yale University Press, 1999.

WJE 19. Sermons and discourses, 1734~1738. The Works of Jonathan Edwards. Edited by M. X. Lesser. New Haven: Yale University Press, 2001.

WJE 21. Writings on the Trinity, grace, and faith. The Works of Jonathan Edwards. Edited by Sang Hyun Lee. New Haven: Yale University Press, 2002.

WJE 23. The "Miscellanies" (Entry nos. 1153~1320). The Works of Jonathan Edwards. Edited by Douglas A. Sweeney. New Haven: Yale University Press, 2004.

WJE 25. Sermons and discourses, 1743~1758. The Works of Jonathan Edwards. Edited by Wilson H. Kimnach. New Haven: Yale University Press, 2006.

에드워즈, 조나단. 『조나단 에드워즈처럼 살 수는 없을까?』. 백금산 역. 서울: 부흥과개혁사, 1999.

_____. 『조나단 에드워즈 대표설교 선집』. 윌슨 킴나흐, 케니스 미케나, 더글러스 스위니 편집, 백금산 역. 서울: 부흥과개혁사, 2005.

_____. 『성령의 역사분별 방법』. 노병기 역. 서울: 부흥과개혁사, 2013.

_____. 『신적이며 영적인 빛』. 백금산 역. 서울: 부흥과개혁사, 2013.

_____. 『신학공부의 필요성과 중요성』. 백금산 역. 서울: 부흥과 개혁사, 2014.

_____. 『자유의지』. 정부흥 편역. 서울: 새물결출판사, 2017.

3. 이냐시오 2차 자료

3.1. 이냐시오 관련 단행본

그로간, 브라이언. 『홀로 걸어서』. 오영민, 김현득 역. 서울: 이냐시오영성연구소, 2011.

렘베르트, 빌리. 『현실에 대한 사랑으로: 이냐시오 영성의 기본어휘들』. 한연희 역. 서울: 빅벨, 1998.

리버트, 엘리자베스 『영적 분별의 길: 하나님과 함께 믿음의 결정 내리기』. 이강학 역. 서울: 좋은씨앗, 2011.

마틴, 제임스 『모든 것 안에서 하느님 발견하기: 프란치스코 교황의 영적 요람』. 성찬성 역. 서울: 가톨릭 출판사. 2014.

버간, J. S., 슈완 M. 『사랑에 이르는 기도』. 이훈, 유진희 역. 서울: 이냐시오 영성연구소, 2009.

베탄코르, 안토니오 『순례자의 이야기』. 박홍 역. 서울: 서강대학교 출판부, 1991.

심종혁. 『영신 수련의 신학적 이해』. 서울: 이냐시오 영성연구소, 2009.

예수회 인권연대 연구센터 편. 『예수회 사회 사도직의 특성』. 전경훈 역. 서울: 예수회 인권연대 연구센터, 2011.

오말리 존. 『초창기 예수회원들』. 윤성희 역. 서울: 이냐시오 영성연구소, 2014.

잉그리쉬, 존. 『영적 자유』. 이건 역. 서울: 가톨릭 출판사, 1996.

코원, 메리안, 존 캐롤 후트렐. 『은총의 동반자: 지도자를 위한 안내서』. 송형만 역. 서울: 이냐시오 영성연구소, 1997.

콘라드, 체리. 『조나단 에드워즈의 신학』. 주도홍 역. 서울: 이레서원, 2000.

키홀레, 슈테판. 『(로욜라의) 이냐시오』. 이규성 역. 칠곡군: 분도출판사, 2010.

토너, J. J. 『하나님 안에서 나를 발견하기』. 서울: 이냐시오 영성연구, 2010.

페리시, 로버트 『관상과 식별』. 심종혁 역. 서울: 성서와 함께, 2009.

플레밍, 데이비드 L. 『당신의 벗으로 삼아주소서』. 김용운·손어진·정제천 역. 서울: 이냐시오 영성연구소, 2008.

＿＿＿＿＿＿＿＿. 『이냐시오 영성이란 무엇인가?』. 민윤혜경 역. 서울: 이냐시오 영성연구소, 2018.

Barry, William A. *Finding God in All Things: A Companion to the Spiritual Exercises of St Ignatius.* Notre Dame: Ave Maria Press, 1991.

Brackley, Dean. *The Call to Discernment in the Troubled Times: New Perspectives on the Transformative Wisdom of Ignatius of Loyola.* New York: A Cross Road Book, 2004.

Birkenhauer, Henery F. and John E Dister. *A New Introduction to the Spiritual Exercises of St. Ignatius.* Eugene, Oregon: Wipf and Stock Publishers, 1993.

Conroy, Maureen. *The Discerning Heart: Discovering a Personal God.* Chicago: Loyola University Press, 1993.

Cusson, Gilles. *Biblical Theology and The Spiritual Exercises: A Method toward a personal experience of God as accomplishing within us his lan of salvation.* Translated by Mary Angela Roduit and George E. Ganss. St. Louis: The Institute of Jesuit Source, 1988.

Edonet, Pierre. *Ignatius of Loyola: Legend and Reality.* Translated by Jerry Ryan and Thomas M. McCoog. Philadelphia: Sanit Joseph's University Press, 2016,

Egan, Harvey D. *Ignatius Loyola the Mystic.* Wilmington: Michael Glazier, 1987.

＿＿＿＿＿＿＿. *The Spiritual Exercises and the Ignatian Mystical Horizon.* St. Louis: The Institute of Jesuit Sources, 1976.

Endean, Philip. *Karl Rahner and Ignatian Spirituality.* Oxford: Oxford University Press, 2001.

Fleming, David L. ed. *Notes on the Spiritual Exercises of St. Ignatius of Loyola.* St. Louis: The Institute of Jesuit Sources, 1981.

Gallagher, Timothy M. *The Discernment of Spirits: An Ignatian Guide for Everyday Living.* New York: Cross Road. 2005.

_____. *Spiritual Consolation: An Ignatius Guide for the Greater Discernment of Spirits.* New York: Cross Road. 2007.

_____. *Discerning the Will of God : An Ignatius Guide To Christian Decision Making.* New York: Cross Road. 2009.

_____. *The Examen Prayer.* New York: The Crossroad Publishing Company, 2006.

Himes, M.and S. Pope ed. *Finding God in All Things: Essays in Honor of Michael J. Buckley.* NY: Crossroad, 1996.

Ivens, Michael. *Understanding the Spiritual Exercises: Text and Commentary: Handbook for Retreat Directors.* Wiltshire: Cromwell Press, 1998.

Liebert, Elizabeth et al. *The Spiritual Exercises Reclaimed: Uncovering Liberating Possibilities for Women.* Mahwah. New Jersey: Paulist Press, 2001.

Lonsdale, David. *Listening to Music of the Spirit: The Art of Discernment.* Notre Dame. Indiana: Ave Maria Press, 1992.

_____. *Eyes To See, Ears To Hear: An Introduction to Ignatian Spirituality.* Maryknoll, New York: Orbis Books, 2000.

Loyola, Ignatius. *Finding God in All Things.* Translated by William J. Young. Chicago: Henry Regnery, 1958.

Manney, Jim. *Ignatian Spirituality A To Z.* Chicago: Loyola Press, 2017.

_____. *What do you Really Want?: St. Ignatius of Loyola & the art of Discernment.* Huntington, IN: Our Sunday Visitor, 2015.

McManamon, John M. *The Text and Contexts of Ignatius Loyola's "Autobiography."* New York: Fordham University Press, 2013.

Meissner, William W. *Ignatius of Loyola: The Psychology of a Saint.* New Haven: Yale Univ. Press, 1992.

Melloni, Javier. *The Exercise of St Ignatius Loyola in the Western Tradition.* Leominster, UK: Gracewing, 2000.

Modras, Ronald. *Ignatian Humanism: A Dynamic Spirituality for the 21st Century.* Chicago: Loyola Press, 2004.

Munitiz, Joseph A. *The Spiritual Diary of Saint Ignatius of Loyola.* London: Inigo Enterprises, 1987.

Munitiz Joseph and Philip Endean, *St. Ignatius of Loyola : Personal Writings.* London: Penguin Group, 1996.

O' Malley, John. *The Jesuits: A History from Ignatius to the present.* Lanham, Maryland: A Sheed &

Ward Book, 2014.

Palmer, Martin E. John W. Padberg and John L. McCarthy, eds. *Ignatius of Loyola: Letters and Instructions*. Saint Louis: The Institute of Jesuit Sources, 2006.

Rahner, Hugo. *The Spirituality of ST. Ignatius Loyola: an account of its historical development*. Translated by Francis John Smith. Chicago: Loyola University Press, 1980.

_____. *Ignatius the Theologian*. Translated by Michael Barry. New York: Herder and Herder, 1968.

_____. *St. Ignatius of Loyola: Letters to Women*, trans. from the German by K. Pond and S. A. H. Weetman. New York, 1959.

Rahner, Karl. *Ignatius of Loyola*. Translated by Rosaleen Oekenden. London: Collins, 1978.

Sklar, Peggy A. *St. Ignatius of Loyola: In God's Service*. New York/ Mahwah, N.J.: Paulist Press, 2001.

Tetlow, Joseph A. *Always Discerning: An Ignatian Spirituality for the New Millennium*. Chicago: Loyola Press, 2016.

Thibodeaux, Mark E. *Reimagining the Ignatian Examen*. Chicago: Loyola Press, 2015.

Thibodeaux, Mark E. & James Martin. *God's Voice Within: The Ignatian Way to Discover God's Will*. Chicago: Loyola Press, 2010.

Toner, Jules J. *Discerning God's will*. St. Louis: The Institute of Jesuit Sources. 1991.

_____. *A Commentary on Saint Ignatius' Rules for the Discernment of Spirits: A Guide to the Principles and Practices*. St. Louis: The Institute of Jesuit Sources, 1982.

Traub, George W. S.J. ed. *An Ignatian Spirituality Reader: Contemporary Writings on St. Ignatius of Loyola, the Spiritual Exercises, Discernment, and More*. Chicago: Loyola Press, 2008.

Worcester, Thomas. ed. *The Cambridge Companion to the Jesuits*. Cambridge: Cambridge University Press, 2008.

Wulf, Fredrich. ed. *Ignatius of Loyola His Personality and Spiritual Heritage*. Saint Louis: Institute of Jesuit Sources, 1997.

3.2. 이냐시오 관련 국내외 저널

박병관. "『그리스도를 본받아』와 『영신 수련』: 두 영성의 수덕적인 깊은 일치." 「신학 사상」 152(2011), 143~181.

_____. "시스네로스의 『영적 삶의 수련서』와 이냐시오의 『영신 수련』: 이냐시오의 선택 개념의 기원 탐구를 통한 문헌적 원천 문제에 대한 재고." 「신학 전망」 no. 118 (2015), 2~39.

심종혁. "이냐시오식 영신 식별의 이해." 「사목」 172 (1993), 97~106.

_____. "성 이냐시오 로욜라의 「영적 일기」에 나타난 신비주의적 특성." 「신학과 철학」 no. 2(2000), 1~21.

_____. "영성, 회심, 그리고 정체성." 「신학과 철학」 no. 11(2007), 1~12.

이규성. "로욜라의 이냐시오의 『영신 수련』에서 나타나는 인간 이해." 「신학과 철학」 no. 11(2007), 123~41.

_____. "영신 수련 제1주간의 교의 신학적 이해." 「신학과 철학」 no. 9 (2006), 59~96.

전헌호. "이냐시오 靈性의 核心인 모든 것 안에서 하느님을 찾기에 관한 考察." 「신학 전망」 no. 115(1996), 94~130.

정제천. "영신 수련과 성령론." 「신학과 철학」 no. 3 (2001), 1~13.

최승기. "이냐시오와 칼빈의 영적 식별 비교연구." 「칼빈 연구」 3 (2005), 7~56.

Bacht, Heinrich. "Good and Evil Spirits." *The Way* 2, no. 3(1962), 188~195.

Barry, William A. "Touchstone Experience as Divining Rods in Discernment." *Review for Religious* 49 (1990), 610~614.

Broderick, William. "First Week: Rules for Discernment." *The Way Supplement* 48 (1983), 28~38.

Buckley, Michael J. "The Structure of the Rules for Discernment of Spirit." *The Way Supplement* 20 (1973), 19~37.

_____. "Ecclesial Mysticism in the Spiritual Exercises of Ignatius." *Theological Studies* 56 (1995), 452~453.

Daniélou, Jean and Thomas R. Royce. "Ignatian Vision of the Universe and of Man." *Cross Current* 4, no. 4(1954), 357~366.

Delaney, William K. "Discernment of Spirits in Ignatius of Loyola and Teresa of Avila." *Review for Religious in Spiritual Direction* 46 (1987), 340~353.

Endean, Philip. "Discerning Behind The Rules Ignatius's First Letter to Teresa Rejadell." *The Way Supplement* 64 (1989), 37~50.

Futrell, John C. "Ignatian Discernment." *Studies in the Spirituality of Jesuits* 2, no. 2 (1970), 47~65.

Gallagher, Timothy M. "The Discernment of Spirits: When Do the Second Week Rules Apply?" *The Way* 47 (2008), 125~142.

Ganss, George E. "St. Ignatius' Rules For Thinking with the Church." *Studies in the Spirituality of Jesuits* 7, no. 1 (1975), 12~20.

Gray, Howard. "What Kind of Document?" *The Way Supplement* 61 (1988), 21~34.

Jackson, Charles J. "Something that happened to me at Manresa: The Mystical Origin of the Ignatian Charism." *Studies in the Spirituality of Jesuits* 38, no. 2 (2006), 1~40.

Kyne, Michael. "Discernment of Spirits and Christian Growth." *The Way Supplement* 6 (1968), 20~26

Lonsdale, David. "The Serpent's Tail: Rules for Discernment." *The Way of Ignatius Loyola: Contemporary Approaches to the Spiritual Exercises*. Philip Sheldrake ed. (St. Louis: the Institute of Jesuit Sources, 1991), 165~175.

Murphy, Laurence J. "Psychological Problems of Christian Choice." *The Way Supplement* 24 (1975),

26~35.

O'Leary, Brian. "Discernment and Decision Making." *Review for Religious* 51(1992), 56~63.

O'Malley, John W. "To Travel to Any Part of the World: Jeronimo Nadal and the Jesuit Vocation."
Studies in the Spirituality of Jesuits 16 (1984), 1~20.

Olin, John C. "The Idea of Pilgrimage in the Experience of Ignatius Loyola." *Church History* 48, no.
4(1979), 387~94.

Sachs, John R. "Ignatian Mysticism." *The Way Supplement* 82 (1995), 73~83.

Sauve, James W. "A World View of Jesuit Education As Related to Ignatian Spirituality." *Centrum
Ignatianum Spiritualitatis* 12, no. 38 (1981), 9~23.

Sheets, John R. "Profile of the Spirit: A Theology of Discernment of Spirits." *Review for Religious* 30,
no. 3 (1971), 363~76.

Shore, Paul. "The Vita Christi of Ludolph of Saxony and Its Influence on the Spiritual Exercises of
Ignatius of Loyola." *Studies in the Spirituality of Jesuits* 30, no. 1 (1998), 1~18.

Smith, Herbert F. "Discernment of Spirits." *Review for Religious* 35, no. 3 (1976), 226~48.

Yi, Dae-Seop. "Conversion Experience Though Contemplation in the Ignatian Spiritual Exercises."
Korean Journal of Christian Studies 101 (2016), 175~99.

4. 에드워즈 2차 자료

4.1. 에드워즈 관련 단행본

김유준. 『조나단 에드워즈의 삼위일체론』. 서울: 기독교 문서선교회, 2016.

니콜, 스테판. 『조나단 에드워즈의 생애와 사상』. 채천석 역. 서울: 개혁의 신학사, 2013.

맥클리몬드, 마이클. 제럴드 맥더모트. 『(한 권으로 읽는) 조나단 에드워즈 신학』. 임요한 역. 서울: 부
흥과개혁사, 2015.

머레이, 이안. 『조나단 에드워즈』. 윤상문, 전광규 역. 서울: 이레 서원. 2006.

보건, 데이비드. 『세기를 불사른 영적 거인 조나단 에드워즈』. 김은홍 역, 서울: 기독 신문사, 2004.

양낙흥. 『(체험과 부흥의 신학자) 조나단 에드워즈: 생애와 사상』. 서울: 부흥과개혁사, 2003.

이상현. 『조나단 에드워즈의 철학적 신학』. 노영상, 장경철 역, 서울: 한국 장로교출판사, 1999.

이상현 편. 『조나단 에드워즈의 신학: 프린스턴 조나단 에드워즈 입문서』. 이용중 역, 서울: 부흥과개
혁사, 2008.

이윤석. 『그리스도와의 연합 관점으로 본 조나단 에드워즈의 성화론』. 서울: 한국 기독교 문서선교회,
2017.

이진락. 『신앙과 감정: 조나단 에드워즈의 신앙적 감정연구』. 서울: 한국 기독교문서선교회, 2010.

파이퍼, 존, 저스틴 테일러 편. 『하나님 중심적 세계관: 조나단 에드워즈의 유산』. 이용중 역. 서울: 부
흥과개혁사, 2007.

Caldwell, Robert. *Communion in the Spirit: The Holy Spirit as Bond of Union in the Theology of Jonathan Edwards.* Milton Keynes: Paternoster, 2007.

Cherry, Conrad. *The Theology of Jonathan Edwards: A Reappraisal.* Bloomington, Indiana University Press, 1990.

Crisp, Oliver D. *Jonathan Edwards on God and Creation.* New York: Oxford University Press, 2012.

Holmes, Stephen R. *God of Grace and God of Glory: An Account of the Theology of Jonathan Edwards.* Grand Rapids. Mich: Eerdmans, 2000.

Hopkins, Samuel. *The Life and Character of the Late Reverend Mr. Jonathan Edwards.* reprinted in Jonathan Edwards: A profile, ed. David Levin, N.Y.: Hill and Wang, 1969.

Lee, Sang Hyun. *The Philosophical Theology of Jonathan Edwards.* Princeton, NJ: Princeton University Press, 1988.

Marsden, George M. *Jonathan Edwards: A Life.* New Heave & London, Yale University Press, 2003.

McClymond, Michael J. & McDermott, Gerald R. *The Theology of Jonathan Edwards.* Oxford & New York, Oxford University Press, 2011.

McDermott, Gerald R. *Seeing God: Jonathan Edwards and Spiritual Discernment.* Downers Grove, IL: Inter Varsity Press, 1995.

_____ed. *Understanding Jonathan Edwards.* New York: Oxford University Press, 2009.

_____. *One Holy and Happy Society: The Public Theology of Jonathan Edwards.* University Park: Pennsylvania State University Press, 1992.

Moody, Josh. *Jonathan Edwards and the Enlightenment: Knowing the Presence of God.* Lanham, Maryland: University Press of America, 2005.

Piper, John. *God's Passion for his Glory: Living the Vision of Jonathan Edwards.* Wheaton: Crossway, 1998.

Ortlund, Dane C. *Edwards on the Christian Life.* Wheaton IL: Crossway, 2014.

Smith, John E. *Jonathan Edwards: Puritan, Preacher, Philosopher.* Notre Dame: Notre Dame University Press, 1992.

Stephen J. Stein et al. *The Cambridge Companion to Jonathan Edwards.* Cambridge: Cambridge University Press, 2007.

Storms, Samuel C. *Signs of the Spirit: An Interpretation of Jonathan Edwards' Religious Affections.* Wheaton: Crossway, 2007.

Tracy, Patricia J. *Jonathan Edwards, Pastor: religion and society in the eighteenth century Northampton.* Eugene, Oregon: Wipf & Stock Publishers, 2006.

Whitney, Donald S. *Finding God in Solitude.* New York: Peter Lang, 2014.

Yarbrough, Stephen R., John C. Adams, and Bernard K. Duffy. *Delightful Conviction.* Great American orators no. 5. Westport: Greenwood, 1993.

4.2. 에드워즈 관련 국내외 저널

신문철, 류동희. "조나단 에드워즈의 회심론." 「조직신학 연구」 9 (2007), 39~76.

이강학. "조나단 에드워즈의 영적 분별." *Torch Trinity Journal* 17, no. 1 (2014), 44~72.

_____. 최광선, 김경은. "영적 분별: 이냐시오 로욜라와 조나단 에드워즈 비교." 「한국실천신학회 정기학술
세미나」 no. 1 (2014), 53~78.

이양호. "조나단 에드워즈의 신앙론." 「신학 논단」 39 (2005), 250~251.

이진락. "조나단 에드워즈의 신앙 감정의 구조분석 및 참된 신앙과 거짓된 신앙의 구별의 문제." 「역
사신학 논총」 19 (2010), 218~246.

장경철. "조나단 에드워즈의 후천년설 연구." 「인문 논총」 11 (2003), 353~ 371.

_____. "조나단 에드워즈의 종교와 사회적 비전." 「조직신학 논총」 5, no. 1 (2000), 203~220.

조한상. "조나단 에드워즈의 『신앙 감정론』에 나타난 영적 분별." 「신학과 실천」 44 (2015), 255~278.

조한상, 심종혁. "영적 지도의 역사적 고찰 및 현대적 적용." 「신학과 실천」 43 (2015), 241~265.

_____. "이냐시오와 조나단 에드워즈의 영적 식별 비교연구." 「신학과 실천」 46 (2015), 335~359.

조현진. "조나단 에드워즈의 원죄론 연구." 「한국개혁신학」 42 (2014), 188~211.

Bezzant, Rhys. "Singly, Particularly, Closely: Edwards as Mentor." *Jonathan Edwards Studies* 4, no. 2
(2014), 228~246.

Hutch, Richard A. "Jonathan Edwards' Analysis of Religious Experience." *Journal of Psychology and
Theology* 6 (1978), 123~31.

Kristanto, Billy. "Theological Anthropology in the Thought of Jonathan Edwards." *VERBUM
CHRISTI* 1, no. 1 (2014), 45~57.

Lee, Joohyung. "Christian Discernment through the Neuro-scientific Lens: Within Jonathan
Edwards' Religious Affection." *Korean Journal of Christian Studies.* 101 (2016), 201~225.

Lee, Kang Hack, "Jonathan Edwards on Nature: An Example for Christian Ecospirituality." *Torch
Trinity Journal* 14, no.2(2011), 130~141.

Lewis, Paul. "The Spring of Motion Jonathan Edwards on Emotions, Character, and Agency." *Journal
of Religious Ethics* 22, no. 2(1994), 275~297.

Loewinsohn, Ron. "Jonathan Edwards' Opticks: Images and Metaphors of Light in Some of his Major
Works." *Early American Literature* 8, no. 1 (1973), 21~32.

Lucas, Sean Michael. "Divine Light, Holy Heat: Jonathan Edwards, The Ministry of the Word, and
Spiritual Formation." *Presbyterian,* (2008), 1~11.

Min, Jang-Bae. "Piety Training Method for pastors through Jonathan Edwards' Resolution."
Theology and Praxis 33 (2012), 343~371.

Penner, Myron. "Jonathan Edwards and Emotional Knowledge of God." *Direction* 30, no. 1(2001,)
63~75.

Valeri, Mark. "The Economic Thought of Jonathan Edwards Church." *Church History* 60, no. 1 (1991), 37~54.

Ward, Roger. "The Philosophical Structure of Jonathan Edwards's Religious Affection." *Christian Scholar's Review* 29, no. 4 (2000). 745~68.

5. 기타 신학 도서

강성연 외. 『디트리히 본회퍼의 신학 사상 연구』. 한국 본회퍼 학회 엮음. 서울: 동연, 2017.

김성건 외. 『21세기 종교 사회학』. 서울: 다산 출판사, 2013.

김인숙. 『(버나드 로너간과)영성 신학 방법론』. 서울: 가톨릭 출판사, 2005.

김재진. 『(Westminster) 소요리 문답 해설』. 서울: 대한기독교서회, 2004.

나우엔, 헨리. 『분별력』. 이은진 역. 서울: 포이에마, 2016.

놀, 마크 『미국 · 캐나다 기독교 역사』. 최재건 역. 서울: 기독교문서선교회, 2005.

라이스, 하워드 『개혁주의 영성』. 서울: 기독교문서선교회, 2004.

로너간, 버나드 『신학 방법』. 김인숙, 이순희, 정현아 역. 서울: 가톨릭 출판사, 2012.

매킨토시, 마크 A. 『신비주의 신학: 영성과 신학의 어우름』. 정연복 역. 서울: 다산글방, 2000.

맥그라스, 알리스터. 『한 권으로 읽는 기독교』. 전의우 역. 서울: 생명의말씀사, 2011.

메리 로즈 범퍼스 외. 『영성 지도자들을 위한 수퍼 비전: 거룩한 신비에 참여하기』. 이강학 역. 서울: 좋은씨앗, 2017.

메이엔도르프, 존. 『동방교회 신비 신학자: 그레고리오스 팔라마스』. 박노양 역. 서울: 누멘, 2009.

바, 마르딘. 『우물 밖에서 찾은 분별의 지혜』. 홍종락 역. 서울: IVP, 2007.

바르트, 카를. 『교회 교의학 개요: 사도신경에 담긴 기독교 진리』. 신준호 역. 서울: 복있는 사람, 2015.

박영돈. 『일그러진 성령의 얼굴』. 서울: 한국기독학생회 출판부, 2011.

벌코프, 루이스 『조직신학』. 권수경, 김상원 역. 서울:크리스챤 다이제스트, 2000.

베르나르, 샤를 앙드레. 『영성 신학』. 정제천, 박일 역. 서울: 가톨릭 출판사, 2013.

보나벤투라. 『하느님께 이르는 영혼의 순례기』. 원유동 역. 서울: 누멘, 2012.

본회퍼, 디트리히. 『저항과 복종: 옥중서간』. 에버하르트 베트게, 레나테 베트게, 크리스티안 그레멜스 편집. 손규태, 정지련 역. 서울: 대한기독교서회, 2010.

비키, 조엘. 『개혁주의 청교도 영성』. 김귀탁 역. 서울: 부흥과개혁사, 2009.

스미스, 고든. 『분별의 기술』. 박세혁 역. 서울: 사랑플러스 2004.

_____. 『온전한 회심』. 임종원 역. 서울: CUP, 2012.

싯저, 제럴드. 『영성의 깊은 샘: 초대 교회에서 현대까지 영성으로 읽는 기독교 역사』. 신현기 역. 서울: IVP, 2016.

아우구스티누스 『고백록』. 최민순 역. 서울: 바오로딸, 2010.

아퀴나스, 토마스 『신학대전』. 정의채 외 역. 서울: 바오로 딸, 1985~2003.

알트하우스, 파울.『마르틴 루터의 신학』. 이형기 역. 서울: 크리스천 다이제스트, 2017.

오스머, 리챠드 R.『실천신학의 네 가지 중심 과제』. 김현애, 김정형 공역. 서울: 예배와 설교 아카데미, 2012.

에바그리우스『에바그리우스의 기도와 묵상』. 전경임, 이재길 번역. 서울: KIATS, 2011.

오토, 루돌프『성스러움의 의미』. 길희성 역. 왜관: 분도출판사, 2003,

유석성.『본회퍼의 신학 사상』. 부천: 서울신학대학교 출판부, 2016.

유해룡.『하나님 체험과 영성 수련』. 서울: 장로회신학대학교출판부, 1999.

_____.『영성의 발자취』. 서울: 장로회신학대학교출판부, 2011.

윤철호.『인간: 인간의 본성과 운명에 관한 학제 간 대화』. 서울: 새물결 플러스, 2017.

이태복.『영성 이렇게 형성하라』. 서울: 지평서원, 2013.

장진원.『회심의 목회 사회학적 이해』. 서울: 열린, 2010.

정성욱.『한국교회 이렇게 변해야 산다』. 서울: 큐리오스북스, 2018.

제임스, 윌리엄.『종교 체험의 다양성』. 김재영 역. 파주: 한길사, 2016.

찬, 사이몬.『영성 신학』. 서울: IVP, 2005.

최윤배.『깔뱅 신학 입문』. 서울: 장로회신학대학 출판부, 2012.

톰슨, 메조리.『기독교 영성의 이론과 실천: 기독교 영성생활을 위한 초대』. 엄성옥 역. 서울: 은성, 2005.

티슬톤, 앤서니.『기독교 교리와 해석학』. 김귀탁 역. 서울: 새물결플러스, 2016.

하라리, 유발.『호모 데우스: 미래의 역사』. 김명주 역. 서울: 김영사, 2017.

해너그라프, 행크『빈야드와 가짜 신사도의 부흥 운동』. 이선숙 역. 서울: 부흥과개혁사, 2009.

현요한.『조직신학과 목회 현장』. 서울: 한들 출판사, 2017.

화이트, 제임스/김운용.『하나님의 자기 주심의 선물』서울: 예배와 설교아카데미, 2006.

후라도, 마누엘 루이스『영적 식별』. 박일 역. 서울: 가톨릭대학교 출판부, 2010.

Aquinas, Thomas. *Summa Theologiae.* Cambridge: Cambridge University Press, 2006.

Arrupe, Pedro. *Challenge To Religious Life Today.* MA. Chestnut: Institute of Jesuit Sources, 1979.

Barclay, William. *Turning to God.* Grand Rapids. Mich.: Baker Book House, 1964.

Bonaventure, *Bonaventure: The Soul's Journey into God, The Tree of Life, The Life of St. Francis.* Translated by Ewert Cousins, New York: Paulist Press, 1978.

Calvin, John. *Institutes of the Christian Religion.* Edited by John McNeil. Philadelphia: Westminster, 1987.

Chevreau, Guy. *Catch the Fire.* New York: Harper Collins, 1995.

Conn, Walter E. *Christian Conversion.* New York: Paulist Press, 1986.

Dubay, Thomas. *Authenticity: A Biblical Theology of Discernment.* San Francisco: Ignatius. 1997.

Egan, Harvey D. *What are they saying about Mysticism?* N.Y. /Ramsey: Paulist Press, 1982.

_____. *Soundings in the Christian Mystical Tradition.* Collegeville, Minn.: Liturgical Press, 2010.

Engen, John H. Van. *Devotio Moderna: Basic Writings.* Mahwah. New York: Paulist, 1988.

Gelpi, Donald L. *Committed Worship.* Collegeville, Minn.: Liturgical Press, 1993.

Gillespie, V. B. *The Dynamics of Religious Conversion.* Birmingham. Ala.: Religious Education Press, 1991.

Green, Thomas. *Weeds among the Wheat.* Notre Dame: Ave Maria Press, 1977.

Guillet, Jacques et. al. *Discernment of Spirits.* Collegeville, Minnesota: The Liturgical Press. 1970.

Hilborn, David. ed. *Toronto in Perspective.* Carlisle, U.K.: Peternoster, 2003.

Lamm, Julia A. *The Wiley-Blackwell Companion to Christian Mysticism.* Hoboken: J. Wiley & Sons, 2013.

Larkin, Earnest E. *Discernment as Process and Problem.* Denville: Dimension Books. 1998.

Liebert, Elizabeth. *The Soul of Discernment: A Spiritual Practice for Communities and Institutions.* Louisville, Kentucky: Westminster John Knox Press, 2015.

Lonergan, Bernard J. F. *Insight.* London: Longmans, 1958.

_____. *Method in Theology.* Toronto: University of Toronto, 1971.

Luther, M. *Luther's Works.* 31, Edited by J. Pelican and H.T. Lehmann, Philadelphia: Fortress Press, 1955.

McIntosh, Mark A. *Discernment And Truth. The Spirituality And Theology of Knowledge.* New York: A Herder & Herder Book. 2004.

Merton, Thomas. *New Seed of Contemplation.* New York: New Direction Books, 1961.

Perkins, William. *The Works of that Famous and Worthy Minister of Christ in the University of Cambridge, Mr. William Perkins. 2.* London: John Legatt, 1617.

Rambo, Lewis R. *Understanding Religious Conversion.* New Haven: Yale University Press, 1993.

Schneiders, Sandra. *Buying the Field: Catholic Religious Life in Mission to the World.* New York/Mahwah, N.J.:Paulist, 2013.

_____. *Selling All: Commitment, Consecrated Celibacy, and Community in Catholic Religious Life.* New York/Mahwah, N.J.:Paulist, 2001.

_____. *Finding the Treasure: Locating Catholic Religious Life in a New Ecclesia and Cultural Context.* New York/Mahwah, N.J.: Paulist, 2000.

Schreiner, Susan. *The Theater of His Glory: Nature and Natural Order in the Thought of John Calvin.* Grand Rapids, MI: Baker, 1995.

Sherry, Patrick. Spirit and Beauty: An Introduction to Theological Aesthetics. Oxford: Oxford University Press, 2002.

Smith, Goldon T. *Listening to God in Times of Choice: The Art of Discerning God's Will.* Downers Grove. IL: IVP, 1997.

_____. *The Voice of Jesus: Discernment, Prayer and the Witness of the Spirit.* Downers Grove, IL: Inter Varsity Press, 2003.

Tillich, Paul, Carl E. Braaten, and Carl E. Braaten. *A History of Christian Thought.* New York: Harper & Row, 1968.

Tyson, John R. ed. *Invitation to Christian Spirituality: An Ecumenical Anthology.* New York: Oxford University Press, 1999.

Walsh, James. ed. The Cloud of Unknowing. New York: Paulist Press, 1981.

Wiseman, James A. *Spirituality and Mysticism.* Maryknoll, NY: Orbis, 2006.

6. 기타 신학 저널

김성민. "기독교 영성과 개성화 과정 – 버나드 로너간의 신학사상과 C. G. 융의 분석심리학 사상을 중심으로." 「신학과 실천」 51 (2016), 275~302.

김재영. "윌리엄 제임스와 그렌빌 스탠리 홀의 종교이론 비교." 「종교연구」 61 (2010), 1~32.

박노권. "회심에 대한 심리학적 접근." 「한국기독교신학논총」 20, no. 1 (2001), 211~235.

박종천. "회심의 주제에 대한 유교-기독교의 대화." 「신학과 세계」 no. 45 (2002), 122~140.

반신환. "루이스 람보(Lewis R. Rambo)의 회심 이해." 「종교연구」 30 (2003), 1~19.

백충현. "회심과 변혁." 「선교와 신학」 40 (2016), 49~78.

유은호. "에바그리우스의 기도에 관한 연구." 「신학논단」 83 (2016), 257~287.

유해룡. "개혁교회 영성의 현재와 미래." 「신학과 실천」 2 (1998), 57~75.

_____. "영적 지도의 시대적 요청과 분별의 주체로서의 마음." 「신학과 실천」 28 (2011), 411~34.

윤승태. "4차 산업혁명 시대의 교회의 역할과 방향." 「신학과 실천」 58 (2018), 601~626.

이용원. "Devotio Moderna 운동에서 본 기독인의 생활." 「신학과 목회」 8 (1994), 175~99.

이주형. "한국인의 마음과 영적 분별." 「신학과 실천」 59 (2018), 293~319.

장종철. "회심의 심리학." 「신학과 세계」 no. 42 (2001), 162~192.

_____. "회심의 성서신학적 이해." 「신학과 세계」 no. 31 (1995), 201~247.

차정식. "고대 히브리 사상과 헬레니즘에 비추어 본 감정의 세계." 「신약 논단」 22, no. 2 (2015), 283~337.

최승기. "성공주의와 하나님의 영광." 「신학 이해」 31 (2006), 199~221.

최홍석. "신비적 연합의 객관적 측면에 대한 칼빈의 견해– 영원한 선택, 언약, 중보자의 지상 생애와 관련하여." 「신학 지남」 73, no.1 (2006), 31~59.

현요한. "신앙과 감정." 「장신 논단」 11 (1995), 255~280.

홍태희. "화이트헤드의 유기체 철학에 비추어 본 『찬미 받으소서』의 생태론" 「종교연구」 76 (2016), 153~182.

Dahill, Lisa E. "Probing the Will of God: Bonhoeffer and Discernment." *Dialog: A Journal of Theology* 41, no. 1 (2002), 42~49.

Joo, Yun Soo. "Spiritual Discernment and Paul Ricoeur's Theory of Hermeneutics." *Theology and Praxis* 50 (2016), 103~29.

Kim, Yeongseon. "St. Francis of Assisi and Ecological Conversion." *Catholic Theology and Thought* 78 (2017), 47~89.

Ormerod, Neil, and Vanin Cristina. "Ecological Conversion: What does it mean?" *Theological studies* 77, no. 2 (2016), 328~352.

7. 박사 논문 외

안재홍. "조나단 에드워즈에게 나타난 청교도 실천적 경건 전통의 수용과 발전," 장로회신학대학교 대학원 박사학위 논문, 2015.

이진락. "조나단 에드워즈의 '신앙적 정서' 연구," 총신대학교 대학원 박사학위 논문, 2009.

홍진철. "하나님의 영광을 추구하는 신학적 미학," 장로회신학대학교 대학원 박사학위 논문, 2012.

Choi, Seung Ki. *Ignatius of Loyola's Concept of the Glory of God and Its Pastoral Implications for the Korean Protestant Church*. Ph. D. Dissertation, University of Toronto, 2004.

Howard, Evan. *Affirming the Touch of God: A Psychological and Philosophical Exploration of Christian Discernment*. New York: University Press of America, 2000.

Jang, Kyung Chul. *The logic of glorification : the destiny of the Saints in the The logic of glorification : the destiny of the Saints*. Ph. D. Dissertation, Princeton Theological Seminary, 1994.

Joo, Yeon Soo. *Understanding Role of Affection in the Christian Spiritual Discernment: Interdisciplinary Dialogue between Jonathan Edwards and Neuro Psychology*. Ph. D. Dissertation, Princeton Theological Seminary, 2012.

Sim, Jong Hyeock. *The Christological Vision of the Spiritual Exercises of St. Ignatius of Loyola and the Hermeneutical principle of Sincerity (Ch'Eng) in the Confucian Tradition*. Th. D. Dissertation, Roma: Pontificia Universitatis Gregorianae, 1992.

Steele, Richard Bruce. 「Grace Affection」 and 「True Virtue」 in the experimental theologies of Jonathan Edwards and John Wesley. Ph. D. Dissertation, Marquette University, 1990.

Todd, Matthew. *Toward a Holistic Theological Anthropology: Jonathan Edwards and Friedrich Schleiermacher on Religious Affection*. Ph. D. Dissertation, Emory University, 2000.

Walton, Brad. *Jonathan Edwards, Religious Affections and the Puritan Analysis of True Piety, Spiritual Sensation and Heart Religion*. New York: The Edwin Mellen Press, 2002.

Won, Jonathan Jong-Chun. *Communion with Christ: An Exposition and Comparison of the Doctrine of Union and Communion with Christ in Calvin and the English Puritans*. Ph. D. Dissertation, Westminster Theological Seminary, 1989.

8. 사전류 및 인터넷 자료

Doran, Robert M. "What does Bernard Lonergan mean by conversion?"
http://www.lonerganresource.com/pdf/lectures/What%20Does%20Bernard%20Lonergan%20
    Mean%20by%20Conversion.pdf (2017년 5월 20일 검색).

http://edwards.yale.edu/archive

Rahner, Karl, Cornelius Errnst and Kevin Smyth eds. *Sacramentum Mundi: an encyclopedia of theology* 2. New York: Herder and Herder, 1968.

Sheldrake, Philip ed. *The New Westminster Dictionary of Christian Spirituality*. Westminster John Knox Press, 2005.

웨이크필드, 고든 편. 『기독교 영성 사전』. 엄성옥 역. 서울: 은성, 2002.

미주

제1장

1 아우구스티누스, 『고백록』 최민순 역 (서울: 바오로 딸, 2010), 30.
2 이러한 현상은 다음과 같은 결과를 가져왔다. 2013년 6월 아마존에서 영성을 검색하면 약 19만 종의 서적이 검색되며, Barnes & Noble에서 18만 권이 검색된다. 구글로 검색하면 약 1천 750만 권의 도서가 검색되며, 한국 교보문고의 경우 2,200종 (eBook 544권 포함)이 검색된다. 유튜브의 경우 동영상이 무려 49만 건이 검색되어 바야흐로 영성에 대한 지구적 관심이 가히 폭발적으로 증가하고 있음을 알 수 있다. 김성건 외, 『21세기 종교 사회학』 (서울: 다산 출판사, 2013), 242.
3 존 잉글리쉬, 『영적 자유』, 이건 역 (서울: 가톨릭 출판사, 1996), 137.
4 예를 들자면, 오순절 교단 내에서는 강력한 성령의 임재 체험 및 방언을 강조하여 이를 통해서 하나님의 뜻을 찾았다. 반면에 진보적인 측은 사회 · 정치적 참여를 주장했고, 이를 통해서 민중들과 함께하는 것을 통하여 하나님의 뜻을 찾았다. 아울러, 본인이 속한 대한예수교 장로회(통합)를 중심으로 한 교단은 지성적이며 이성적인 합리적 판단을 중요시하여 이를 통해서 하나님의 뜻을 찾았다. 이외에도 일부 그리스도인들은 각 처에 흩어져 있는 기도원 등에서 직통 계시, 꿈 혹은 신비적인 체험을 통하여 하나님의 뜻을 찾았다. 이처럼 한국 개신교 내에서는 분별에 관한 일관성 있는 종합적인 체계가 미비하였다.
5 Mark A. McIntosh, *Discernment and Truth: The Spirituality and Theology of Knowledge* (New York: The Crossroad Publishing Company, 2004), 5.
6 Ibid.
7 Ibid., 6.
8 Ibid., 5.
9 Ibid., 8.
10 Ibid.
11 Ibid., 9.
12 제임스 화이트/김운용, 『하나님의 자기 주심의 선물』 (서울: 예배와 설교아카데미, 2006), 23-31.
13 McIntosh, *Discernment and Truth*, 13.
14 Ibid., 15.
15 Ibid.
16 Ibid., 16.
17 Ibid., 17.
18 Ibid., 18.
19 Ibid., 19.

20 Ibid., 20.

21 Ibid., 21.

22 Ibid.

23 Ibid., 4.

24 Ibid.

25 고든 스미스 역시 그리스도인의 총체적인 경험이라고 할 수 있는 분별의 과정을 하나님과 함께 춤추는 것과 같다고 언급하며 다음의 예를 들고 있다. "피겨 스케이팅에서 리더가 있고, 그 리더를 따르는 사람이 있다. 리더를 따르는 사람은 수동적이거나 맥 빠진 연기를 하지 않고, 오히려 리더의 연기에 열정적으로 응답하며 움직인다. 거기에는 주고받음과 상호 대응하는 요소들이 있다. 리더를 따르는 사람은 그 춤에 있어서 개인적인 의지를 드려야 한다… 피겨 스케이팅에서 최상의 기교는 한 사람이 리드하고 다른 사람은 리더에게 자신을 완전히 맡기고 리드를 따르는 것에 있다. 그럴 때 두 사람 모두 이 춤에 온전히 참여하고 있는 것이다." 이처럼 춤으로서의 유비는 하나님과 우리 사이의 분별 과정을 잘 설명하고 있다. 우리는 하나님과 함께 춤출 때 비로소 평안 속에 거할 수 있으며 하나님과의 사귐을 통하여 교제하게 되며 그럴 때 하나님의 뜻을 더 잘 분별하게 된다. 하나님과 사귐의 관계, 즉 친밀한 사귐을 통해 하나님께서는 우리가 하나님의 뜻을 더 잘 알아 가기를 원하신다. 우리는 하나님과 친밀하게 될수록 하나님에 대하여 더 잘 알 수 있고, 그렇게 됨으로써 하나님의 뜻을 더 잘 실천할 수 있게 된다. 우리는 하나님의 의지와 나의 반응 즉 순종의 역동적인 관계를 춤으로써 설명한 유비를 통해 분별의 역동성을 배울 수 있다. 고든 스미스, 『분별의 기술』 (서울: 사랑플러스, 2004), 30.

26 David Lonsdale, *Listening to the Music of the Spirit* (Notre Dame, Ind.: Aven Maria Press, 1992), 51.

27 Ibid.

28 존 잉글리쉬는 다음과 같이 이냐시오의 분별연구를 정리하였다. "Dictionnaire de Spiritualite 라는 책에 실린 논문 하나를 영적 분별(Discernment of Spirits)이라는 제목으로 옮긴 영역본 문고가 있다(Guillet et al. 1970). 여기서 저자는 영적 분별의 역사적 발전 과정을 소개하는 가운데 이냐시오의 규범(313~336항)이 여기에서 얼마나 기여하였는지 다루고 있다. The Way Supplement에도 영적 분별에 관한 훌륭한 논문들이 다수 있는데 특별히, 마이클 카인(Michael Kyne)이 쓴 논문 "Discernment of Christian Experience and Christian Growth" (1968)이 있으며, The Way Supplement(1989)에 실린 훌륭한 논문 중에는 라비니아 비른(Lavinia Byrne), 조 패로(Jo Farrow), 마가릿 골즈머리(Margaret Goldsbury), 베네딕타 워드(Benedicta Ward), 조안 월스키 콘(Joann Wolski Conn), 월터 콘(Walter Conn) 등이 쓴 글들도 포함된다. 이외에도 『삼라만상 속에 숨어 계신 하나님 찾기』라고 이름 붙여진 책은 프랑스의 정기간행물 Christus의 논문들을 윌리엄 영(William Young, S.J.)이 번역한 것인데 위의 주제에 대한 훌륭한 논문을 2편 싣고 있다. 이외에도 카를 라너의 논문 "The Logic on Concrete Individual Knowledge in Ignatius Loyola"도 눈여겨볼 만하다. 이 논문은 그의 저서 '교회의 역동적 요소(The Dynamic Element in the Church)'(1964, 84~170)에 실려 있다." 존 잉글리쉬, 『영적 자유』, 137~138.

이 밖에도 토너(Jules. J. Toner)의 작품, *A Commentary on St. Ignatius' Rules for the Discernment of Spirits: a guide to the principles and practice* (St. Louis: Institute of Jesuit Sources, 1981); *Discerning God's Will: Ignatius Loyola's Teaching on the Christian Decision Making* (St Louis: Institute of Jesuit Sources, 1991) 등이 있는데 여기서 토너는 그리스도인의 의사결정에 있어서 이냐시오 로욜라의 가르침을 구체적으로 서술하고 있다. 아울러, 토너는 분별을 조금 더 구체적으로 배울 수 있도록 사례 중심으로 연구할 수 있는 책을 저술하여 많은 기여를 했는데, 그 책들은 다음과 같다. *Spirit of Light or Darkness, What is your Will, O God? A Casebook for Studying Discernment of God's Will* (Saint Louis: The Institute of Jesuits Resources, 1995); 또한, 딕먼(Dyckman), 가빈(Garvin), 리버트(Libert), *The Spiritual Exercise Reclaimed: Uncovering Liberating Possibilities for Women* (New York: Paulist, 2001)에서 전통적인 『영신 수련』의 해석인 초월적 신관, 남성 중심적이며 전투적인 면을 비판하며 재해석하였다. 즉 여성주의적 방법론을 이용하여 여성주의적 심리학과 신학을 전투적인 『영신 수련』의 자리에 놓았다. 분별에 있어서 기존의 전통적인 방법 외에 여성주의적 접근을 하여서 새로운 시도를 하였다. 그리고 콘로이(M. Conroy)는 그의 저서가 주로 영성 지도자를 위한 것이라고 밝히면서, 이냐시오의 분별을 이용하여 내면의 정서적 움직임을 분별하는 것에 초점을 맞추었다. 그녀는 하나님께 가까이 가는 것을 발전시키는 것은 일평생의 과업이라고 강조하고 있다. 콘로이(M. Conroy), *The Discerning Heart: Discovering a Personal God* (Chicago: Loyola University Press, 1993); 클링겐슈미트(G. J. Klingenschmitt)는 교회 윤리 안에서 영들을 분별하는 은사로서 이냐시오 로욜라에 관하여 다루었다. 클링겐슈미트(Gordon James Klingenschmitt), *How to See the Holy Spirit, Angels, and Demons: Ignatius of Loyola on the gift of idscerning of spirts in church ethics* (Eugene, Oregon: Wipf & Stock, 2014). 또한, 이냐시오의 분별 규칙을 이용하여 결정을 위한 영적 분별 과정을 제시한 엘리자베스 리버트(Elizabeth Liebert)의 *The Way of Discernment: Spiritual Practices for Decision Making* (Louisville, Ky.: Westminst John Knox Press, 2008)이 있다. 이외에도 다음과 같은 책들에서 이냐시오 분별을 다루고 있다. David Lonsdale, *Listening to the Music of the Spirit* (Notre Dame, Ind.: Aven Maria Press, 1992); Dean Brackley, *The Call to Discernment in the Troubled Times: New Perspectives on the Transformative Wisdom of Ignatius of Loyola* (New York: A Cross Road Book, 2004); Timothy M. Gallagher, *Discerning the Will of God: An Ignatian Guide to Christian Decision Making* (New York: A Cross Road Book, 2009); Mark E. Thibodeaux & James Martin, *God's Voice Within: The Ignatian Way to Discover God's Will* (Chicago: Loyola Press, 2010); Jim Manney, *What do you Really Want?: St. Ignatius of Loyola & the art of Discernment* (Huntington, IN: Our Sunday Visitor, 2015); Joseph A. Tetlow, *Always Discerning: An Ignatian Spirituality for the New Millennium* (Chicago: Loyola Press, 2016).

에드워즈의 경우 철학, 문학, 역사, 신학 등 다양하게 진행되었는데 영적 분별에 관한 선행연구를 살펴보면 다음과 같다. 먼저, 리처드 스틸(Richard B.Steele), *"Gracious Affection" and "True Virtue" According to Jonathan Edwards and John Wesley* (Metuchen, N.J.: Scarecrow, 1994); 매튜 토드(Matthew Todd), "Toward a Holistic Theological Anthropology: Jonathan Edwards and

Friedrich Schleiermacher on Religious Affection," (Ph. D. diss., Emory University, 2000); 브래드 월튼(Brad Walton), *Jonathan Edwards, Religious Affection and the Puritan Analysis of True Piety, Spiritual Sensation and Heart Religion*, Studies in American Religion, 6 (N.Y: Edwin Mellen Press, 2002)가 있다. 이외에도 주연수, *Understanding Role of Affection in the Christian Spiritual Discernment: Interdisciplinary Dialogue between Jonathan Edwards and Neuro Psychology* (Ph. D. diss. Princeton Theological Seminary, 2012); 이진락, 『조나단 에드워즈의 '신앙적 정서' 연구』 (총신대학교 대학원 박사학위 논문, 2009) 등이 있다. 아울러 제럴드 맥더못(Gerald R. McDermott), *Seeing God: Twelve Reliable Signs of True Spirituality*, (Downers Grove, IL: Inter Varsity Press, 1995)와 사무엘 스톰(Samuel C. Storms), *Signs of the Spirit: An Interpretation of Jonathan Edwards' Religious Affections* (Wheaton: Crossway, 2007) 가 있다. 이러한 서적들은 에드워즈의 신앙 감정론을 현대 독자들을 위하여 새로운 관점에서 접근한 책이라고 할 수 있다. 이상에서 살펴본 바와 같이 조나단 에드워즈의 분별에 관한 연구는 에드워즈의 『신앙 감정론』 그 자체를 분석한 연구, 그리고 에드워즈의 청교도와의 연속성 측면에서 접근한 연구, 에드워즈와 다른 학자들을 비교한 연구 그리고 학제 간 연구를 통하여 정서에 접근한 사례 등 다양한 연구가 있었음을 알 수 있다.

29 Evan Howard, *Affirming the Touch of God: A Psychological and Philosophical Exploration of Christian Discernment* (New York: University Press of America, 2000).

30 빈야드 운동은 성령에 대한 이해 가운데 권능주의와 감정주의적 측면을 강조한다. 존 윔버는 전통적인 전도 방법, 즉 기독교 교리의 요점을 전달하는 지적인 호소 방법의 유용성을 부정하지는 않지만, 그러나 이런 방법은 능력 전도를 통해서 얻어지는 성과에 비할 바가 되지 못한다고 생각한다. 현요한, 『조직신학과 목회 현장』 (서울: 한들 출판사, 2017), 205.

31 William Spohn, "Finding God in All Things: Jonathan Edwards and Ignatius Loyola," in Michael J. Himes and Stephen J. Pope, eds., *Finding God in All Things: Essays in Honor of Michael J. Buckley, S.J.* (New York: Crossroad, 1996), 244~261.

32 이강학, "영적 분별: 이냐시오 로욜라와 조나단 에드워즈 비교," 「제52회 한국 실천신학회 정기학술 세미나」 2014, no. 1 (2014), 53~78. 그리스도교 전통에서 분별력은 영적 성숙을 전제로 하며, 인간이 은총으로 받은 여러 능력을 온전히 행사할 수 있도록 도와주는 능력을 분별(discernment)이라고 한다. 그리고, 분별/선별력 (discretion)이란 일이나 물건을 제 분수대로 각각 나누어서 가리는 것 혹은 커 가면서 세상 경험을 쌓아 세상 물정을 가려내고 차이를 변별하여 절제하고 지나치거나 부족한 것을 피해 알맞은 중용을 선택할 수 있게 되는 것이라고 할 수 있다. 하지만 본 논문에서는 식별과 분별을 큰 범주 안에서 같은 의미로 사용하고, discretion을 "선별력"으로 사용하도록 하겠다. 김승혜, 『유교의 시중과 그리스도교의 식별』 (서울: 바오로의 딸, 2005), 10~11.

33 Ibid., 69.

34 조한상, 심종혁, "이냐시오와 조나단 에드워즈의 영적 식별 비교연구," 「신학과 실천」 46(2015), 335~359.

제2장

1 로너간은 성부, 성자 그리고 성령 삼위일체 하나님을 닮은 인간은 하나님의 형상으로 태어나 기본적으로 삼위일체의 성격을 갖고 있다고 생각하였다. 따라서 인간이 가진 세 가지 능력은 기억력, 지력, 의욕력 세 가지이다. 이러한 기본 구조를 통해서 기도행위가 이루어진다고 생각하였다. 즉 기억행위로 성서를 읽고, 읽은 바를 지력으로 곰곰이 생각하고, 더 나아가서 내가 필요한 것을 하나님께 청하는 의욕력을 가진다는 것이다. 이를 근거로 인간은 경험하고 이해하고 판단하고 결정하는 의식의 4단계를 가진다고 생각하였다. Bernard J. F. Lonergan, *Method in Theology* (Toronto: University of Toronto, 1971); 우리 말로 된 책은 다음과 같다. 버나드 로너간, 『신학 방법』, 김인숙, 이순희, 정현아 역 (서울: 가톨릭 출판사, 2012)

2 Spohn, "Finding God in All Things," 244.

3 장진원, 『회심의 목회 · 사회학적 이해』 (서울: 열린, 2010).

4 장종철, "회심의 심리학," 「신학과 세계」 42(2001), 162~192; 박노권, "회심에 대한 심리학적 접근," 「한국기독교 신학 논총」 20 (2001), 211~235.

5 지난 2016년 8월 11일~17일까지 장로회신학대학교에서 제14차 세계선교학회가 개최되어 "회심과 변혁- 종교적 변화에 대한 선교적 접근"이라는 주제로 약 130편의 논문이 발표되었다.

6 백충현, "회심과 변혁: 기존 연구의 분석 및 통전적 연구의 분석," 「선교와 신학」 40 (2016), 49~78.

7 김재영, "윌리엄 제임스와 그렌빌 스탠리 홀의 종교이론 비교," 「종교연구」 61(2010), 1~32.

8 박종천, "회심의 주제에 대한 유교-기독교의 대화," 「신학과 세계」 no. 45 (2002), 122~140.

9 Paul Tillich, Carl E. Braaten and Carl E. Braaten, *A History of Christian Thought* (New York, N.Y.: Harper & Row, 1968), 127.

10 V. B. Gillespie, *The Dynamics of Religious Conversion* (Birmingham, Al: Religious Education Press, 1991), 27.

11 고든 스미스, 『온전한 회심』, 임종원 역 (서울: CUP, 2012), 37.

12 스미스는 그리스도교 전통에 따르면 회심에는 7가지 요소가 필요함을 언급한다. 첫째, 믿음이라는 지적 요소이다. 한 사람의 이해 영역에서 특이한 일이 일어났다는 것이다. 사고의 변화 곧 한 사람이 생각을 깨우치게 된다. 둘째, 회개라는 참회의 요소이다. 이는 죄를 의도적으로 인정하고 죄에 직면하는 것이다. 셋째, 신뢰와 용서에 대한 확신이라는 정신적 혹은 감정적 요소이다. 정서적이며 감정적 요소는 문화와 환경 그리고 각 사람에 따라 다양하게 나타나지만, 회심 시에는 용서에 대한 확신 및 신뢰 그리고 기쁨이 수반된다. 넷째, 결단과 충성 그리고 헌신이라는 의지적 요소이다. 이 경우 회심으로 말미암아 충성의 대상이 바뀌는 것을 의미한다. 의지적 요소는 헌신에 뿌리를 두고 있으며 우리를 향한 그분의 사랑에 반응하여 생겨나는 그리스도를 향한 사랑에 뿌리를 두고 있다는 사실을 강조하는 것이 중요하다. 다섯째, 물세례라는 성례적 요소이다. 그리스도교 전통에서 회심은 그 자체로 끝나는 것이 아니라 공동체의 구성원이 되기 위한 절차인

세례를 통해 내적 변화를 보완하여 외적인 의식을 통해 마무리된다. 여섯째, 성령을 선물로 받은 은사적 요소이다. 회심 후 그리스도의 영이신 성령은 각 사람에게 은사를 주셔서 주의 일을 하게 하신다. 마지막 일곱째로 그리스도인 공동체의 일원이 되라는 공동체적 요소이다. 그리스도인 공동체로의 통합은 참된 회심의 결과이다. Ibid., 262~269.

13 Gillespie, *The Dynamics of Religious Conversion*, 22. 회심(conversion: turning around)을 어떠한 신비적인 계기 혹은 특수한 동기에 의해서 급격한 정신적 변화를 일으키거나 전혀 다른 차원의 삶을 선택하도록 하게 하는 경험이라고 할 수 있다. 반면, 회개(repent)는 하나님과의 약속을 지키지 못한 인간들이 그들의 죄에 대해 슬픔을 표현하면서 다시금 하나님과의 충실한 관계를 회복하려 할 때 지니는 마음의 변화 혹은 결단의 과정이라고 하며 그리스도교뿐만 아니라 유대교에서 중요한 의미로 받아들인다. 강희천, "회심의 경험: 종교 심리학적 조명," 「현대와 신학」 11, no. 1 (1987), 4~5; 이러한 차이가 있음에도 불구하고 칼뱅은 회심과 중생 그리고 회개를 동일하게 보았으며(John Calvin, *Institute* 3.3.9) 에드워즈도 회개와 회심을 구분하지 않고 혼용하여 사용하였다.

14 고든 웨이크필드 편, 『기독교 영성 사전』, 엄성옥 역 (서울: 은성, 2002), 724.

15 Ibid.

16 Gillespie, *The Dynamics of Religious Conversion*, 22.

17 Ibid., 24.

18 William Barclay, *Turning to God* (Grand Rapids, Mich.: Baker Book House, 1964), 22.

19 Gillespie, *The Dynamics of Religious Conversion*, 26.

20 장종철, "회심의 성서 신학적 이해", 「신학과 세계」 no. 31 (1995), 201~247. 이 논문에서 저자는 웨슬리를 중심으로 한 현대 회심 이론은 다음의 과정을 거친다고 주장한다. 신생(new birth)-전이(transition)-교육(education)-갱신(Renewal)-새로운 존재(New Being)-새로운 정체성(New Identity)-해방(Liberation)-방향의 재설정(Reorientation)

21 김재영. "윌리엄 제임스와 그랜빌 스탠리 홀의 종교이론 비교," 「종교연구」 61 (2010), 1~32.

22 앤서니 C. 티슬턴, 『기독교 교리와 해석학』, 김귀탁 역 (서울: 새물결플러스, 2016), 281.

23 Robert M. Doran, "What does Bernard Lonergan mean by conversion?" (lecture, n.p.: 2011), http://www.lonerganresource.com/pdf/lectures/What%20Does%20Bernard%20Lonergan%20Mean%20by%20Conversion.pdf (2017년 5월 20일 인터넷 접속).

24 Ibid.

25 Lonergan, *Method in Theology*, 316.

26 Bernard J. F. Lonergan, *Insight* (London: Longmans, 1958); 김성민, "기독교 영성과 개성화 과정 - 버나드 로너간의 신학 사상과 C. G. 융의 분석심리학 사상을 중심으로," 「신학과 실천」 51 (2016), 279.

27 김성민, "기독교 영성과 개성화 과정," 280.

28 Lonergan, *Method in Theology*, 14~15.

29 티슬턴, 『기독교 교리와 해석학』, 282.

30 Lonergan, *Method in Theology*, 14~15.

31 Ibid., 238. 로너간의 경우 그의 생애 후반부에는 감성적 회심(affective conversion)을 언급하였지만 여기서는 이에 대한 언급은 간략히 다루려고 한다.

32 Ibid.

33 Ibid., 240.

34 Ibid., 241.

35 Ibid., 243.

36 Ibid.

37 김성민, "기독교 영성과 개성화 과정," 287; 이러한 연구의 한계는 개인의 내면에만 집중한다는 점이다. 따라서 공동체와 대 사회적인 면에서의 연구가 진행되어야 할 것이다.

38 Walter E. Conn, *Christian Conversion* (New York: Paulist Press, 1986).

39 Ibid., 158~268.

40 Gillespie, *The Dynamics of Religious Conversion*, 49~52.

41 Ibid., 129.

42 Donald L. Gelpi, *Committed Worship* (Collegeville, Minn.: Liturgical Press, 1993),17.

43 Ibid.

44 Ibid., 33~55; 감성적인 회심은 지성적, 도덕적, 종교적, 그리고 사회 · 정치적 회심에 생기를 불어넣는다. 지성적 회심은 감성적, 도덕적, 종교적, 그리고 사회 · 정치적 회심에 정보를 제공한다. 도덕적인 회심은 감성적, 지성적, 종교적, 그리고 사회 · 정치적 회심이 인간 행위에 대해 어떤 절대적이고, 궁극적인 주장을 만드는 가치와 실재를 지향하는 것을 돕는다. 종교적인 회심은 감성적이며 도덕적인 회심 사이를 중재한다. 감성적, 지성적, 도덕적, 종교적 회심은 사회적 책임을 측정하는데, 도움을 주는 개인의 기준을 제공함으로써 사회 · 정치적 회심에 진정성을 부여한다. 사회정치적 회심은 탈사유화 함으로써 개인적 회심 즉 감성적, 지성적, 도덕적, 종교적 회심에 의미를 부여한다. 종교적 회심은 감성적, 지성적, 도덕적, 사회정치적 회심의 지평 변화를 가져온다.

45 반신환, "루이스 람보(Lewis R. Rambo)의 회심 이해," 「종교연구」 30 (2003), 1~19.

46 Lewis R. Rambo, *Understanding Religious Conversion* (New Haven: Yale University Press, 1993), 9~10.

47 Ibid., 16~19.

48 심종혁, "영성, 회심, 그리고 정체성", 「신학과 철학」 no. 11 (2007), 11.

49 Lu Ann Himza, "The Religious Milieu of te Young Ignatius," in *The Cambridge Companion to the Jesuits*, ed. Thomas Worcester (Cambridge: Cambridge University Press, 2008), 13~31.

50 J.S.버간, M.슈완, 『사랑에 이르는 기도』, 이훈, 정연희 역 (서울: 이냐시오 영성연구소, 2009), 35.

51 브라이언 그로간, 『홀로 걸어서』, 오영민, 김현득 역 (서울: 이냐시오 영성연구소, 2011), 27.

52 Hugo Rahner, *The Spirituality of Ignatius Loyola: an account of its historical development*, trans. Francis John Smith (Chicago: Loyola University Press, 1980), 22; Paul Shore, "The Vita Christi of Ludolph of Saxony and Its Influence on the Spiritual Exercises of Ignatius of Loyola," *Studies*

in the Spirituality of Jesuits 30, no. 1 (Jan. 1998), 1~18.

53 심종혁,『영신 수련의 신학적 이해』(서울: 이냐시오 영성연구소, 2009), 26.

54 이냐시오 로욜라,『로욜라의 성 이냐시오 자서전』, 예수회 한국 관구 역(서울: 이냐시오 영성연구소, 2014), 8; 본 논문에서 이냐시오의 자서전은 이냐시오 영성연구소,『로욜라의 성 이냐시오 자서전』, 예수회 한국 관구 역(서울: 이냐시오 영성연구소, 2016)과 John C. Olin, ed., *The Autobiography of St. Ignatius Loyola: with related documents*, Harper Torchbooks, trans. Joseph E. O'Callaghan (New York: Haper Torchbooks, 1974)에 의한다. 세부 내용은『자서전』〔 〕항으로 표기한다.

55 슈테판 키흘레,『(로욜라의) 이냐시오』, 이규성 역 (칠곡군: 분도출판사, 2010), 31.

56 Peggy A. Sklar, *St. Ignatius of Loyola: In God's Service* (New York/ Mahwah, N.J.:Paulist Press, 2001), 21.

57 『자서전』, 〔27〕

58 『자서전』, 〔19〕

59 안토니오 베탄코르,『순례자의 이야기』, 박홍 역 (서울: 서강대학교 출판부, 1991), 37.

60 Hugo Rahner, *The Spirituality of Ignatius Loyola*, 49.

61 『자서전』, 〔28〕

62 『자서전』, 〔29〕

63 Ibid.

64 Ibid.

65 Ibid.

66 Hugo Rahner, *The Spirituality of Ignatius Loyola*, 46~58.

67 『자서전』, 〔30〕

68 심종혁,『영신 수련의 신학적 이해』, 36~37.

69 『자서전』, 〔30〕

70 버간, 슈완,『사랑에 이르는 기도』, 43.

71 1967년 린 화이트(Lynn White)에 의해 기독교의 인간중심주의가 세계에 끼친 악영향에 대해 비판받은 이후, 가톨릭 역사상 처음으로 환경과 생태를 주제로 교종에 의해 2015년 6월 18일 반포된 회칙『찬미 받으소서』(*Laudato Si*)는 인류에 의한 지구의 환경 파괴와 그 결과 임박하게 된 기후변화를 비롯한 환경위기에 직면한 교회의 응답인 동시에 신속한 행동을 촉구하는 절실한 호소였다. 프란치스코 교종 회칙『찬미 받으소서』의 주제들의 저변을 흐르고 있는 생태론은, 모든 피조물의 동등한 가치를 강조하기 위한 '탈 인간중심주의'와 함께, 존재의 상호내재성을 강조한 '모든 것은 연결되어 있다'라는 우주의 상호 연관성을 말하고 있다. 그리스도교의 전통적 하나님 개념인 초월적 절대자로서의 신관으로는 이에 대하여 적절하게 해석을 끌어낼 수 없다. 함께 고통받으며 신적 지향의 목적점을 향하여 피조물과 함께 동반한다고 보는 신관은, 생태적 회심을 위하여 프란치스코 교종이 호소하고 있는, '보시니 좋았던' 모든 피조물의 고통에 아파하시는 하나님을 설명하기에 적절한 개념이기도 하다. 또한, 초월적 절대자이며 가부장적 하나님 이

해를 내재적이며 동반자적인 하나님 이해로 전환하는 것이 교종이 촉구하는 생태적 회심의 주
요 맥락으로 볼 수 있다. 홍태희, "화이트헤드의 유기체 철학에 비추어 본 『찬미 받으소서』의 생
태론" 「종교연구」 76 (2016), 158, 181.

72 『자서전』, [96]

73 버간, 슈완, 『사랑에 이르는 기도』, 50.

74 베탄코르, 『순례자의 이야기』, 115.

75 버간, 슈완, 『사랑에 이르는 기도』, 52.

76 기버트(Guibert)는 이냐시오에게 있어서 그리스도교 전통에서 말하는 "연합의 신비주의로"가 "봉
    사의 신비주의"로 변형되어 나타났다고 언급한다. Michael J. Buckley, "Ecclesial Mysticism in the
    Spiritual Exercises of Ignatius," *Theological Studies* vol. 56 (1995), 452~53.

77 1539년 이냐시오와 그의 동료들은 "첫 사부들의 분별"(Primo Delibratio)로 알려진 문헌에서 자
    신들이 선출한 종신 장상에게 순종하고 수도회로서 일치하여 나아가기로 결정하였다.

78 Javier Melloni, *The Exercise of St Ignatius Loyola in the Western Tradition* (Leominster, UK:
    Gracewing, 2000), 8~9.

79 Stephen R. Yarbrough, John C. Adams and Bernard K. Duffy, *Delightful Conviction*. Great
    American orators no. 5 (Westport: Greenwood,1993), 3.

80 스테펜 J. 니콜, 『조나단 에드워즈의 생애와 사상』, 채천석 역 (서울: 개혁주의 신학사, 2013), 27.

81 Ibid., 15.

82 마이클 맥클리먼드, 제럴드 맥더모트, 『(한 권으로 읽는) 조나단 에드워즈 신학』, 임요한 역 (서울:
    부흥과개혁사, 2015), 49.

83 Ibid., 50.

84 Ibid., 72.

85 Jonathan Edwards, *Letters and Personal Writings*, The Works of Jonathan Edwards 16, George
    S. Claghorn ed. (New Haven: Yale University Press, 1998), 790~791. (이하 *WJE* 16:790~791
    로 표기함)

86 이안 머레이, 『조나단 에드워즈』, 윤상문, 전광규 역 (서울: 이레 서원, 2006), 63~64.

87 Edwards, *Letters and Personal Writings*, WJE 16:29.

88 머레이, 『조나단 에드워즈』, 74.

89 니콜스, 『조나단 에드워즈의 생애와 사상』, 30.

90 Ibid., 34.

91 맥클리몬드, 맥더모트, 『조나단 에드워즈 신학』, 75.

92 머레이, 『조나단 에드워즈』, 75.

93 조나단 에드워즈의 저서 『신앙 감정론』에 나오는 많은 부분이 로크의 『인간 오성론』에 영향을
    받았다고 한다.

94 Samuel Hopkins, *The Life and Character of the Late Reverend Mr. Jonathan Edwards*, reprinted
    in Jonathan Edwards: A profile, ed. David Levin (N.Y.: Hill and Wang, 1969), 5~6.

95 John E. Smith, *Jonathan Edwards* (Notre Dame: University of Notre Dame Press, 1992), 26.

96 양낙흥, 『(체험과 부흥의 신학자) 조나단 에드워즈 생애와 사상』 (서울: 부흥과개혁사, 2003), 124.

97 Edwards, *Letters and Personal Writings*, *WJE* 16:791.

98 Ibid.

99 Edwards, *Letters and Personal Writings*, *WJE* 16:792~793.

100 Avihu, "The Conversion of Jonathan Edwards," *Journal of Presbyterian History* 76, no. 2 (1998), 128.

101 Edwards, *Letters and Personal Writings*, *WJE* 16:793.

102 Ibid.

103 양낙흥, 『조나단 에드워즈 생애와 사상』, 130.

104 Edwards, *Letters and Personal Writings*, *WJE* 16:753~759.

105 머레이, 『조나단 에드워즈』, 93.

106 Edwards, *Letters and Personal Writings*, *WJE* 16:741.

107 Ibid., 793.

108 Lee Kang Hack, "Jonathan Edwards on Nature: An Example for Christian Ecospirituality," *Torch Trinity Journal*, 14, no. 2(2011), 130~141; Neil Ormerod and Christina Vanin, "Ecological Conversion: What does it mean?" *Theological Studies* 77, no. 2 (2016), 328~352.

109 Edwards, *Letters and Personal Writings*, *WJE* 16:793~794.

110 Yeongseon Kim, "St. Francis of Assisi and Ecological Conversion," 「가톨릭 신학과 사상」 no. 78 (2017), 47~89.

111 Edwards, *Letters and Personal Writings*, *WJE* 16:801.

112 Ibid., 804.

113 윌리엄 퍼킨스는 구원을 준비하는 단계와 구원의 단계가 있다고 하는데 이를 구체적으로 살펴보면 아래와 같다. 먼저, 구원을 준비하는 단계는 4단계로 정리되는데 ① 하나님의 말씀을 들음, ② 율법에 대한 지식이 생김, ③ 자신의 특별한 죄를 깨닫고 뉘우침, ④ 하나님의 심판에 대한 율법적 공포이며, 구원의 단계는 6가지 단계인데 ⑤ 회개하는 자는 구원을 얻는다는 약속에 대한 진지한 묵상, ⑥ 복음의 메시지를 믿고자 하는 열망, ⑦ 용서를 구하는 뜨겁고 지속적인 기도, ⑧ 자신을 향한 하나님의 자비하심에 대한 확신, ⑨ 죄로 인한 복음적인 슬픔, ⑩ 하나님의 은혜에 의지하여 계명을 지키려는 새로운 순종에의 노력으로 나타난다. 그러나 에드워즈는 회심의 준비단계가 자신에게는 없다고 생각하여 의문을 가지게 되었다고 언급했다. William Perkins, *The Works of that Famous and Worthy Minister of Christ in the University of Cambridge, Mr. William Perkins, 2* (London: John Legatt, 1617), 13. 안재홍, "조나단 에드워즈에게 나타난 청교도 실천적 경건 전통의 수용과 발전," (장로회신학대학교 대학원 박사학위 논문, 2015), 36~37에서 재인용.

114 Edwards, *Letters and Personal Writings*, *WJE* 16:795.

115 Jonathan Edwards, *The Miscellanies*, The Works of Jonathan Edwards 13, ed. Thomas A. Schafer (New Haven: Yale University Press, 1994), 462. (이하 *WJE* 13:462로 표기함)

116   Jonathan Edwards, *Freedom of Will*, The Works of Jonathan Edwards 1, ed. Paul Ramsey (New Haven: Yale University Press, 1957), 316. (이하 *WJE* 1:316으로 표기함)

117   이는 지성적 회심과 통합적으로 나타나게 되어 종교적이며, 지성적 회심이라고 할 수 있다.

118   William W. Meissner, *Ignatius of Loyola: The Psychology of a Saint* (New Haven: Yale Univ. Press, 1992), 293. Cf. *WJE* 16:801, 804.

제3장

1   빌리 렘베르트, 『현실에 대한 사랑으로: 이냐시오 영성의 기본어휘들』, 한연희 역 (서울: 빅벨, 1998), 144.

2   카를 바르트(Karl Barth)는 『교회 교의학 개요』에서 믿음은 신뢰이며, 앎이며, 고백이라고 언급하였다. 카를 바르트에 의하면 그리스도교적 믿음은 만남의 선물로서 하나님의 선물과 말씀의 확실한 약속과 인도를 전적으로 굳게 붙드는 것이다. 그리고 그리스도적 믿음은 이성을 조명하므로 인간은 조명된 이성 안에서 자유롭게 되며, 예수 그리스도의 진리 안에서 살아갈 수 있게 된다. 그렇게 하여 자신의 고유한 현 존재의 의미 그리고 모든 사건의 근거 및 목적의 의미를 확신하게 된다. 아울러 그리스도적 믿음은 결단이므로 그 안에서 인간들은 하나님의 말씀에 대한 신뢰 그리고 예수 그리스도의 진리에 대한 앎과 관련하여 책임을 질 자유를 갖는다. 그 책임은 그 신뢰와 앎을 교회의 언어 안에서 그러나 또한 세상적 견해들 안에서, 그리고 무엇보다도 그에 상응하는 실천과 행동 방식들 안에서 공적으로 책임지는 것을 뜻한다. 카를 바르트 『교회 교의학 개요: 사도신경에 담긴 기독교 진리』, 신준호 역 (서울: 복 있는 사람, 2015), 19~50.

3   Ignatius of Loyola, *St. Ignatius' Own Story As Told to Luis Gonzalez de Camara with a Sampling with His Letters*, Translated by William J. Young (Chicago: Loyola University Press, 1951).

4   렘베르트, 『현실에 대한 사랑으로』, 91~92.

5   Howard Gray, "Ignatian Spirituality" in *An Ignatian Spirituality Reader* George W. Traub ed. (Chicago: Loyola Press, 2008), 63~70.

6   Jim Manney, *Ignatian Spirituality A To Z* (Chicago: Loyola Press, 2017), 235.

7   이냐시오, 『영신 수련』, [234]; 본 논문에서 이냐시오의 『영신 수련』은 다음의 책을 사용하고자 한다. 이냐시오 로욜라, 『영신 수련』, 정제천 역 (서울: 이냐시오 영성연구소, 2010); Ignatius of Loyola, *The Spiritual Exercises and Selected Works*, Edited by George E. Ganss (New York: Paulist, 1991) 세부 내용은 『영신 수련』 [ ]항으로 표기한다.

8   이냐시오, 『영신 수련』, [234~37]; 데이빗 플레밍, 『당신 벗으로 삼아주소서』, 김용운, 손어진, 정제천 역 (서울: 이냐시오 영성연구소, 2008), 108.

9   이냐시오의 주요 저서라고 할 수 있는 『영신 수련』에서 "모방하다"라는 동사는 자주 사용되지 않지만 중요한 대목에서 이 동사가 사용된다. 〈그리스도 왕국〉의 봉헌기도 [98] 첫째 날 첫째 관상

의 담화[109] 〈두 개의 깃발〉의 셋째 길잡이[139]와 담화[147], 〈겸손의 세 단계〉의 셋째 겸손 [167]과 주의사항[168] 등이다. 이냐시오적 관점에서 그리스도를 본받는다는 것은 오직 하나님 의 은혜에 의해 얻어지는 것이기에 수련자는 그분께 신실하게 마음을 다해 구해야 한다. 심종혁, 『영신 수련의 신학적 이해』, 182~83.

10 당시 순례는 매우 중요한 신앙 행위였다. 존 올리언은 순례의 의미를 다음의 세 가지로 정리하 였다. 첫째, 실제로 성지를 여행하는 것으로, 이는 오랜 세월 동안 기독교에서 행해져 오던 신심 행위였다. 둘째, 풍자적인 의미로 순례는 한 사람의 생애 과정으로서 유혹과 시련과 도전을 경 험하는 것으로 이승의 삶에서 영원의 삶으로까지 이어지는 여정이라고 할 수 있다. 셋째, 영성 적 의미로 순례는 하나님을 찾아 나가는 구도의 과정, 성소의 추구, 종교 도덕에 대한 이상에 관 한 탐구를 지칭하기도 한다. 따라서 이냐시오의 성지순례는 표면적으로는 예수의 발자취를 느 끼는 것이었지만 이것이 발달하여 추후 내면의 여정 속에서 자신을 발견하게 되었고, 『영신 수 련』으로 완성되어 이를 통하여 수련자에게 기도와 묵상을 통한 영적인 내면의 순례를 제시하였 다. John C. Olin, "The Idea of Pilgrimage in the Experience of Ignatius Loyola", *Church History* 48, no. 4 (1979), 387~94.

11 박병관, "그리스도를 본받아와 영신 수련: 두 영성의 수덕적인 깊은 일치," 「신학 사상」 152 (2011), 143~181.

12 수도자들의 전통적인 세 가지 서원에 대한 포스트모던 시대의 수용과 도전에 대한 샌드라 슈 나이더스(Sandra Schneiders)의 다음 도서들을 참조할 수 있다. Sandra Schneiders, *Buying the Field: Catholic Religious Life in Mission to the World* (New York/Mahwah, N.J.:Paulist, 2013); *Selling All: Commitment, Consecrated Celibacy, and Community in Catholic Religious Life* (New York/Mahwah, N.J.: Paulist, 2001); *Finding the Treasure: Locating Catholic Religious Life in a New Ecclesial and Cultural Context* (New York/Mahwah, N.J.: Paulist, 2000).

13 이냐시오, 『회헌』, [553] Cf. 영문으로는 다음을 참고할 수 있다. St. Ignatius of Loyola, *The Constitutions of the Society of Jesus*, trans. George E. Ganss, S.J. (St. Louis: Institute of Jesuit Sources, 1970) [553].

14 이냐시오, 『예수회 회헌과 보충규범』, [157]; 본 논문에서 이냐시오의 『회헌』은 다음의 책을 사 용하고자 한다. 이냐시오 로욜라, 『예수회 회헌과 보충규범』. 예수회 한국 관구 역 (서울: 예수 회 한국 관구, 2008); Ignatius of Loyola, *The Constitutions of the Society of Jesus*, Translated by George E. Ganss (St. Louis: The Institute of Jesuit Sources, 1970). 세부 내용은 『예수회 회헌과 보충규범』 [ ]항으로 표기한다.

15 제임스 마틴, 『모든 것 안에서 하느님 발견하기: 프란치스코 교황의 영적 요람』, 성찬성 역 (서 울: 가톨릭 출판사, 2014), 386.

16 Ibid., 365.

17 이냐시오, 『회헌』, [85]

18 Jean Daniélou and Tomas R. Royche, "Ignatian vision of the Universe and of Man," *Cross Current* 4, no4 (1954), 357~366.

19 이는 포르투갈 관구장이었던 시몬 로드리게스(Simon Rodigues) 신부가 다른 곳으로 이전되어 새로운 관구장이 임명되자 그곳의 회원들은 로드리게스 신부나 혹은 그가 지명하는 후보 외에는 그 누구에게도 순명하지 않겠다고 반발한 데서 비롯되었다. 로드리게스 신부는 그 통치방식에 있어서 너무나 온화했고 유순했기 때문에 회원들은 인간적이고 비이성적인 애착으로 그에게 집착되어 있었다. 이냐시오는 이 편지에서 순명의 덕에 관해 그 풍성한 의미와 중요성을 명확하고 설득력 있게 설명하여 이 서간은 '순명 서한'으로 알려져 사본이 출판되어 예수회원에게 널리 읽혔다. St. Ignatius of Loyola, "Letter 3304: To the Members of the Society in Portugal," *Letter of St. Ignatius of Loyola*, ed. and trans. William J. Young, S.J. (Chicago: Loyola University Press, 1959), 287

20 Maurice Giuliani, "The Night and the Light of Obedience" in *Finding God in All Things: Essays in Ignatian Spirituality Selected from Christus*, Tr. William Young (Chicago: Henry Regency Company, 1958), 206.

21 이냐시오, 『회헌』, [547]

22 이냐시오, 『영신 수련』, [353]

23 키홀레, 『로욜라의 이냐시오』, 139~141.

24 박병관, "시스네로스의 『영적 삶의 수련서』와 이냐시오의 『영신 수련』: 이냐시오의 선택 개념의 기원 탐구를 통한 문헌적 원천 문제에 대한 재고," 「신학 전망」 no. 118 (2015), 2~39. 이 논문에서 박병관은 시스네로스의 『영적 생활을 위한 수련서』에 언급된 "관상" 부분이 이냐시오의 『영신 수련』에서는 나타나지 않으며 "섬김"으로 변형되어 등장하는데 이는 이냐시오가 관상적 영성이 아니라 사도적 영성을 추구하였기 때문에 의도적으로 편집하였음을 주장한다.

25 『영신 수련』과 문화적 환경에 관련된 좀 더 자세한 내용은 다음의 자료를 참고할 수 있다. Tad Dunne, "The Cultural Milieus of the Spiritual Exercises," in *A New Introduction to the Spiritual Exercises of St. Ignatius*, John E. Dister ed. (Eugene, Oregon: Wipf and Stock Publishers, 1993), 13~14.

26 렘베르트, 『현실에 대한 사랑으로』, 95.; 이냐시오 『영신 수련』, [2]

27 이냐시오의 자필에서는 indiferentes (indiferencia)라고 했는데 우리말 『영신 수련』에서 언급된 세 가지 번역을 살펴보면 윤양석은 '중용'으로, 정제천은 '초연함'으로, 정한채는 '치우치지 않는 마음'으로 번역하였다. 본 논문에서는 일반적으로 가장 많이 사용하는 '불편심'이란 용어로 사용하고자 한다. 이냐시오, 『영신 수련』, [21]

28 심종혁, 『영신 수련의 신학적 이해』, 47.

29 스페인어 la conscoencia는 양심과 의식을 포함하는 이중적인 개념으로 여기서는 양심 성찰이라고 사용하겠다. 이 기도는 낱낱의 행동을 두고 성찰하기보다는 자신의 실존 전체를 두고 성찰해야 한다. 우리나라 문화 속에서도 양심 성찰의 전통을 찾아볼 수 있다. 조선 시대 선비들은 사단 칠정(四端七情)을 통하여 자신의 마음속에 일어나는 움직임을 인식하였는데 사단(四端)은 측은지심(惻隱之心), 수오지심(羞惡之心), 사양지심(辭讓之心), 시비지심(是非之心)이라고 하며, 칠정은 사람이 가진 일곱 가지 감정, 즉 희·노·애·구·애·오·욕(喜怒哀懼愛惡欲)을 말한다.

선비들은 마음속에서 일어나는 이러한 움직임들을 성찰하며 선한 마음은 북돋고 악한 마음은 억누르며 이를 없애려고 수양하였다. 또한, 공동체 측면에서 향약을 통하여 마을에 덕을 끼친 이에게 상을 주고, 해를 끼친 이에게는 벌을 주었다.

30 렘베르트, 『현실에 대한 사랑으로』, 77.

31 Ibid., 78~83.

32 플레밍, 『당신의 벗으로 삼아주소서』, 30.

33 이나시오 로욜라, 『영신 수련』, 정한채 번역 주해(서울: 이나시오 영성연구소, 2011), 41. 양심 성찰에 대한 좀 더 자세한 내용은 다음의 자료를 참고할 수 있다. Ronald Modras, *Ignatian Humanism: A Dynamic Spirituality for the 21st Century* (Chicago: Loyola Press, 2004), 35~36.

34 "이 경우 잘못된 것을 살펴본다. 실패에 직면하고, 실패에 대한 용서를 구한다. 개선을 위한 방법을 당신에게 보여주시도록 하나님께 구한다." Jim Manney, *Ignatian Spirituality A To Z*, 74~77.

35 "이 경우 다가올 날에 관한 결심을 하라. 당신은 오늘 무엇을 할 것인가? 오늘 당신이 하나님을 필요로 하는 곳은 어디인가? 살펴본다." Jim Manney, *Ignatian Spirituality A To Z*, 74~77.; Timothy M. Gallagher, *The Examen Prayer* (New York: The Crossroad Publishing Company, 2006); Mark E. Thibodeaux, *Reimagining the Ignatian Examen* (Chicago: Loyola Press, 2015).

36 그래서 플레밍은 이나시오 영성을 가리켜 '성찰하는 영성'이라고 언급하였다. 데이비드 플레밍, 『이나시오 영성이란 무엇인가?』, 민윤혜경 역 (서울: 이나시오 영성연구소, 2018), 30~35.

37 버간, 슈완, 『사랑에 이르는 기도』, 58.

38 Pedro Arrupe, *Challenge To Religious Life Today* (MA., Chestnut: Institute of Jesuit Sources, 1979), 254.

39 이나시오, 『영신 수련』, [230]

40 심종혁, 『영신 수련의 신학적 이해』, 170.

41 안으로는 교회의 교리보다는 매개 없는 신비적 체험을 강조하는 스페인의 조명주의자, 밖으로는 루터와 칼뱅 등 종교개혁가들 그리고 풍자적으로 교회를 묘사한 에라스무스와 그의 추종자들을 들 수 있다. 그래서 이나시오에게 교회의 이미지는 싸우는 교회(Iglesia militant)였다. 이 개념은 제2차 바티칸 공의회 이후 봉사하는 교회로 바뀌었다. 한편, "교회와 함께 생각하기 위한 규칙"에서 sentire cum ecclesia 라는 라틴어로 표현되었는데 sentire라는 단어는 "느끼다" 혹은 "생각하다"라고 번역될 수 있는데 이는 느낌의 차원뿐만 아니라, 생각의 차원을 내포한다고 할 수 있다. 이 규칙은 아홉 단락으로 나누어 설명하였는데 여기에서 이나시오는 먼저 기초 원리를 선언하고[352] 세 가지 범주로 나누어 설명했다. 첫 번째 범주[354~61]는 당시 교회의 경건 생활에 관한 태도, 두 번째 범주[362~64]는 교회의 권위에 있어서 긍정적 태도, 세 번째 범주[365~70]는 이나시오 시대 논란이 되는 복잡한 교리적 진리를 다루는 문제를 설명하였다. Dyckman, Garvin and Liebert, *Spiritual Exercises Reclaimed*, 307; 이나시오, 『영신 수련』, [352]

42 버간, 슈완, 『사랑에 이르는 기도』, 60.

43 람베르트, 『현실에 대한 사랑으로』, 190.

44 Ibid.

45 Karl Rahner, *Ignatius of Loyola,* trans. Rosaleen Oekenden (London: Collins, 1978), 27~28; 버
간, 슈완, 『사랑에 이르는 기도』, 165~167.

46 람베르트, 『현실에 대한 사랑으로』, 191.

47 버간, 슈완, 『사랑에 이르는 기도』, 200; 모든 일을 올바로 하기 위해서는 내가 보기에 흰 것이라
도 교계 교회가 검다고 판정하면 그렇다고 항상 믿어야 한다. 우리는 우리 주님이시며 신랑이
신 그리스도와 그분의 신부인 교회 사이에 같은 영이 우리 영혼의 구원을 위해 우리를 주재하
고 다스린다는 것을 믿는다. 왜냐하면, 십계명을 주신 바로 그 성령이신 우리 주님에 의해서 우
리의 거룩한 어머니이신 교회가 다스려지고 주재되기 때문이다. 이냐시오, 『영신 수련』, [365]

48 『자서전』, (7)

49 샤를 앙드레 베르나르, 『영성 신학』, 정제천, 박일 역 (서울: 가톨릭 출판사, 2013), 492~493.

50 Karl Rahner, *Spiritual Exercise,* 171

51 Herbert F. Smith, "Discernment of Spirits," *Review for Religious* 35. no. 3 (1976), 230.

52 이 절은 조한상, 심종혁, "이냐시오와 조나단 에드워즈의 영적 식별 비교연구," 「신학과 실천」 46
(2015), 335~359를 수정 보완한 것이다.

53 이규성, "로욜라의 이냐시오의 영신 수련에 나타난 인간 이해," 「신학과 철학」 no. 11 (2007), 2~3.

54 Thomas Aquinas, 『神學大全』, 정의채 외 역(서울: 바오로 딸, 1985~2003) I. Q. 75~78. 또는
다음의 책을 참조할 수 있다. Thomas Aquinas, *Summa Theologiae* (Cambridge: Cambridge
University Press, 2006); 윤철호, 『인간: 인간의 본성과 운명에 관한 학제 간 대화』 (서울: 새물결
플러스, 2017), 37~38.

55 키홀레, 『(로욜라의) 이냐시오』, 133.

56 Toner, *A Commentary on Saint Ignatius' Rules* 35.

57 이냐시오는 『영신 수련』에서 이와 같은 하나님에 대한 호칭을 175회 사용하고 있다. 심종혁, 『영
신 수련의 신학적 이해』 (서울: 이냐시오 영성연구소, 2009), 92.

58 이냐시오, 『영신 수련』, [23]

59 심종혁, 『영신 수련의 신학적 이해』, 53.

60 이규성, "로욜라의 이냐시오의 영신 수련에서 나타나는 인간 이해," 5.

61 이규성, "영신 수련 제1주간의 교의 신학적 이해," 「신학과 철학」 no. 9 (2006), 11

62 Ibid., 97; Toner, *A Commentary on Saint Ignatius' Rules* 38.

63 Gilles Cusson, *Biblical Theology and The Spiritual Exercises,* trans. Mary Angela Roduit and
George E. Ganss (St. Louis: The Institute of Jesuit Source, 1988), 53.

64 이규성, "로욜라의 이냐시오의 영신 수련," 2~3.

65 Ibid.

66 Ibid., 9~10.

67 Spohn, "Finding God in All Things," 247; Ignatius Loyola, *The Constitutions of the Society of
Jesus,* trans. George Ganss (St. Louis: The Institute of Jesuit Sources, 1970), [516].

68 여기서 움직임은 영혼의 내적 체험을 말한다. 지성의 행위(사유, 추리, 상상 등), 의지의 행위(사

랑, 욕망 등), 감정 행위(좋아함, 싫어함, 두려움 등)는 영적 위로와 영적 황량이 관련된다.

69 이냐시오, 『영신 수련』, [313] 자세한 내용은 다음 절 영적 위로와 영적 황량에서 다루고자 한다.

70 Toner, *A Commentary on Saint Ignatius' Rules*, 11.

71 Spohn, "Finding God in All Things," 249.

72 이냐시오, 『영신 수련』, 정한채 번역 주해 (서울: 이냐시오 영성연구소, 2011), 165.

73 Ibid. 이에 대한 좀 더 자세한 내용은 다음 장에서 다루고자 한다.

74 Michael J. Buckley, "The Structure of the Rules for Discernment of Spirit," *The Way Supplement 20* (1973), 25~26.

75 Ibid., 22.

76 Ibid., 23.

77 윌리엄 제임스, 『종교적 경험의 다양성』 김재영 옮김 (서울: 한길사, 2000), 518.

78 James Walsh ed. *The Cloud of Unknowing* (New York: Paulist Press, 1981), 122~123.

79 Ibid., 25~26.

80 Ibid., 27.

81 이냐시오, 『영신 수련』, [314]

82 Buckley, "The Structure of the Rules," 27.

83 William K. Delaney, "Discernment of Spirits in Ignatius of Loyola and Teresa of Avila," *Review for Religious in Spiritual Direction* 46 (1987), 347.

84 아래의 그림과 같이 이냐시오에게 있어서 『영신 수련』 첫 번째 주간에서 다섯 번째 원리는 그 방향의 내적 움직임이 위로 향하는 것이 보인다. 여기서 영적 위로와 황량의 개념이 등장하는데 이를 도표로 살펴보면 다음과 같다. 이냐시오 로욜라, 『영신 수련』, [318].

선한 영	악한 영
↑	↑
생각들	생각들
↑	↑
위로	황량

85 이와 유사하게 에드워즈는 모든 정서의 원천이며 정서 가운데 가장 고귀한 것은 사랑이라고 주장했다. Edwards, *Religious Affections*, 106. 아울러 『성령의 역사분별 방법』에서 에드워즈는 하나님과 사람에 대한 사랑을 강조한다. 사랑은 성령의 역사를 분별할 수 있게 하는 가장 중요한 표지이며 성령은 사람들을 하나님 사랑과 사람 사랑으로 이끈다고 했다. 조나단 에드워즈, 『성령의 역사분별 방법』, 노병기 역 (서울: 부흥과개혁사, 2013), 131~34.

86 Buckley, "The Structure of the Rules for Discernment of Spirit," 29.

87 반면 이에 대하여 토너는 버클리의 해석과는 다른 의견을 제시하고 있는데 다음을 참고할 수 있다. Toner. *Commentary on St. Ignatius' Rules for the Discernment of Spirits*, 283~290.

88 이냐시오, 『영신 수련』, [316]

89 Conroy, *The Discerning Heart*, 40~42.

90 이냐시오, 『영신 수련』, [317]

91 Ibid, [316~317]

92 Ibid, [317]

93 Ibid, [322]

94 Ibid, [323~24]

95 Delaney, "Discernment of Spirits," 347.

96 이냐시오, 『영신 수련』, [327]

97 Ibid., [331~32]

98 Ibid., [333]

99 Ibid., [335]

100 Ibid.

101 Ibid., [165~77]

102 McIntosh, *Discernment and Truth*, 115.

103 이냐시오, 『영신 수련』, [332]

104 Toner. *Commentary on St. Ignatius' Rules*, 224.

105 이냐시오, 『영신 수련』, [329a]

106 Ibid., [329b]

107 Toner. *Commentary on St. Ignatius' Rules*, 225.

108 Ibid.; McIntosh, *Discernment and Truth*, 119.

109 웨이크필드 편, 『기독교 영성 사전』, 400~401.

110 Ibid.

111 이냐시오, 『영신 수련』, [313~336]

112 Ibid., [313~327]

113 Ibid., [328~336]

114 Ibid., [313~327]

115 J. J. 토너, 『하나님 안에서 나를 발견하기』 (서울: 이냐시오 영성연구소, 2010), 35.

116 Ibid., 59.

117 이냐시오, 『영신 수련』, [328~335]

118 Ibid., [330~331]

119 Ibid., [331]

120 McIntosh, *Discernment and Truth*, 68~69.

121 Ibid., 69.

122 영적 일기의 경우, 이냐시오는 회원들이 담당하는 교회에서 자치적인 재물 소유를 허락하고 정당한 수입을 인정하느냐 하는 것을 분별하였다. 그 과정에서 우리는 이냐시오의 분별 과정을 잘 알 수 있으며 분별의 과정을 배울 수 있다. 이에 대한 자세한 내용은 다음의 자료를 참조하라. Adolf Haas, "The Mysticism of St. Ignatius according to his Spiritual Diary", in *Ignatius of Loyola His Personality and Spiritual Heritage*, ed. Fredrich Wulf (Saint Louis: Institute of Jesuit

Sources, 1997); Joseph A. Munitiz, *The Spiritual Diary of Saint Ignatius of Loyola* (London: Inigo Enterprises, 1987); 심종혁, "성 이냐시오 로욜라의 「영적 일기」에 나타난 신비주의적 특성," 「신학과 철학」 no. 2 (2000), 1~21.

123   예수회 회헌은 이냐시오가 일컬었던 애덕과 사랑의 내적인 법과 외적인 실행의 질서와의 조화를 통해 신앙과 행동을 일치시키려는 노력을 조직적으로 제시하고 있다(134번). 회헌은 이냐시오와 초기 동료들의 삶에서 창출된 것이다. 하워드 그레이는 회헌의 네 가지 요소를 다음과 같이 언급하고 있다. 첫째, 회헌은 지혜의 문서이다. 둘째, 회헌은 하나님의 길을 찾아 나가는 인간 정신의 순례를 상징한다. 셋째, 회헌은 자비에로의 투신이다. 넷째, 회헌은 열정적인 삶 한가운데서도 관상가가 되는 길을 상징한다. 예수회의 회헌에서도 공동분별에 관한 경우를 소개하고 있는데 새로운 총장을 선출할 경우가 그에 해당한다. (711~712번). 이러한 공동분별의 과정은 개인 분별의 경우와 마찬가지로 개인의 준비, 바른 의도, 이성의 기능, 신중함과 균형 그리고 초연한 마음이 필요함을 알 수 있다. Howard Gray, "What Kind of Document?" *The Way Supplement* 61(1988), 21~34.

124   영적 분별에 해당하는 것은 데레사 레하델(Teresa Rajadell) 수녀와 보르기아(Fransis Borgia)에게 보낸 편지에서 발견할 수 있다. 이냐시오의 편지를 모은 선집으로는 여럿 있는데 그중에서 영문 번역본을 소개하자면 다음과 같다. William J. Young, *Letters to St. Ignatius of Loyola* (Chicago, 1959); Hugo Rahner, *St. Ignatius of Loyola: Letters to Women*, trans. from the German by K. Pond and S. A. H. Weetman (New York, 1959); Joseph Tylenda, *Counsels for Jesuits: Selected Letters and Instructions of St. Ignatius of Loyola* (Chicago, 1985); Joseph Munitiz and Philip Endean, *St. Ignatius of Loyola : Personal Writings* (London, 1996); Martin E. Palmer, John W. Padberg and John L. McCarthy, eds., *Ignatius of Loyola: Letters and Instructions* (Saint Louis: The Institute of Jesuit Sources, 2006).

125   Palmer, Padberg and McCarthy, eds., *Ignatius of, Loyola*, ix, vii

126   Joseph Munitiz and Philip Endean, *St. Ignatius of Loyola : Personal Writings* (London, Penguin Group, 1996).

127   Philip Endean, "Discerning Behind The Rules Ignatius's First Letter to Teresa Rejadell," *The Way Supplement* 64(1989), 37~50.

128   Young, *Letters to St. Ignatius of Loyola*, 21~24; 버간, 슈완, 『사랑에 이르는 기도』, 165~167.

129   스미스는 분별이라는 개념을 통찰력(insight), 선별력(discretion), 그리고 판단력(judgement)이라는 세 가지 다른 개념으로 정리하였다. Gordon T. Smith, *The Voice of Jesus: Discernment, Prayer and the Witness of the Spirit* (Downers Grove, IL: Inter Varsity Press, 2003), 10. 우리말 번역본으로는 다음의 책이 있다. 고든 스미스, 『예수의 음성: 성령의 증거와 영적 분별』, 남정우 역 (서울: IVP, 2007).

130   Smith, *The Voice of Jesus*, 10.

131   『자서전』, (8)

132   『자서전 27』, (27)

133 『자서전』, (25)

134 『자서전』, (54)

135 『자서전』, (55)

136 심종혁, "이냐시오식 영신 식별의 이해," 「사목」 172 (1993), 100~101.

137 Ibid., 102.

138 토마스 머튼은 다음과 같이 언급하였다. "우리의 소명은 단순히 존재하는 것이 아니라 하나님
과 협력하여 자신의 삶과 정체성과 운명을 만들어 가는 것이다. 우리는 자유로운 존재며 하나님
의 자녀다. 그것은 우리가 수동적으로 존재해서는 안 되며 자신의 삶과 다른 사람들의 삶 속에
서 매 순간 진리를 택함으로써 하나님의 창조적 자유에 능동적으로 참여해야 한다는 뜻이다,"
Thomas Merton, *New Seed of Contemplation* (New York: New Direction Books, 1961), 32.

139 Daniélou and Royce, "Ignatian Vision of the Universe and of Man," 363.

140 마르던 바는 다양한 공동체적 분별의 경우를 사도행전 제13장과 제15장에 나타난 예와 더불어
구체적인 사례, 즉 켈트, 라틴 아메리카, 아프리카, 아시아, 호주, 메노나이트의 경우를 제시하
였다. 특별히, 그녀는 마다스카스 사람들의 생활에서 얻은 교훈을 언급하였는데 이는 의사결정
과정의 중심에 있는 미덕이 노인들에 대한 존경으로 나타나며 이들에게 조언을 구하거나, 상담
을 청하는 일 그리고 축복을 구하는 일을 통하여 공동체의 중요한 의사결정에 참여한다고 하
였다. 이에 대한 자세한 내용은 다음의 글을 참조하라. 마르던 바, 『우물 밖에서 찾은 분별의 지
혜』, 홍종락 역 (서울: IVP, 2007), 135~166; 고든 스미스, 『분별의 기술』, 박세혁 역 (서울: 사
랑플러스, 2004), 219~220.

141 찬, 『영성 신학』, 297.

142 스미스, 『분별의 기술』, 221.

143 웨이크필드 편, 『기독교 영성 사전』, 42~59.

144 McIntosh, *Discernment and Truth*, 18.

145 영어 표현으로는 다음과 같다. "I will be favorable to you at Rome." 이 표현은 Diego Lainez에 의해
서 처음 소개되었다; *Fontes narrativi de S. Ignatio de Loyola et de Societatis Jesus initiis*, 2 (1965),
133; Pedro Ribadeneira, *The Life of B. Father Ignatius of Loyola, 1616* (York: 1976), 94~98.

146 이냐시오와 그의 동료들은 파리에서 사제가 되기 위한 신학교육을 받았고 그 이후 그리스도를
섬기기 위하여 가난과 정결의 개인적인 서원을 하였다. 터키인들의 개종을 위하여 성지로 가려
고 했으나 좌절되자 이들은 로마로 가서 "하나님의 더 큰 영광을 위하여" 그리고 영혼을 섬기
기 위하여 교회의 대리인자인 교황께 충성을 맹세하게 된다. 이러한 면에서 후대의 주석학자들은
이를 가리켜 이냐시오의 신비주의 가운데 초 교황주의적(hyperpapal) 측면이라고 한다. Harvey
D. Egan, "Ignatius of Loyola" in *Soundings in the Christian Mystical Tradition*, 232; 심종혁,
『영신 수련의 신학적 이해』, 100~101.

147 이냐시오는 교회를 믿음의 어머니와 신부로 묘사하였다. 이는 이냐시오의 중세시대 세계관을
반영한 것으로 신부와 어머니로서의 이미지를 사용하여 자신의 교회관을 언급하였다. "교회"
라는 단어는 『영신 수련』에서 자주 등장하지 않는다. 총 15회 등장하는데 "교회의"라는 가르

침은 4회 등장하며, 공교회의 예배하는 건물로서 4회 나타난다. 공동체, 독립된 건물과 교훈을 의미하는 것으로 7회 등장하며, 디모데 후서 제2장 2절에 언급된 군사의 이미지로도 등장한다. Michael J. Buckley, "Ecclesial Mysticism in the "Spiritual Exercises of Ignatius," *Theological Studies* 56, no. 3(1995), 443; 버간, 슈완, 『사랑에 이르는 기도』, 59.

148 버간, 슈완, 『사랑에 이르는 기도』, 60.

149 George E. Ganss, "St. Ignatius' Rules For Thinking with the Church," *Studies in the Spirituality of Jesuits* 7, no. 1 (1975), 19; 메리안 코윈, 존 캐롤 후트럴, 『은총의 동반자: 지도자를 위한 안내서』, 송형만 역(서울: 이냐시오 영성연구소, 1997), 234.

150 코윈, 후트럴, 『은총의 동반자』, 227~230.

151 『자서전』, [1]; John M. McManamon, *The Text and Contexts of Ignatius Loyola's "Autobiography"* (New York: Fordham University Press, 2013), 18~45.

152 다음의 논문에는 하나님의 영광 개념이 이냐시오의 전 생애 속에 어떻게 나타났는지 알려주고 있다. Seung Ki Choi, "Ignatius of Loyola's Concept of the Glory of God and Its Pastoral Implications for the Korean Protestant Church" (Ph. D. Diss. University of Toronto, 2004).

153 Charles Jackson "Something that happened to me at Manresa: The Mystical Origin of the Ignatian Charism," *Studies in the Spirituality of Jesuits* 38, no. 2(2006), 28.

154 최승기, "성공주의와 하나님의 영광," 「신학 이해」 31 (2006), 199~221.

155 Ibid.

156 Francois Courel, "St. Ignatius and the Greater Glory of God," in *Finding God in All Things*, Trans. William J. Young (Chicago: Henry Regnery, 1958), 26.

157 Hugo Rahner, *Ignatius the Theologian*, trans. Michael Barry (New York: Herder and Herder, 1968), 11~12.

158 Toner, *Discerning God's Will*, 15.

159 Hugo Rahner, *Ignatius the Theologian*, 28.

160 Toner, *Discerning God's Will*, 17.

161 Jong-Hyeok Sim, *The Christological Vision of the Spiritual Exercises of St. Ignatius of Loyola and the Hermeneutical principle of Sincerity (Ch'Eng) in the Confucian Tradition* (Th. D. Diss. Roma: Pontificiae Universitatis Gregorianae, 1992), 217.

162 심종혁, "이냐시오식 영신 식별의 이해," 102.

163 코윈, 후트럴, 『은총의 동반자』, 28.

164 Ibid., 104.

165 웨이크필드 편, 『기독교 영성 사전』, 700~701.

166 전헌호, "이냐시오 靈性의 核心인 모든 것 안에서 하느님을 찾기에 관한 考察," 「신학 전망」 no. 115 (1996), 98.

167 Monika K. Hellwig, "Finding God in All Things: A Spirituality for Today," in *An Ignatian Spirituality Reader*, 53.

168 William A. Barry, *Finding God in All Things: A Companion to the Spiritual Exercises of St Ignatius* (Notre Dame: Ave Maria Press, 1991), 131~140.

169 존 오말리, 『초창기 예수회원들』, 윤성희 역 (서울: 이냐시오 영성연구소, 2014), 283. Cf. 콜벤 바흐 총장은 나폴리 사회 사도직 회의에서 다음과 같이 언급했다. "복음서대로 예수를 따른다 는 것은 우리가 사회적 참여, 즉 사회적 투신의 범위 안에서 살아내는 하나의 영성이다. 투신이 라고 하는 것은 우리의 삶 전체를 관여시키는 경험이다. 육화의 영성을 가진 이들이라면 가난 한 이들과 스스로를 동일시하고 가난한 이들 속에서 환대와 섬김을 받으시기를 원하시는 그리 스도의 편에 섭니다. 이는 우리가 가난한 이들을 돕게끔 하신 것입니다." 예수회 인권연대 연구 센터 편, 『예수회 사회 사도직의 특성』, 전경훈 역(서울: 예수회 인권연대 연구센터, 2011), 35.

170 Ibid., 285.

171 Ibid., 307.

172 Ibid., 319; Ron Hansen, "The Pilgrim: Saint Ignatius of Loyola," in *An Ignatian Spirituality Reader*, 39; 여기서 저자는 현재 약 115개의 예수회 대학, 400개의 중고등학교, 150개의 기술 학교, 200개 이상의 초등학교가 있으며 전체 학생 수는 백만 명 이상으로 추산하고 있다. 이러 한 급속한 확장은 교회의 요청과 시대적 필요에 의해서 진행된 것으로 예수회의 5가지 교육원 리를 언급하였다. 첫째, 좋은 교육이어야만 한다. 둘째, 통합적 교육이어야 한다. 셋째, 리더를 만들고 길러내는 교육이어야 한다. 넷째, 인간의 존엄성을 강조하는 교육이어야 한다. 다섯째, 경험과 개방성을 강조한 교육이어야 한다. 이러한 교육철학과 원리를 통하여 세상에서 사도적 실천을 실행하였다. James W. Sauve, "A World View of Jesuit Education As Related to Ignatian Spirituality," *Centrum Ignatianum Spiritualitatis*, 12 no. 38 (1981), 9~23.

173 Ibid., 286~287.

174 P. Hieronymi Nadal, *(Monumenta Historica) Societatis Jesu*; Epistolae, AB anno 1546~AD 1577, 4 (Madrid, 1905). 469~470; Ronald Modras, "The Spiritual Humanism of the Jesuits" *in An Ignatian Spirituality Reader*, 10; John W. O'Malley, "To Travel to Any Part of the World: Jeronimo Nadal and the Jesuit Vocation," *Studies in the Spirituality of Jesuits* 16 (1984), 1~20.

175 "우리가 마주하는 불의, 고통, 배제 혹은 착취의 유형에 따라: 어린이 유기, 아동 매춘, 여성 학 대, 난민 퇴거와 축출, 실업과 불완전 고용, 도시와 농촌 난민, 노인 문제, 알코올과 약물중독, HIV/AIDS 등 다양한 이슈에 대하여 적극적으로 대항한다." 예수회 인권연대 연구센터 편, 『예 수회 사회 사도직의 특성』, 37~38.

176 『영신 수련』은 영적 여정을 나타내고 있다: 사랑의 행위로서 창조, 피조물의 청지기직, 죄와 용 서, 제자도의 패러다임으로서 예수의 삶과 사역, 그리스도의 고난과 죽음 그리고 부활, 마지막 으로 사랑하는 하나님의 손에 모든 인간의 생명을 양도함 (surrender) 등을 함의하고 있다. 따라 서 『영신 수련』은 그리스도의 비전과 가치와 조화를 이루어 한 사람의 생명을 살리려고 급진적 인 결정을 향하여 적극적으로 나아가는 움직임이라고 할 수 있다. Gray, "Ignatian Spirituality," 60~61; McIntosh, *Discernment and Truth*, 67.

177 Melloni, *The Exercise of St Ignatius Loyola in the Western Tradition*, 12~13.

178 Dae-Seop Yi, "Conversion Experience Though Contemplation in th Ignatian Spiritual Exercises," *Korean Journal of Christian Studies* 101 (2016), 175~99.

179 Ivens, *Understanding the Spiritual Exercises*, 1.

180 Melloni, *The Exercise of St Ignatius Loyola*, 51~54

181 English, *Spiritual Freedom*, 3.

182 David Lonsdale, *Eyes to See, Ears to Hear: An Introduction to Ignatian Spirituality* (Maryknoll, New York: Orbis Books, 2000), 18,109, 135.

183 이냐시오, 『영신 수련』, [169~189]

184 Ivens, *Understanding the Spiritual Exercises*, 128, 130.

185 William Barry, "The Experience of the First and Second Weeks of the Spiritual Exercises" in *Notes on the Spiritual Exercises of St. Ignatius of Loyola*, ed. David L. Fleming (St. Louis: The Institute of Jesuit Sources, 1981), 98~100.

186 Katherine Marie Dyckman, Mary Garvin and Elizabeth Liebert, *Spiritual Exercises Reclaimed: Uncovering Liberating Possibilities for Women* (Mahwah, NJ: Paulist Press, 2001), 280.

187 Barry, "The Experience of the First and Second Weeks," 100~101.

188 Fleming, "The Ignatian Spiritual Exercises," 15.

189 이냐시오, 『영신 수련』, [175~77]

190 이주형, "한국인의 마음과 영적 분별," 「신학과 실천」 59 (2018), 293~319.

191 Ibid.

192 엘리자베스 리버트, "수퍼비전, 지평을 넓히기" in 메리 로즈 범퍼스외, 『(영성 지도자들을 위한) 수퍼비전: 거룩한 신비에 참여하기』, 이강학 역 (서울: 좋은씨앗, 2017), 276~77.

193 리버트는 과정으로서의 분별을 다음의 나선형 국면으로 설명한다. 첫째, 구조를 선택함, 둘째, 현재 상황, 셋째, 사회적 분석, 넷째, 기도와 신학적 성찰, 다섯째, 관상적 행동, 여섯째, 공동체의 반응이다. Elizabeth Liebert, *The Soul of Discernment: A Spiritual Practice for communities and Institutions* (Louisville, Kentucky: Westminster John Knox Press, 2015), 8.

194 하나님의 뜻을 알아내는 것은 이냐시오의 삶에서 가장 중심적인 문제였다.…언제나 그는 하나님의 뜻을 탐구했으며 그는 마치 불타고 있는 난로 주위에 사람들이 모여 있듯이 하나님의 뜻 주변을 맴돌았고 그 이외의 다른 것에는 관심을 두지 않았다. 하나님의 뜻을 알아내려는 이냐시오의 이러한 수고를 간과한다면 그의 후반기 삶은 모두 하나의 수수께끼로 머물고 말 것이다. 그는 자신이 현재 놓여있는 상황에서 하나님이 무엇을 원하시는지를 알려고 지속적으로 노력해 나갔다. 이냐시오는 하나님의 뜻을 알아내는 작업이 쉬운 것이 아니라는 것을 알고 있었지만, 결코 포기하지 않았다. 그의 삶의 전 과정을 걸쳐 그는 하나님의 뜻을 알고자 하는 때로는 괴롭기 그지없는 작업을 수행해나갔다. 하나님의 뜻에 대한 계시를 받고자 한 그의 지속적인 기도는 함께 따라 해 볼 수 있는 것이다. 하나님의 뜻을 알고자 쉬지 않고 노력을 기울였던 이냐시오는 신뢰할 수 있는 사람이었다. Walter Nigg, *Vom Geheimnis der Monche* (Zurich: Stuttgart, 1953), 378; 전헌호, "모든 것 안에서 하느님을 찾기에 관한 考察," 121~122에서 재인용.

195 렘베르트,『현실에 대한 사랑으로』, 110

196 J. Carlos Coupeau, "Five personae of Ignatius of Loyola," in *The Cambridge Companion to The Jesuits,* 32~46.

197 Harvey D. Egan, *Soundings in the Christian Mystical Tradition* (Collegeville, Minn.: Liturgical Press, 2010), 228.

198 신비주의에 관한 내용은 다음의 책을 참고한다. Harvey D. Egan, *What are they saying about Mysticism?* (New York, Ramsey: Paulist Press, 1982)

199 Jackson, "Something that happened to me at Manresa," 2.

200 St. Cardinal Böhner, *Itinerarium Mentis In Deum,* 109; 보나벤투라,『하느님께 이르는 영혼의 순례기: 해설판』, 원유동 역 (서울: 누멘, 2012), 124에서 재인용.

201 Bonaventure, *Bonaventure: The Soul's Journey into God, The Tree of Life, The Life of St. Francis,* trans. Ewert Cousins (New York: Paulist Press, 1978), 54.; 다음 자료를 참고할 수 있다. 보나벤투라,『하느님께 이르는 영혼의 순례기』.

202 John R. Sachs, "Ignatian Mysticism," *The Way Supplement* 82 (1995), 75.

203 Jackson, "Something that happened to me at Manresa," 7.

204 『자서전』, (60~62)

205 Edward Howells, "Spanish Mysticism and Religious Renewal" in *The Wiley-Blackwell Companion to Christian Mysticism,* 425~26.

206 Philip Endean, *Karl Rahner and Ignatian Spirituality* (Oxford: Oxford University Press, 2001), 84~98.

207 Egan, *Soundings in the Christian Mystical Tradition,* 231.

208 Hugo Rahner, *Ignatius von Loyola als Mensch und Theologie* (Freiburg, Basel, Wien, 1964), 251. 전헌호, "모든 것 안에서 하나님을 찾기," 100에서 재인용.

209 Egan, *Soundings in the Christian Mystical Tradition,* 231.

210 Ibid.

211 Egan, *Ignatius Loyola the Mystic,* 191. 이나시오의 일기는 다른 사람과 나누기 위해 작성한 것이 아니라 자기 내면의 움직임을 생각해 보기 위해 작성되었다. 1544년 2월부터 1545년 2월 동안 특정한 기간에 작성된 영적 일기를 통하여 이나시오의 신비체험을 엿볼 수 있다. 영적 일기의 첫 번째 부분은 눈물을 약 175회 언급한다. 두 번째 부분에서는 매 단락 눈물을 이야기한다. 통제할 수 없는 눈물과 흐느낌은 종종 이나시오의 수 없는 은혜를 수반한다. 이나시오는 미사 동안 최소한 세 차례 눈물을 쏟지 않고서는 영적 위로를 박탈당한 것을 느낀다고 초창기 동료들에게 언급했다. Cf. Pierre Edonet, *Ignatius of Loyola: Legend and Reality,* trans. Jerry Ryan and Thomas M. McCoog (Philadelphia: Sanit Joseph's University Press, 2016), 37~39.

212 이나시오는 일기에서 처음 신비 현상을 언급한다. 그는 loquela를 초창기에 받았던 선물로 묘사한다. loquela는 스페인어는 아니며 이나시오가 스페인어로 번역 불가한 라틴어나 이탈리아어 일 수 있다. 또한, 이것은 성령으로부터 주어진 말투(locution)로서 특별한 신비적 현상인

것처럼 보인다. 외적인 loquela는 듣기에 거룩한 메시지를 담은 말들을 아름다운 어조(tone)로 내며, 천상의 음악 같았다. 내적인 loquela는 기쁨과 조화의 내적 경험을 만들어 낸다. 이러한 모든 것들은 이냐시오로 하여금 강렬한 헌신과 좋은 맛과 영적 위로로 이끌었다. Ignatius of Loyola, *Ignatius of Loyola: The Spiritual Exercises and Selected Works*. Edited by George E. Ganss (New York: Paulist, 1991), 447.

213 Egan, *Ignatius Loyola the Mystic*, 119.

214 Ibid., 120.

215 Ibid., 121.

216 Egan, *Soundings in the Christian Mystical Tradition*, 234.

217 『자서전』, (28~30)

218 Jackson, "Something that happened to me at Manresa," 17.

219 심종혁, "영신 수련의 기원으로서의 이냐시오의 영적 체험," 164.

220 Karl Rahner, "Ignatius of Loyola Speaks to a Modern Jesuit," 11.

221 Jackson, "Something that happened to me at Manresa," 14~15.

222 Ibid., 15.

223 Hugo Rahner, *Spirituality of Ignatius*, 46.

224 Jackson, "Something that happened to me at Manresa," 17.

225 Ibid.

226 Ibid., 18.

227 『자서전』, (43)

228 이냐시오에게 있어서 교회에 대한 은유는 결코 개인적인 것이 아니었다. "특별한 결혼" 혹은 "변화된 연합" 같은 하나님 혹은 그리스도와 영혼의 친밀한 연합은 나타나지 않는다. 반대로 그리스도 혹은 거룩한 인격과의 관계는 종으로서 친밀하고 사랑스러운 태도로 편만하게 나타난다. 이것은 기버트(Guibert)가 언급한 바와 같이 그리스도교 전통에서 말하는 "연합의 신비주의로"가 "봉사의 신비주의"로 변형되어 나타난 것이다. Buckley, "Ecclesial Mysticism in the Spiritual Exercises of Ignatius," 452~453.

제4장

1 Yun Soo Joo, "Spiritual Discernment and Paul Ricoeur's Theory of Hermeneutics," *Theology and Praxis* 50 (2016), 103~104.

2 Ibid., 104.

3 Calvin, *Institute* 3,2,7; 믿음은 또한 그리스도와의 신비한 연합을 가능하게 한다(unio mystica cum Christo).

4 Karl Rahner, Cornelius Errnst and Kevin Smyth eds,, *Sacramentum Mundi : an encyclopedia of theology* 2 (New York: Herder and Herder, 1968), 313.

5 알리스터 맥그라스, 『한 권으로 읽는 기독교』, 전의우 역 (서울: 생명의말씀사, 2011), 193.

6 Rahner, Errnst and Smyth eds, *Sacramentum Mundi* 2, 313~314.

7 랙스 체프만 (Rex Chapman)은 믿음을 영성의 맥락에서 인간적 경험의 네 가지 측면이 포함된다고 언급한다. 첫째, 응답을 요구하는 믿음으로 한 사람이 믿는 것을 묘사하기 위한 기초가 되는 신념들의 핵심이다. 둘째, 믿음을 가진 사람의 표식인 개인적인 신뢰의 반응이다. 셋째, 믿음은 행동 안에서 인정되고 행동을 통해서 표현된다. 넷째, 신자의 성품에 미치는 결과이다. 이와 같은 믿음의 네 가지 측면들은 하나의 통일체를 형성한다. 그리스도교 신앙에는 믿어지는 것의 진리를 인정함(믿음), 개인적으로 그 진리를 경험함(하나님에 대한 신뢰), 거기서 흘러나오는 사랑(행동하는 믿음) 그리고 지속적인 접근(신실함) 등이 포함된다. 웨이크필드 편, 『기독교 영성 사전』, 80~181.

8 Jonathan Edwards, *Writings on the Trinity, Grace and Faith*, ed. Sang Hyun Lee, The Works of Jonathan Edwards 21 no. 1 (New Haven: Yale, 2003), 417~468. 이하 *Writings on the Trinity, Grace and Faith, WJE* 21:417~68로 표기함.

9 Edwards, *Writings on the Trinity, Grace and Faith, WJE* 21:417.

10 Ibid., 419~20.

11 Ibid., 422.

12 Ibid., 419.

13 Ibid., 448.

14 양낙흥, 『조나단 에드워즈 생애와 사상』, 477~78.

15 Edwards, *Religious Affections, WJE* 2:176.

16 매킨토시의 경우 믿음을 삼위일체 하나님과의 '상호기쁨'이라고 언급하는데 이는 에드워즈의 글과 사상 속에서도 등장한다. 에드워즈는 참되고 영적인 본래의 아름다움이 마음의 상호적인 경향과 감정에 있다고 언급하며 이 마음의 원형이 삼위일체 즉 모든 것의 최고의 조화라고 주장한다; 맥클리먼드, 맥더모트, 『조나단 에드워즈 신학』, 257.

17 벌코프는 그리스도와의 신비적 연합을 유기적 연합, 생명적인 연합, 성령에 의해 중재된 연합, 상호적인 동작을 포함하는 연합, 인격적인 연합 그리고 변형적 연합으로 설명하고 있다; 루이스 벌코프, 『조직신학』, 권수경, 김상원 역 (서울: 크리스천 다이제스트, 2000), 697~698.

18 Edwards, *Letters and Personal Writings*, *WJE* 16, 793.

19 그리스도와의 연합은 칼뱅과 청교도 전통에서 매우 중요한 개념으로 나타났다. 에드워즈 역시 믿음은 구원을 위한 중요 요소로서 그리스도와의 연합 행위로 묘사했다. 이를 통해 에드워즈의 신학적 기반과 사상은 칼뱅과 청교도 전통과 연속성이 있다고 할 수 있다. 이에 대한 논문은 다음을 참고하라. Jonathan Jong-Chun Won, "Communion with Christ: An Exposition and Comparison of the Doctrine of Union and Communion with Christ in Calvin and the English Puritans," (Ph.D Dissertation, Westminster Theological Seminary, 1989); 이윤석, 『그리스도와의 연합 관점으로 본 조나단 에드워즈의 성화론』 (총신대학교 대학원 박사학위 논문, 2017)

20 데이비드 보건, 『세기를 불사른 영적 거인 조나단 에드워즈』, 김은홍 역 (서울: 기독 신문사, 2004), 46.

21 Edwards, *Religious Affections*, *WJE* 2: 955.

22 Edwards, *Letters and Personal Writings*, *WJE* 16:801~02.

23 Donald S. Whitney, *Finding God in Solitude* (New York: Peter Lang, 2014), 80~81.

24 Edwards, *Sermons and Discourses*, *WJE* 25:285.

25 존 파이퍼, 저스틴 테일러 편, 『하나님 중심적 세계관 : 조나단 에드워즈의 유산』, 이용중 역 (서울: 부흥과개혁사, 2007), 167.

26 Edwards, *Letters and Personal Writings*, *WJE* 16:755.

27 조나단 에드워즈, 『신학 공부의 필요성과 중요성』, 백금산 역 (서울: 부흥과개혁사, 2014), 34~58.

28 Ibid., 59~62.

29 Whitney, *Finding God in Solitude*. 82.

30 Edwards, *Letters and Personal Writings*, *WJE* 16:794.

31 George M. Marsden, *Jonathan Edwards: A Life* (New Heaven, Conn: Yale University Press, 2003), 133.

32 Edwards, *Letters and Personal Writings*, *WJE* 16:790.

33 Edwards, *Miscellanies*, *WJE* 23:350.

34 파이퍼, 『하나님 중심적 세계관』, 173.

35 에드워즈는 자신을 따르는 목회자 후보생들에게 영적 지도자의 모습을 보여주었다. 1730년대와 1740년대 에드워즈의 집에는 어린 자녀들과 목회후보생들로 가득 차 있었다. 당시의 관례에 따라서 대학을 졸업한 학사 학위 소유자들은 자기가 존경하는 목사 집에 가서 몇 달 동안 인턴십을 해야 했다. 그 기간 동안 그들은 목사의 개인 지도를 받으면서 그의 서재에 있는 책들을 읽고 목사고시를 준비했는데 그것을 신학 수업이라고 불렀다. 오늘날 신학교의 전신인 셈이다. 양낙홍, 『체험과 부흥의 신학자 조나단 에드워즈 생애와 사상』, 714~715. Cf. 에드워즈가 멘토로서 역할을 감당한 내용은 다음의 글을 참고한다. Rhys Bezzant, "Singly, Particularly, Closely: Edwards as Mentor," *Jonathan Edwards Studies*, 4, no. 2 (2014), 228~246.

36 Whitney, *Finding God in Solitude*. 97.

37 Edwards, *Letters and Personal Writings*, *WJE* 16:289~90.

38 Edwards, *Sermons and discourses*, *WJE* 19:74.

39 Edwards, *Letters and Personal Writings*, *WJE* 16:94.

40 Jang-Bae Min, "Piety Training Method for pastors through Jonathan Edwards' Resolution," *Theology and Praxis* 33 (2012), 343~371. 민장배는 조나단 에드워즈의 결심문을 중심으로 영성 훈련의 모델을 제시하고 있다.

41 Stephen J. Stein et al., *The Cambridge Companion to Jonathan Edwards* (Cambridge: Cambridge University Press, 2007), 39~40.

42 Edwards, *Letters and Personal Writings*, *WJE* 16:741.

43 Ibid. 743.

44 Edwards, *Letters and Personal Writings*, *WJE* 16:753.

45 에드워즈의 결심문에서 "하나님의 영광"은 5회, "선(good)"은 9회 그리고 "의무"는 6회 등장한다. 안재홍, "조나단 에드워즈에게 나타난 청교도 실천적 경건 전통의 수용과 발전," 95.

46 조나단 에드워즈, 『조나단 에드워즈의 점검』, 114.

47 안재홍, "조나단 에드워즈에게 나타난 청교도 실천적 경건 전통의 수용과 발전," 95.

48 Ibid.

49 자세한 내용은 Whitney, *Finding God in Solitude*. 75~108을 참고한다.

50 맥클리먼드, 맥더모트, 『조나단 에드워즈 신학』, 471.

51 최종석, "신비적 연합의 객관적 측면에 대한 칼빈의 견해 : 영원한 선택, 언약, 중보자의 지상 생애와 관련하여," 「신학 지남」 73 no. 1 (2006), 31~59.

52 창세기의 창조 기사와 구원사에 나타난 신적인 감정, 시편과 예언서에 반영된 인간의 감정, 헬레니즘의 관점에서 인간의 감정을 영혼의 질병으로 스토아 사상에 나타난 무정념(aphatheia)과 인간 감정을 철저한 통제와 무정념의 경지를 추구하는 극기의 차원에서 다룬 헬레니즘 계통 유대교의 필론과 마카비 4서, 그리고 인간의 감정을 하나님의 창조 결과로 수용하되 그것을 일상생활에서 선한 감정으로 조율하는 실용적인 관점에서 접근한 내용은 다음의 글을 참고한다. 차정식, "고대 히브리 사상과 헬레니즘에 비추어 본 감정의 세계," 「신약 논단」 22 no. 2 (2015), 283~337.

53 이 절은 조한상, 심종혁, "이냐시오와 조나단 에드워즈의 영적 식별 비교연구," 335~359를 수정 보완한 것이다.

54 조현진, "조나단 에드워즈의 원죄론 연구," 「한국개혁신학」 42 (2014), 190.

55 Jonathan Edwards, *Original Sin, The Works of Jonathan Edwards* 3, ed. Clyde A. Holbrook (New Haven: Yale University Press, 1970), 107. (이하 Edwards, *Original Sin*, *WJE* 3:107로 표기함.)

56 에드워즈는 성향(disposition), 경향성(habit), 경향(tendency) 지향(propensity) 등을 같은 의미로 사용하였다. 이 단어는 그리스어 헥시스(hexis)에서 유래된 것으로 아리스토텔레스 이후 많은 서구 철학자들을 거치면서 그 의미가 발전되었다. 이상현은 에드워즈의 성향성을 첫째, 행동 경향으로서의 성향성, 둘째, 법칙으로서의 성향성, 셋째, 실재성의 양태를 소유하는 것으로서의 성향성으로 나누었다. 이상현, 『조나단 에드워즈의 철학적 신학』 노영상, 장경철 역 (서울: 한국장로교출판사, 1999), 71~85.

57 "아리스토텔레스의 경우 성향성은 일차적으로 하나의 이행의 원리이지 존재의 원리는 아니다. 그래서 그는 성향성을 주로 지성적이며 도덕적인 덕의 개념으로 사용하였다. 그는 hexis를 하나의 부류 내의 모든 소속원에게 동일하게 있는 본유적(本有的) 경향으로 설명하였다. 반면 토마스 아퀴나스에게 habitus는 충분히 현실화된 상태와 순전한 잠재성 사이의 하나의 중간적 상태를 의미한다. 토마스 아퀴나스에게 있어 경향성은 인간 존재의 삶에 하나의 확장을 가져온다. 토마스에게 성향성은 존재의 수준에서 기능하는 성향성을 말한다." 김유준, 『조나단 에드워즈의 삼위일체론』(서울: 기독교 문서선교회, 2016), 96.

58 Edwards, *Original Sin*, *WJE* 3:381~82.

59 Ibid., 381.

60 Ibid., 382.

61 Ibid.

62 Ibid.

63 Jonathan Edwards, "Charity and Its Fruits." In *Ethical Writings*, *The Works of Jonathan Edwards* 8. ed. Paul Ramsey (New Haven: Yale University Press, 1989), 253. (이하 Edwards, *Ethical Writings*, *WJE* 8.로 표기함)

64 맥클리먼드, 맥더모트 『조나단 에드워즈의 신학』, 402.

65 이러한 사상은 에드워즈 이전의 종교개혁자 존 칼뱅 (John Calvin)의 5대 교리 (TULIP), 즉 전적 타락(Total Depravity) 보편적 주권(Universal Sovereignty) 제한적 속죄(Limited Atonement) 불가항력적 은혜(Irresistible Grace) 성도의 견인(Perseverance of the Saints)에서 나타나는데 에드워즈는 이를 자신의 5대 교리 전적 타락과 인간 본성의 부패, 효과적 은혜, 절대적, 영원한, 개별적 선택, 모두를 위해서 죽으셨다.···그렇지만 특별한 구속, 성도의 견인으로 수정 보완하였다. 조나단 에드워즈, 『자유의지』 정부홍 편역 (서울: 새물결출판사, 2017), 43.

66 파이퍼, 테일러, 『하나님 중심적 세계관』, 359.

67 Affection을 우리말로 번역하기에 무리가 따른다. 감정, 정서 등으로 번역하고 있는데 정확하게 그 단어가 담고 있는 함의를 전부 담아내지 못한다. 그 이유는 감정적인 요소와 함께 의지가 담겨있기 때문에 우리말에는 그 의미를 담아낼 수 있는 말을 찾기가 쉽지 않다. 따라서 본 논문에서는 정서라고 번역한 것을 따르기로 한다.

68 Edwards, *Religious Affections*, *WJE* 2:101

69 Ibid., 96~97.

70 Ibid., 98.

71 Paul Lewis, "The Spring of Motion Jonathan Edwards on Emotions, Character, and Agency," *Journal of Religious Ethics* 22, no. 2 (1994) 282.

72 파이퍼, 테일러, 『하나님 중심적 세계관』, 356. 여기서는 번역본의 용어를 그대로 차용하여 "감정"이라는 용어로 사용하였다.

73 Ibid.

74 자세한 내용과 예시는 다음의 글을 참고한다. 파이퍼, 테일러, 『하나님 중심적 세계관』, 357.

75 Billy Kristanto, "Theological Anthropology in the Thought of Jonathan Edwards," *VERBUM CHRISTI* 1, no. 1 (2014), 48.

76 Edwards, *Religious Affections, WJE* 2:121.

77 Ibid., 121.

78 Ibid., 200.

79 Ibid.

80 Sean Michael Lucas, "Divine Light, Holy Heat: Jonathan Edwards, The Ministry of the Word, and Spiritual Formation," *Presbyterian* (2008), 10.

81 Richard A. Hutch, "Jonathan Edwards' Analysis of Religious Experience," *Journal of Psychology and Theology* 6 (1978), 129.

82 Edwards, *Religious Affections, WJE* 2:205.

83 Ibid., 210.

84 Ron Loewinsohn, "Jonathan Edwards' Opticks: Images and Metaphors of Light in Some of his Major Works," *Early American Literature* 8 no. 1 (1973), 21~32.

85 Edwards, *Religious Affections, WJE* 2:291.

86 Ibid., 260.

87 Ibid., 266.

88 Hutch, "Jonathan Edwards' Analysis of Religious Experience," 129.

89 Edwards, *Religious Affections, WJE* 2:311~312.

90 Ibid., 324.

91 Ibid., 353.

92 Ibid., 360.

93 Ibid., 376~377.

94 Ibid., 379.

95 Edwards, *Religious Affections, WJE* 2:249~50.

96 Ibid., 253.

97 McIntosh, *Discernment and Truth*, 80.

98 Ibid., 266~267.

99 조나단 에드워즈, 『성령의 역사분별 방법』, 49~104.

100 Edwards, *Religious Affections, WJE* 2:331.

101 Ibid., 365, 367.

102 Ibid., 379.

103 Ibid., 92.

104 엘리자베스 리버트, 『영적 분별의 길: 하나님과 함께 믿음의 결정 내리기』, 이강학 역 (서울: 좋은씨앗, 2011), 17.

105 조한상, "조나단 에드워즈의 『신앙 감정론』에 나타난 영적 분별," 「신학과 실천」 44 (2015),

255~278.

106 조나단 에드워즈, 『부흥론』, 양낙흥 역 (서울: 부흥과개혁사, 2005), 21~22.

107 마크 놀, 『미국 · 캐나다 기독교 역사』, 최재건 역 (서울: 기독교문서선교회, 2005), 218

108 이러한 현상은 비단 에드워즈 시대의 문제만이 아니라 오늘날에도 동일하게 발생하였다. 토론토 축복 현상이라고 하는 신비체험에 대한 신학적 검토는 다음의 책을 참고한다. David Hilborn, ed. *Toronto in Perspective* (Carlisle, U.K.: Peternoster, 2003)

109 에드워즈, 『성령의 역사분별 방법』, 17.

110 보스턴에서 발간된 본서의 초판은 원래 아래의 긴 제목으로 출간되었다. 『성령의 역사분별 표지: 특히 부흥에 동반된 특별한 상황을 고려하여 최근 이 지역의 많은 사람의 마음속에 나타났던 비범한 일에 적용함』 (The Distinguishing Marks of a Work of the Spirit of God, Applied to That Uncommon Operation That Has Lately Appeared on the Minds of People of This Land: With a Particular Consideration of the Extraordinary Circumstances with Which This Work Is Attended).

111 Howard, *Affirming the Touch of God*, 88.

112 에드워즈, 『성령의 역사분별 방법』, 49~104.

113 에드워즈, 『부흥론』, 83.

114 에드워즈, 『성령의 역사분별 방법』, 109~140.

115 Ibid., 135~136.

116 이진락에 따르면, 표지 1~8은 체험과 관련된 표지들이고, 9~10은 신앙적 행동에 관련되는 표지들이며, 11~12는 구원의 확신에 관련되는 표지들이라고 보았다. 단, 표지 6은 예외적으로 신앙적 행동에 분류하는 편이 낫다고 생각된다고 했다. 에드워즈는 열광주의자들을 염두에 두고 12가지 부정적 표지들을 제시하였을 가능성이 크다. 여기에서 언급한 체험들은 당시 열광주의자들이 보여준 부정적 모습과 관련 있기 때문이다. 이진락, "조나단 에드워즈의 『신앙적 감정』의 구조분석 및 참된 신앙과 거짓된 신앙의 구별의 문제," 「역사신학 논총」 19 (2010), 226. Cf. McDermott, *Seeing God*, 43~78.

117 Ibid., 47.; Edwards, *Religious Affections, WJE* 2:130~31.

118 Ibid., 46.

119 Edwards, *Religious Affections, WJE* 2:147.

120 Ibid., 151.

121 McDermott, *Seeing God*, 52; Edwards, *Religious Affections, WJE* 2:138.

122 Ibid.

123 Ibid.; Edwards, *Religious Affections, WJE* 2:142~43.

124 Ibid.

125 Edwards, *Religious Affections, WJE* 2:131.

126 McDermott, *Seeing God*, 55.

127 Ibid., 58.; Edwards, *Religious Affections, WJE* 2:135.

128   Ibid.

129   Ibid., 59. *Edwards, Religious Affections, WJE* 2:165.

130   Ibid.

131   Edwards, *Religious Affections, WJE* 2:146.

132   McDermott, *Seeing God*, 63. Edwards, *Religious Affections, WJE* 2:163.

133   Ibid., 63.

134   Ibid., 67. Edwards, *Religious Affections, WJE* 2:167.

135   Ibid., 68.

136   Ibid., 73. Edwards, *Religious Affections, WJE* 2:181.

137   Ibid., 77.

138   Walton, *Jonathan Edwards, Religious Affections*, 55.

139   Edwards, *Religious Affections, WJE* 2:443.

140   에드워즈의 12가지 긍정적 표지는 아래의 책들에 잘 요약되어 있다. Josh Moody, *Jonathan Edwards and the Enlightenment: Knowing the Presence of God* (Lanham, Maryland: University Press of America, 2005), 70~71; 니콜스, 『조나단 에드워즈의 생애와 사상』, 120; Edwards, *Religious Affections, WJE* 2:232~33.

141   Edwards, *Religious Affections, WJE* 2:197.

142   McDermott, *Seeing God*, 85~97.

143   Edwards, *Religious Affections, WJE* 2:240.

144   Ibid.

145   Ibid., 253.

146   McDermott, *Seeing God*, 117.

147   Ibid., 266.

148   McDermott, *Seeing God*, 121.

149   Ibid., 122.

150   Edwards, *Religious Affections, WJE* 2:291.

151   McDermott, *Seeing God*, 139.

152   Ibid., 140.

153   Edwards, *Religious Affections, WJE* 2:311. Cf. 에드워즈는 칼뱅의 『기독교 강요』에 나온 글을 인용하여 겸손에 대하여 언급하고 있다(Calvin, *Institute* 2,2,11). "우리의 철학의 기초는 겸손이다"라고 말한 크리소스톰의 말 때문에 저는 항상 엄청나게 즐겁다. 그러나 아우구스티누스 때문에 더 즐겁다. 그가 한 말대로 수사학자에게 누가 질문했을 때 무엇이 웅변의 법칙 중에서 가장 중요합니까? 그가 대답하기를 발음이외다. 그럼 두 번째는 무엇입니까? 발음이외다. 그럼 세 번째는 무엇입니까? 발음이라고 역시 대답했다. 만약 당신에 내게(John Calvin) 기독교 종교의 가르침에 관해서 묻는다면 저의 대답은 첫째, 둘째, 셋째 그리고 영원히 겸손입니다. Edwards, *Religious Affections, WJE* 2:314.

154 Edwards, *Religious Affections, WJE* 2:340.

155 McDermott, *Seeing God*, 158~159.

156 Edwards, *Religious Affections, WJE* 2:344~45.

157 Ibid.

158 Edwards, *Religious Affections, WJE* 2:357.

159 McDermott, *Seeing God*, 181.

160 Edwards, *Religious Affections, WJE* 2:365.

161 McDermott, *Seeing God*, 183.

162 Edwards, *Religious Affections, WJE* 2:376.

163 McDermott, *Seeing God*, 196~97.

164 Ibid., 200.

165 Edwards, *Religious Affections, WJE* 2:383.

166 McDermott, *Seeing God*, 202~203.

167 McIntosh, *Truth and Discernment*, 18.

168 Ibid.

169 본회퍼는 분별에 대한 중요한 가르침 두 가지를 언급했다. 분별의 첫 번째 원칙은 단순히 내가 실제 아무것도 알지 못한다는 사실을 인정하는 것이다. 그는 주장하기를 분별은 우리가 할 일에 대해서 자기 확신과 확실성을 내려놓을 때 시작한다고 했다. 그러기 위해서는 초연함과 겸손 그리고 신뢰가 요구된다. 분별의 두 번째 원칙은 하나님의 뜻을 적극적으로 구하는 것이다. 그는 이러한 원칙을 다음의 3가지 측면에서 실천했다. "첫째, 성경 듣기: 매일 성경 연구와 경건한 독서 가운데 우리에게 들어오는 살아있는 말씀에 주의하기. 둘째, 고백과 근본적인 진리 토설: 우리를 자기기만으로부터 건져낼 뿐만 아니라 우리가 다른 음성들로부터 하나님의 인도하시는 음성을 구별해 내도록 도움을 주는 신뢰할 만한 친구들에게 우리의 마음을 개방하기. 셋째, 사랑하고 사랑받기: 인격적인 관계와 공동체 속에서 다른 사람들을 사랑하는 것으로 이해되는 제자도는 분별의 근본 토대이자 초점이다." 이를 통해서 본회퍼는 하나님의 뜻을 분별하는 일을 행하였으며 미국을 떠나 고국인 독일로 가는 것을 선택하게 된 것이다. 그의 삶은 분별에 있어서 탁월한 모범을 보여주고 있다. 리챠드 R. 오스머, 『실천신학의 네 가지 중심 과제』, 김현애, 김정형 공역 (서울: 예배와 설교 아카데미, 2012), 212~215; 좀 더 자세한 것으로 다음의 글을 참고할 수 있다. Lisa E. Dahill, "Probing the Will of God: Bonhoeffer and Discernment," *Dialog: A Journal of Theology*, 41, no. 1 (2002), 42~49.

170 하나님의 영광에 관한 내용은 다음의 책에서 언급된다. Stephen R. Holmes, *God of Grace and God of Glory: An Account of the Theology of Jonathan Edwards* (Grand Rapids, Mich: Eerdmans, 2000). 저자가 주장하기를 이 책에서 에드워즈는 독일의 신학자인 페투루스 반 마스트리히트(Petrus van Mastricht, 1630~1706)에게 많은 영향을 받았다고 언급한다.

171 김재진, 『(Westminster) 소요리 문답 해설』 (서울: 대한기독교서회, 2004), 19~26.

172 칼뱅은 하나님께 영광을 돌리는 삶을 살기 위하여 첫째, 자기부정, 둘째, 십자가를 지는 삶, 셋

째, 내세에 대한 묵상의 삶을 강조하였으며, 하늘과 땅은 하나님의 영광을 반영하는 극장이므로 도처에 표현된 하나님의 영광을 향유해야 한다고 언급했다. 최윤배, 『깔뱅 신학 입문』 (서울: 장로회신학대학 출판부, 2012), 369~75.

173 John Piper, *God's Passion for his Glory: Living the Vision of Jonathan Edwards* (Wheaton: Crossway, 1998) 한글 번역본으로는 다음의 책이 있다. 존 파이퍼, 조나단 에드워즈 『하나님의 열심: 하나님의 영광을 위한』, 백금산 역 (서울: 부흥과개혁사, 2003).

174 파이퍼, 에드워즈 『하나님의 열심』, 17.

175 Kristanto, "Theological Anthropology," 54.

176 Ibid., 55.

177 이상현, 『삼위일체, 은혜 그리고 믿음』 (서울: 대한기독교서회, 2003), 182.

178 자세한 내용은 다음의 책을 참고할 수 있다. Lee Sang Hyun, *The Philosophical Theology of Jonathan Edwards* (Princeton, NJ: Princeton University Press: 1988).

179 성향적 존재론(dispositional ontology)에 관한 내용은 다음 부분을 참고할 수 있다. Lee, Sang Hyun, *The Philosophical Theology of Jonathan Edwards*, 34~114.

180 장경철, "조나단 에드워즈의 종교와 사회적 비전," 「조직신학 논총」 5, no. 1 (2000), 213.

181 Jonathan Edwards, *Ethical Writings. The Works of Edwards*, 8 (New Haven and London: Yale University Press, 1989), 433~35 (이하 Edwards, *Ethical Writings. WJE* 8:433~435라고 표시한다.)

182 Edwards, *Ethical Writings. WJE* 8:526.

183 Ibid., 550; Cf. Hutch, "Jonathan Edwards' Analysis of Religious Experience," 130.

184 Edwards, *Ethical Writings. WJE* 8:559

185 Jonathan Edwards, *God Glorified in the Work of Redemption* (Minneapolis: Curiosmith bookshop, 2013)

186 Edwards, "God Glorified in Man's Independence" in *Sermon and Discourses, WJE* 17:196~216. 이 설교는 1731년 7월 8일 보스턴에서 열린 공개 사경회에서 행한 것으로 참석자의 요청으로 출간된 것이다.

187 청교도 역시 실천적 영성을 중요시하였는데 이를 다음의 5가지 범주로 나누어 살펴볼 수 있다. 첫째, 청교도들은 삶의 모든 영역을 영성 실천의 영역으로 보았다. 리차드 백스터의 『그리스도인의 생활 지침서』에는 그 범위를 각각 개인적인 삶, 가정, 교회 생활 및 사회생활로 나누어 다양한 지침을 제공했다. 둘째, 청교도들은 매우 강도 높은 실천을 강조하였다. 루이스 베일리의 『경건의 실천』에서 이를 구체적으로 다룬다. 셋째, 청교도의 실천적 영성은 올바른 동기와 목표를 강조했다. 넷째, 청교도의 실천적 영성은 믿음의 중요성을 강조한다. 다섯째 청교도의 실천적 영성은 성령의 도우심을 강조했다. 이태복, 『영성 이렇게 형성하라』 (서울: 지평 서원, 2013), 377~387.

188 McDermott, *Seeing God*, 203.

189 M. Luther, *Luther's Works* 31, ed. J. Pelican and Helmut T. Lehmann (Philadelphia: Fortress Press, 1955), 361. (이하 *LW* 31:361로 표기함)

190 *LW* 35:371

191 파울 알트하우스, 『마르틴 루터의 신학』, 이형기 역 (서울: 크리스천 다이제스트, 2017), 150~62.

192 조엘 비키, 『개혁주의 청교도 영성』, 김귀탁 역 (서울: 부흥과개혁사, 2009), 50.

193 Ibid., 60.

194 Ava Chamberlain, "Edwards and Social Issues" in *Cambridge Companion To Jonathan Edwards*, ed. Stephen J. Stein (Cambridge: Cambridge University Press, 2007), 329.

195 Ibid.

196 Mark Valeri, "The Economic Thought of Jonathan Edwards Church," *Church History* 60, no. 1 (1991), 40~41.

197 Patricia J. Tracy, *Jonathan Edwards, Pastor* (Eugene, Oregon: Wipf & Stock Publishers, 2006), 127~29.

198 Kenneth P. Minkema, "Jonathan Edwards' Life and Career: Society and Self" in *Understanding Jonathan Edwards: An Introduction to America's Theologian*, ed. Gerald R. McDermott (Oxford: Oxford University Press, 2009), 19. 좀 더 자세한 내용은 다음의 책을 참고한다. Gerald R. McDermott, *One Holy and Happy Society: The Public Theology of Jonathan Edwards* (University Park: Pennsylvania State University Press, 1992)

199 맥클리먼드, 맥더모트 『조나단 에드워즈의 신학』, 654~657.

200 Valeri, "The Economic Thought," 41.

201 자세한 내용은 다음의 글을 참고한다. Chamberlain, "Edwards and Social Issues," 334~342.

202 Edwards, *Ethical Writings, WJE* 8:736, 맥클리먼드, 맥더모트 『조나단 에드워즈의 신학』, 294.

203 Edwards, "Charity and Its Fruits" in *Ethical Writings, WJE* 8:123~398중에서 366~398을 보라.

204 Edwards, *Ethical Writings, WJE* 8:541.

205 맥클리먼드, 맥더모트 『조나단 에드워즈의 신학』, 654.

206 Goldon T. Smith, *Listening to God in Times of Choice: The Art of Discerning God's Will* (Downers Grove, IL: IVP, 1997), 26~41.

207 스미스, 『분별의 기술』, 30.

208 이와 흡사한 경험을 종교철학자이면서 신학자인 루돌프 오토는 『성스러움의 의미』에서 다음과 같이 설명하였다. 종교경험은 초월적이든 내재적이든 간에 절대타자(the Wholly Other)에 대한 누미누스적(Numinous) 신앙 경험으로 이해하였다. 오토에 의하면 그 경험은 세 가지 특징을 가지고 있다. 첫째 그 경험은 신비스러움(Mysterium)의 느낌을 준다. 그것은 종교경험을 갖기 이전에는 세상을 모두 다 이해할 수 있을 것 같았는데 이제는 세상이 아주 신비스럽게 보이고, 절대타자에 대한 언어적인 고백의 한계를 느끼도록 해 준다. 둘째 그 경험은 공포스러움(Tremendum)의 느낌이 들게 해 준다. 그것은 궁극적인 실재에 대해서 안정적이고 기쁨의 느낌보다는 불안전하고 너무나 공포스러워서 떨리는 느낌을 강하게 갖게 한다. 셋째 그 종교경험은 매혹(Facinans)의 느낌이 들게 해 준다. 신비스럽고 두렵지만, 종교경험은 더욱더 궁극적인 실재를 향해 나갈 수 있도록 자석과 같은 매력적인 느낌이 들게 해 준다. 신비스러움과 공포스러

음은 경험자에게 수동적이고 자기부정의 특성을 보여주는 반면에 매력적인 느낌은 적극적으로 절대타자를 향해 나아가도록 해 준다. 이 세 가지를 모두 골고루 가진 경험이 참된 종교경험이다. 루돌프 오토, 『성스러움의 의미』, 길희성 역 (왜관: 분도출판사, 2003)

209 에드워즈는 자신의 체험과 성경의 주된 비유가 '빛의 광채'였기 때문에 하나님 체험을 설명하기 위한 틀로써 플라톤, 요한, 아우구스티누스의 조명 전통을 사용하였다. 맥클리먼드, 맥더모트 『조나단 에드워즈 신학』, 536.

210 Philip Sheldrake, "Light" *The New Westminster Dictionary of Christian Spirituality*, ed. Philip Sheldrake (Westminster John Knox Press, 2005), 408

211 요한복음에서 23회, 요한일서에서 6회, 요한 계시록에서 4회를 사용하였다. 대표적인 본문은 다음과 같다. "…나는 세상의 빛이니 나를 따르는 자는 어둠에 다니지 아니하고 생명의 빛을 얻으리라"(요 8:12); "…하나님은 빛이시라" (요일 1:5); "…나는 다윗의 뿌리요 자손이니 곧 광명한 새벽 별이라." (계 22:16).

212 Philip Sheldrake, "Light", 408.

213 에바그리우스, 『에바그리우스의 기도와 묵상』, 전경임, 이재길 역 (서울: KIATS, 2011), 33, 37; 유은호, "에바그리우스의 기도에 관한 연구," 「신학 논단」 83 (2016), 257~287.

214 Ibid.

215 아우구스티누스, 『고백록』, 366~67.

216 Edwards, *Religious Affections, WJE* 2:343.

217 Ibid., 266

218 에드워즈는 청교도들이 주로 사용한 용어들 예를 들자면 조명, 주입, 은혜, 믿음 그리고 종교적 경험에 관한 빛의 사용을 언급하였다.

219 Edwards, *Sermons and Discourses, WJE* 10:535~36.

220 Ibid., 538.

221 Ibid., 539, 541.

222 Ibid., 543, 542

223 맥클리먼드, 맥더모트 『조나단 에드워즈 신학』, 487.

224 Edwards, *The Sermons of Jonathan Edwards: A Reader*, 105~106; 에드워즈, 『조나단 에드워즈 대표설교 선집』, 윌슨 킴나흐, 케니스 미케나, 더글러스 스위니 편, 백금산 역 (서울: 부흥과 개혁사, 2005) 192~98.

225 맥클리먼드, 맥더모트, 『조나단 에드워즈 신학』, 492.

226 Ibid., 535. Cf. 존 메이엔도르프, 『동방교회 신비 신학자: 그레고리우스 팔라마스』, 박노양 역 (서울: 누멘, 2009), 66~117.

227 조나단 에드워즈, 『신적이며 영적인 빛』, 백금산 역 (서울: 부흥과개혁사, 2013).

228 칼뱅에 따르면 신자들은 믿음으로 말미암아 그리스도로부터 칭의와 성화의 이중 은혜를 받으며, 이 두 가지는 함께 이중 정화 기능을 한다. 칭의는 전가된 성결을, 성화는 실질적 성결을 제공한다. 그러한 면에서 볼 때 에드워즈는 칼뱅의 신학의 연속선 상에 있다고 할 수 있다. 도닐

드 맥킴, 『칼빈 이해의 길잡이』, 한동수 역 (서울: 부흥과개혁사, 2012), 220; Calvin, *Institute* 3.11.1. "duplicem gratiam".

229 맥클리먼드, 맥더모트, 『조나단 에드워즈 신학』, 182.

230 에드워즈, 『참된 미덕의 본질』, 41.

231 이에 대한 좀 더 자세한 내용은 다음의 자료를 참고할 수 있다. 홍진철, "하나님의 영광을 추구하는 신학적 미학" (장로회신학대학교 대학원 박사학위 논문, 2012); Patrick Sherry, *Spirit and Beauty: An Introduction to Theological Aesthetics* (Oxford: Oxford University Press, 2002)

232 Edwards, *Miscellanies, WJE* 13:293. no. 293.

233 Ibid.

234 Edwards, *Sermons and Discourses, WJE* 17:436~38, "The Christian's Life a Journey Towards Heaven"

235 맥클리먼드, 맥더모트, 『조나단 에드워즈 신학』, 115.

236 그의 묵상록에는 천국에 대한 고찰이 55회 등장하며, 마지막 날에 대한 묵상까지 합하면 65회 이상 된다.

237 이상현 편, 『조나단 에드워즈의 신학: 프린스턴 조나단 에드워즈 입문서』, 이용중 역 (서울: 부흥과개혁사, 2008), 432.

238 제임스, 『종교 체험의 다양성』, 462~63.

239 Edwards, *Letters and Personal Writings, WJE* 16:793~94.

240 Ibid., 794.

제5장

1 찬, 『영성 신학』, 209~10.

2 Edwards, *Original Sin, WJE* 3:126.

3 참된 믿음은 감정에 속한다. 동시에 참된 믿음이란 지식과 성화 그리고 경건한 성향에서 분리할 수 없다. Calvin, *Institute* 3.2.8.

4 John O' Malley, *The Jesuits: A History from Ignatius to the present*, (Lanham, Maryland: A Sheed & Ward Book, 2014), 110.

5 이에 대하여 독일의 루터교 신학자인 본회퍼는 예수를 타자를 위한 존재로 규정하였다. 타자를 위한 존재인 예수를 만남에서 참된 초월을 경험하고 이웃을 위한 삶에 참여할 수 있다고 주장했다. 그리고 그는 예수 그리스도가 타자를 위한 존재이듯이 그리스도인의 삶은 이 세상 속에서 타자를 위하여 고난받는 책임 있는 삶을 살아야 하고, 교회는 타자를 위한 교회로 존재할 때만 교회가 교회다워진다고 했다. 그러므로 우리는 여기서 세상은 그리스도인의 책임 영역임을 발견하게 된다. Dietrich Bonhoeffer, *Widerstand und Ergebung*, 569; 본회퍼, 『저항과 복종: 옥중 서간』

손규태 정지련 옮김 (서울: 대한기독교서회, 2010); 유석성,『본회퍼의 신학 사상』(서울신학대학교 출판부, 2016), 21~23.

6 유해룡, "개혁교회 영성의 현재와 미래,"「신학과 실천」 2. (1998), 73.

7 P. Hieronymi Nadal, *Societatis Jesu*, 162.

8 칼뱅은 "하나님을 아버지로 모시는 사람은 반드시 교회를 그 어머니로 모신다"라고 언급했으며 그는 성도들의 어머니로서 교회는 영적인 새 생명을 잉태하고, 낳으며, 젖을 먹이며, 기르고, 양육하고, 훈계하며, 가르쳐서, 성숙하게 하여 세상으로 파송한다는 것이라고 주장했다. Calvin, *Institute*, 4.1.1.

9 맥클리먼드, 맥더모트,『한 권으로 읽는 조나단 에드워즈 신학』, 577.

10 Ibid., 579.

11 정성욱,『한국교회 이렇게 변해야 산다』(서울: 큐리오스북스, 2018), 75~76, 233~37.

12 코람데오의 정신은 루터교 목사인 본회퍼에게서도 발견된다. 그는 아래와 같이 언급했다. "하나님 앞에서 그리고 하나님과 함께 하나님 없이 우리는 산다." 이에 대한 자세한 글은 다음을 참고하라. Dietrich Bonhoeffer, *Widerstand und Ergebung*, 394; 본회퍼,『저항과 복종: 옥중 서간』손규태 · 정지련 옮김 (서울: 대한기독교서회, 2010); 박재순, "본회퍼의 하나님 이해와 '없이 계신 하나님': '하나님 없이, 하나님과 더불어, 하나님 앞에'의 해명과 성찰" 330~353. 한국 본회퍼학회 엮음,『디트리히 본회퍼의 신학 사상 연구』(서울: 동연, 2017)

13 James A. Wiseman, *Spirituality and Mysticism* (Maryknoll, NY: Orbis, 2006), 7.

14 마크 A. 매킨토시,『신비주의 신학』정연복 옮김 (서울: 다산글방, 2000), 64.

15 Ibid., 20.

16 장경철, "조나단 에드워즈의 후천년설 연구,"「인문 논총」, 11 (2003), 353~71.

17 이윤석,『그리스도와의 연합 관점에서 본 조나단 에드워즈의 성화론』, 482.

18 에드워즈는 "성령이 인간의 지성과 마음을 자극할 때 상상력이 영향을 받기가 쉽다. 그리고 이것이 우리의 본성이기 때문에 우리는 상상력이 없이 보이지 않는 것을 생각할 수 없다"라고 주장하며 상상력의 긍정적인 역할을 강조했다. 맥클리먼드, 맥더모트,『한 권으로 읽는 조나단 에드워즈 신학』, 411.

청교도들도 상상력을 중요하게 생각했다. 왜냐하면, 상상력도 인간의 영혼에 주어진 기능 중 하나이기 때문이다. 그러나 청교도들은 절대로 상상력이 묵상을 주도하게 하지 않았는데 그 이유는 하나님의 말씀을 깨닫는 지성 또는 이해력이 인간의 다른 모든 능력을 주도하여 묵상을 진행해야 한다고 믿었기 때문이다. 윌리엄 퍼킨스는『인간의 상상력에 관한 소논문』을 저술하였는데 이 책에서 그는 타락 이후에 인간의 상상력이 철저하고도 지속적으로 악을 향해 기울어진다고 전제하였다. 그리고는 이런 맥락에서 독자들에게 상상력이 성화되지 않으면 절대로 그것을 통해서 유익을 얻을 수 없다고 강조하였다. William Perkins, *The works of that famous and worthy minister of Christ in the University of Cambridge*, M. William Perkins (London: Printed by John Legatt, 1631), 2:145; 이태복,『영성 이렇게 형성하라』(서울: 지평서원, 2013), 219 에서 재인용함.

19 정제천, "영신 수련과 성령론"「신학과 철학」, no. 3 (2001), 1~13.

20 Robert Caldwell, *Communion in the Spirit: The Holy Spirit as Bond of Union in the Theology of Jonathan Edwards* (Milton Keynes: Paternoster, 2007)

21 우주와 만물을 창조하시고 다스리시며 섭리하시는 사역 가운데서 하나님의 주권과 권능과 지혜와 자비의 영광이 드러난다는 사실을 칼뱅은 반복적으로 강조한다. 동시에 전적으로 타락한 죄인을 예수 그리스도 안에서 구원하시는 하나님의 구원 사역을 통해서 하나님의 사랑과 은혜와 긍휼과 자비와 신실하심의 영광이 드러난다는 것을 칼뱅은 주목한다. Susan Schreiner, *The Theater of His Glory: Nature and Natural Order in the Thought of John Calvin* (Grand Rapids, MI: Baker, 1995)

22 Oliver D. Crisp, *Jonathan Edwards on God and Creation* (New York: Oxford University Press, 2012)

23 이외에도 에드워즈는 당대의 경험론과 철학 그리고 계몽주의 사상에 통달하였는데 반-아우구스티누스 주의와 알미니안 주의의 신학적 오류를 분명하게 드러내어 탁월한 변증가로서 역할을 감당하였다.

24 Calvin, *Institute* 1.6.2: 1.14.20: 2.6.1: 3.9.2.

25 자세한 내용은 맥더모트, 『조나단 에드워즈 신학』, 제33장 참된 미덕, 그리스도인의 사랑, 윤리 이론을 참고한다.

26 하워드 라이스, 『개혁주의 영성: 그리스도인을 위한 입문서』, 황성철 역 (서울: 기독교문서선교회, 1995), 193~223.

에필로그

1 박영돈, 『일그러진 성령의 얼굴』 (서울: 한국기독학생회 출판부, 2011), 11.

2 Guy Chevreau, *Catch the Fire* (New York, NY: Harper Collins, 1995), 12~13.

3 Joohyung Lee, "Christian Discernment through the Neuro-scientific Lens: Within Jonathan Edwards' Religious Affection," *Korean Journal of Christian Studies*, 101 (2016), 201~225.

영적 분별의 이해

초판인쇄 2023년 09월 15일
초판발행 2023년 09월 15일

지은이 조한상
펴낸이 채종준
펴낸곳 한국학술정보(주)
주 소 경기도 파주시 회동길 230(문발동)
전 화 031-908-3181(대표)
팩 스 031-908-3189
홈페이지 http://ebook.kstudy.com
E-mail 출판사업부 publish@kstudy.com
등 록 제일산-115호(2000. 6. 19)

ISBN 979-11-6983-687-6 93230